全国校本教研与校本课程数字出版平台
中国校本教研网 www.schooledu.com.cn
◎特别推荐◎

# 陕西省中小学教学能手
# 优秀教学设计集

SHANXISHENG ZHONGXIAOXUE JIAOXUE NENGSHOU
YOUXIU JIAOXUE SHEJIJI

（小学幼儿园卷）

王霞 编著

江蘇教育出版社

**图书在版编目（CIP）数据**

陕西省中小学教学能手优秀教学设计集（小学幼儿园卷）/王霞编著. —南京：江苏教育出版社，2014.5

ISBN 978-7-5499-4018-9

Ⅰ.①陕… Ⅱ.①王… Ⅲ.①小学—教学设计②幼儿园—教学设计 Ⅳ.①G622.0②G613

中国版本图书馆 CIP 数据核字（2014）第 080487 号

| | |
|---|---|
| 书　　名 | 陕西省中小学教学能手优秀教学设计集（小学幼儿园卷） |
| 作　　者 | 王　霞 |
| 责任编辑 | 午新生　雷利军　李媛媛 |
| 出版发行 | 凤凰出版传媒股份有限公司<br>江苏教育出版社（南京市湖南路 1 号 A 楼　邮编 210009） |
| 苏教网址 | http：//www.1088.com.cn |
| 照　　排 | 润星之源文化有限公司 |
| 印　　刷 | 九洲财鑫印刷有限公司 |
| 厂　　址 | 河北省三河市灵山大口 |
| 开　　本 | 787 毫米×1092 毫米　1/16 |
| 印　　张 | 17.75 |
| 字　　数 | 291 千字 |
| 版　　次 | 2014 年 5 月第 1 版　2014 年 5 月第 1 次印刷 |
| 书　　号 | ISBN 978-7-5499-4018-9 |
| 定　　价 | 30.00 元 |
| 网店地址 | http：//jsfhjy.taobao.com |
| 邮购电话 | 025-85406265，85400774　短信　02585420909 |
| E - mail | jsep@vip.163.com |
| 盗版举报 | 025-83658579 |

# 编委会

# 序　言

从2011年9月至今，陕西省中小学“名师大篷车”送教活动先后在延安、渭南、咸阳、宝鸡、榆林、汉中、西安和安康等市的23个县区举行，这一活动受到了基层中小学教师的一致好评，听课教师达3万多人。然而美中不足的是，观摩教师未能见到相关的教学设计，很难深入理解执教者的设计意图，领悟其教学理念。同时，由于各方面条件的限制，省内众多的中小学教师不能亲临现场观摩学习。为此，我们编写了这本《陕西省中小学教学能手优秀教学设计集（小学幼儿园卷）》，以期将“创新教学大课堂”活动深入、持久、广泛地开展下去，引领教师的教育教学，推进课程改革。

这本书的编写过程是严谨而缜密的。首先，我们从2012—2013年省级优秀教学能手中选拔出小学、幼儿园相关学科的前三名作为“送教下乡”活动的作课教师，经过培训、设计、试教、改进、送教后，每位教学能手和学科专家都进行了深入反思、细致修改，教学设计才最终定稿。因此，本书具有以下特点。

创新性。创新教学已写入各学科新修订的课程标准中，其核心是理念创新、课程创新、模式创新和教法创新。教学创新是推进课程改革的有力抓手，对减轻学生的课业负担，促进教师的专业成长具有十分重要的意义。该书中的教学设计异彩纷呈，评课角度多种多样，既有专家的精彩点评，又有教学能手们的现身说法，这对于广大教师来说是很有启发性的。其中，教学设计均以创新的理念为指导思想，无论是教学思路还是教学方法，都给人耳目一新的感觉。

示范性。2011—2013年评选出的陕西省中小学（幼儿园）教学能手，是从全省40万名教师中经过校、县（区）、市、省逐层评选出来的优秀教学能手。他们的教学设计无论是教学理念、教学手段、教学方法，还是学科知识结构、组织教学技巧、课堂表现能力都具有较强的示范性。无疑，这些优秀的教学设计对于广大一线教师的教学工作有着示范和指导作用，特别是教学设计中所体现出来的理念、方法、手段的创新，更具示范性。

实用性。省级教学能手所撰写的语文、数学、英语、体育、音乐、美术、信息技术、综合实践活动等多节精彩示范课的教学设计，代表了不同地区、不同学科的创新教学特点，是一场聚焦课堂，推进新课程改革的盛宴。同时，本书不仅学科覆盖面广，而且很多学科也收集了多篇教学设计，因而极具参考价值和实用价值。教学能手们面对同样的学生，采用同样的教材、同样的器材，仅仅因为教学理念和方法的不同，使得教学效果大不相同。对于听课教师来说，能够看到相关教学设计，感受会更深刻，收获会更大。对全省学校的广大普通教师，尤其是农村学校教师而言，这些教学设计看得见，摸得着，学得会，用得上，非常实用。

在此，我们高兴地将此书介绍给各位教师及教育工作者，希望此书能对广大教师的课堂教学和专业发展有所帮助。

编　者

2014 年元月

# 目　录

## 语文学科

《黄鹤楼送孟浩然之广陵》教学设计　/ 3
《跨越海峡的生命桥》教学设计　/ 9
《瑞雪图》教学设计　/ 20
《一枚金币》教学设计　/ 30

## 数学学科

“正负数”教学设计　/ 39
“数学广角”教学设计　/ 48
“口算乘法”教学设计　/ 58
“垂直与平行”教学设计　/ 64

## 英语学科

*Where Do You Live?* 教学设计　/ 75
*What Would You Like?* 教学设计　/ 83
*Meet My Family.* 教学设计　/ 89

## 体育学科

“快速跑”教学设计　/ 97
“快速跑”教学设计　/ 103
“趣味小篮球”教学设计　/ 107

## 音乐学科

《山谷静悄悄》教学设计　/ 115
《杨柳青》教学设计　/ 121
《打花巴掌》教学设计　/ 128
《小鸟请到这里来》教学设计　/ 134

## 美术学科

“绿色呼唤”教学设计　/ 143
“猜猜我是谁”教学设计　/ 150
“画人像”教学设计　/ 158
“连环画”教学设计　/ 165

## 信息技术学科

“艺术字儿添活力”教学设计　/ 171

## 幼教学科

“让谁先吃好呢”教学设计　/ 179
“有趣的沙画”教学设计　/ 186
“猫和老鼠”教学设计　/ 193
“蒲公英飞得高”教学设计　/ 201
“一根羽毛也不能动”教学设计　/ 208
“乒乒乓”教学设计　/ 217
“小马”教学设计　/ 223
“好玩的夹子——复习 6 以内的数量”教学设计　/ 231
“能干的手”教学设计　/ 237
“有用的交通标志”教学设计　/ 243
“花枝上的蝴蝶”教学设计　/ 247
“有趣的测量”教学设计　/ 253
“小木马”教学设计　/ 259
“心情小人”教学设计　/ 265
“神奇的蛋壳”教学设计　/ 271

# 语文学科

# 《黄鹤楼送孟浩然之广陵》教学设计

西北工业大学附属小学　王广智

## 教材分析

《黄鹤楼送孟浩然之广陵》是人教版语文四年级上册第六组“人间真情”中的一首古诗。学习本组课文的目的，是让学生感受人与人之间纯真的感情，体会互相关爱带来的快乐与幸福。《黄鹤楼送孟浩然之广陵》是一首脍炙人口的送别诗，诗人李白在诗中表达了对好友孟浩然的依依惜别之情，同时也写出了祖国山河的壮丽美好。诗人巧妙地将对好友的深厚情意，寄托在动态的自然景物描写之中，将情与景自然交融在一起，含而不露却余味无穷。

## 学情分析

多数学生对这首诗并不陌生，甚至已能琅琅背诵。四年级的学生虽然已经掌握了一些学习古诗的方法，但他们对文本的深入理解还需教师的指导。因此，教师在学生学习古诗的过程中，应适时适度地进行引导启发。只有这样，才能让学生达到感悟诗境、体悟情感的目的。

## 资源利用

1. 利用网络搜集李白的诗歌、生平资料，尝试理解诗意。

2. 搜集、积累送别诗。

## 教学目标

1. 正确、流利、有感情地朗读课文，背诵课文。

2. 感悟诗歌的内容，想象诗歌所描绘的情境，体会朋友之间的深厚情谊。

3. 产生对祖国诗歌的热爱之情，养成课外主动积累诗歌的良好习惯。

4. 培养搜集信息的能力、语言表达的能力、自主学习的能力。

## 教学重难点

重点：理解诗意，想象诗句描绘的情景，体会作者表达的感情。

难点：理解后两行诗句的意思，体会诗句所表达的情感。

## 教学过程

**一、导入新课，理解题意**

1. 学生练读课文题目。

2. 师：这是一首送别诗，题目中就有个“送”字。学贵有疑，想一想，围绕这个“送”字，你能提出哪些有价值的问题？

3. 学生提出问题。

**【设计意图】** 美国著名学者布鲁巴克曾精辟地指出：“最精湛的教学艺术，遵循的最高准则就是让学生自己提问题。”开课紧扣一个“送”字，引导学生提问题，争取使学生都“动”起来，积极主动地参与到学习活动中去。

**二、初读课文，了解大意**

1. 学生自读古诗，要求读准字音，注意断句。读完后在诗中找一找这些问题的答案。

2. 教师指名读诗，相机点评。

3. 学生齐读全诗。

**【设计意图】** “书读百遍，其义自见。”诵读，经过千百年的实践，已成为行之有效的语文学习方法。本环节让学生在反复的诵读中将诗读正确、读通顺，初步读出诗的节奏与韵味，从而为后面的学习奠定良好的基础。

**三、深入探究，精读感悟**

1. 理解前两句。

(1) 谁送谁？

教师介绍背景：李白和孟浩然是特别好的朋友，他俩经常一起游山赏月、饮酒对诗，谈人生、谈抱负、谈家事、谈国事……在诗中，李白称孟浩然为故人，“故人”在这里是什么意思？如果用一个词来形容李白与孟浩然的关系，根据你对两位诗人的了解，你觉得用什么词最合适？他们是怎样的朋友？

(2) 在哪儿送？

教师简要介绍黄鹤楼。

（3）为何送？

孟浩然从武汉到扬州去，李白为什么写成“西辞黄鹤楼”？

（4）何时送？

学生读注释，说说何谓“烟花三月”。教师课件出示“烟花三月”的美景，学生欣赏。

师：能用你积累的词语或诗句来描绘扬州三月的美景吗？

**【设计意图】**学以致用是古诗教学的关键。特级教师霍懋征说过，一节好的古诗课至少要展现十首以上古诗。在课堂上让学生用自己积累的词语或诗句描绘扬州三月的美景，将极大地调动学生对语言积累的兴趣。

（5）学生用自己的话说前两句诗的意思。

（6）学生练习有感情地朗读前两句。

**【设计意图】**古诗教学应以读为本，让学生在读中感知，在读中感悟，在读中培养语感，在读中体会古诗的意境，在读中感受情感的熏陶，从而达到促进学生对古诗优美语言感受、积累、内化的目的。

2. 理解后两句。

（1）学生自读后两句诗，思考李白是怎样送孟浩然的。

（2）教师指名回答，集体交流。

（3）教师指导朗读诗句。

（4）学生用自己的话说后两句诗的意思。

**四、巩固拓展，深入感悟**

1. 再读后两句诗，你能发现什么问题？

师：李白伫立长江边，难道真的只看到了这一艘小船吗？透过这个“孤”字，你能感悟到什么？看谁想得深，谁能想到李白的心里去？

师：是啊！这个“孤”字，充分表达了李白对孟浩然感情的深厚。这首诗该怎样读，才能让两位诗人满意？自己先练一练。

**【设计意图】**教学的艺术就在于对时机的把握。在这一环节，教师顺着学生的心理需求，如“画龙点睛”般创设情境，拉近了学生与文本的距离。学生通过深入理解文本，达到和诗人产生情感共鸣的目的。

2. 写话练习。

师：孤帆远去，江水滔滔，李白会在心里默默地对远去的孟浩然说些什么呢？同桌合作完成写话，写在插图旁边。

**【设计意图】**《义务教育语文课程标准》（以下简称语文新课标）指出，

阅读教学应让学生在主动积极的思维和情感活动中，加深理解和体验，有所感悟和思考，受到情感熏陶，获得思想启迪，享受审美乐趣。在这个环节的设计上，教师让学生去亲身感受诗文表达的情感，并用自己的语言表述出来。这样做，既进一步深化了学生对诗文主题的理解，也培养了学生的语文综合素养，可谓“一箭双雕”。

**五、布置作业**

1. 背诵并默写《黄鹤楼送孟浩然之广陵》。

2. 搜集送别诗，抄一抄，背一背。

## 教学反思

我这节课的教学设想是，在课堂上采用多种形式引导学生多读，让学生读懂、读通、读熟这首诗，力求做到读得有情有趣、津津有味。通过读，让学生自己来理解课文内容，以达到培养学生语感、积累优美语言的目的。从今天的课堂效果看，基本达到了预期目标。学生通过诵读，理解感悟到了诗歌的内容，通过品悟交流，体会到了朋友之间的深情厚谊。

这节课我认为做得比较好的有以下几方面。

**一、注重通过组织学生进行多种形式的读来理解诗意**

语言学家吕叔湘先生曾经说过：“学习语文主要是读，听别人读，自己读，七读八读，课文读熟了，内容也就理解了。”这节课我设计了多种形式的读：默读、朗读、齐读、引读，做到读有层次、读有要求、读有指导、读有评价，以读悟情，以读入境。学生在读的过程中，自然而然地进入诗中意境，为情所动，随情而读。

**二、注重让学生入情入境地感悟诗文**

在本节课的教学中，我没有专注于逐字逐句的解析，而是在学生初步理解诗文大意的基础上，通过补充资料、图片欣赏、语言渲染等手段创设情境，让学生在生动感人的离别场景中读悟结合，品味别意，感悟真情，感受祖国语言文字的无穷魅力。

**三、在感悟诗境中让学生插上想象的翅膀**

叶圣陶曾经说过：“要鉴赏文艺，必须驱遣我们的想象。”古诗词是诗人触景生情、感物抒怀、富有高度想象力的结晶，因而想象在古诗词鉴赏活动中有着举足轻重的地位。在读诗时插上想象的翅膀，可以丰富诗的内容，扩大诗的意境，再造诗的形象，使诗的魅力得到无限的扩张。因此，在古诗词教学中，教师要善于运用多种手段，通过调动学生的想象力，促使他们真正进入诗人的情感世界，再造诗歌的艺术境界，进而领悟诗歌的深层意味。在这节课的后半部分，我用贴切生动的语言创设情境，让学生通过想象揣摩李白的心路历程。这样做，既帮助学生感悟诗文内容，又使诗歌中所表现的情景、所抒发的情感在学生心中变得厚实丰盈，对调动和激发学生情感起到了推波助澜的作用。

总之，在课堂上，我充分信任学生，采取多种手段，努力为他们营造宽松和谐的学习氛围。在课堂上，我给学生自读自悟的时间和空间，争取让每个学生都“动”起来，积极主动地参与到学习活动中去，充分展现自己的风采，因此达到了比较好的教学效果。

### 个人简介

王广智，男，现为西安市学科带头人。2007 年 10 月在陕西省教育学会小学语文科学研究会组织的“教学能手、教学新秀”评比活动中，以第一名的成绩被评为“省级教学能手”；2007 年 12 月底，由省教育科学研究所推荐，赴京参加中国教育学会小学语文教学研究会组织的“第六届海峡两岸暨香港、澳门阅读教学交流观摩”活动，在活动中做公开教学课，受到与会专家一致好评；编写的《教育文集》在西安市基础教育优秀教学成果评选活动中获二等奖。

### 专家点评

今天，我观摩了王广智老师执教的《黄鹤楼送孟浩然之广陵》一课。这堂行云流水般的语文课，这种深厚沉淀与课堂创新的结合，为创新大课堂又提供了一个典范，可谓“老调新弹”又一篇。

王老师能选择这篇课文，并讲得很成功，足见其平日对国学文化的研究之深。另外，王老师对本课文脉和感情的掌握，真正做到了与听课者峡谷冲浪、同游诗篇，可以看出王老师讲课成功的背后是他那内敛的侠骨柔情。

《黄鹤楼送孟浩然之广陵》是李白出四川，漫游江南等地后，定居湖北时所作的一首送别诗。清乾隆年间，“诗坛盟主”沈德潜在《唐诗别裁》中品评李白七绝的艺术特色时说：“七言绝句以语近情遥，含吐不露为贵。只眼前景、口头语而有弦外音，使人神远，太白有焉。”这正是对这首诗创作特点的最好评价。古诗词是汉语言的一朵奇葩，小学语文课上古诗词怎么教，一直是语文教师的研究热点。我们且看王老师的教学艺术。

**一、巧抓诗眼，妙贯全篇**

在诗词教学中，学生往往存在字词、语句等多方面的理解障碍。教师教学时如果全面出击，东一榔头西一棒子，则会造成精力分散，导致学生学习效率低下。如果抓住诗词的某些"诗眼"去推进教学，则可以有效避免此种情况发生。

王老师一开课就紧扣题目中的"送"字，引导学生提问题："想一想，围绕这个'送'字，你能提出哪些有价值的问题?"学生提出谁送谁、在哪儿送、何时送、为何送等问题。接着，学生初读诗文，了解大意，读完后，在诗中寻找这些问题的答案，在揭晓答案的过程中轻松愉悦地理解了诗句的意思。纵观整堂课，王老师抓住诗眼"送"，迅速切入学习主题，层层推进学习活动，真可谓妙贯全篇!

**二、独领诗心，意味深远**

在平时听课中我们不难发现，当前古诗教学仍存在这种现象：教师在台上逐句讲解，滔滔不绝，口干舌燥；学生在课本上抄得密密麻麻，身心疲惫。难道真要这样学古诗吗?

王老师在课堂上运用最多的方法是诵读涵泳。他注重通过组织学生进行多种形式的读来理解诗意，感悟诗文。40 分钟时间里，我们听到了尽抒胸臆的独诵、群情振奋的齐诵、静思默想的低吟浅唱、声情并茂的高声朗诵……学生在尽情诵读中，会其义，感其情，品其味，传其韵，悟其神。

原来，小学语文课中古诗词的教学，不是深刻透彻的鉴赏，不是给学生灌输教师个人的文学体验，而是关联生活，激发兴趣；依照文体，指导学生诵读涵泳；适当运用技巧，引导学生理解背诵；走近古人，迁移情感……王老师这份独领的诗心，意味深远。

西安市莲湖区远东第二小学　岳　怡

# 《跨越海峡的生命桥》教学设计

汉中师范附属小学　马治娟

## 教材分析

《跨越海峡的生命桥》是人教版语文四年级上册的课文，文中体现的两岸同胞血浓于水的精神深深地感染着每一个人。大陆青年小钱患了严重的白血病，台湾同胞冒着生命危险，架起了一座跨越海峡的生命桥，用爱心挽救了小钱的生命。课文先后描写了同一时间海峡两岸的两个不同场景：第一个场景是，在杭州某医院的病床上躺着生命垂危的小钱，他在静静地期待那来自海峡彼岸的救命骨髓；第二个场景是，在台湾花莲慈济医院，李博士正在余震的危险中抽取台湾青年的骨髓，他们冒着生命危险，做着一次又一次努力，直到台湾青年的骨髓涓涓流出。所有这一切，为的是挽救海峡彼岸一个年仅 18 岁的生命。文章告诉我们，两岸同胞相距虽远，心却紧紧相连。

## 学情分析

小学四年级学生聪明、勤奋、好学，有一定的认知能力、分析能力。他们喜欢阅读，知识面广，在把握课文内容、领悟课文内涵、体会人物情感等方面的能力较强。在课堂上，多数学生能积极参与到具体的教学活动中，在教师创设的情境下快速进入文本，与文中人物同悲伤、共欢乐，更善于通过朗读来表达自己的内心感受，寄情于文；同时，在与人物的对话中产生心灵的共鸣，激发真善美的情感。

本篇文章以情感为线索，只有充分挖掘课文的情感因素，全方位调动学生的感官，引领学生走进课堂、走进课文、走进人物的内心深处，才能真正打动学生，使学生领悟课文内涵。

## 资源利用

1. 通过网络搜集与台湾地震相关的图片。
2. 下载渲染课文情景的音乐，如《再见，警察》《爱的奉献》等。
3. 搜集白血病的相关资料。

## 教学目标

1. 认识“海峡”“同胞”“暂停”“袭击”等词，正确、流利、有感情地朗读课文。

2. 理解骨髓移植对小钱的重要性，感悟台湾青年的高尚品质。

3. 体会两岸同胞的血脉亲情，感受生命的珍贵和爱心的无价，学会关心、帮助他人。

## 教学重难点

重点：理解骨髓移植对小钱的重要性。

难点：感悟台湾青年的高尚品质。

## 教学过程

### 一、谈话揭题，导入新课

1. 揭示课题，相机指导书写“峡”。

2. 引发质疑。

师：请同学们齐读课题。读了这个课题，你有什么疑问？

**【设计意图】**语文新课标倡导自主、合作、探究的学习方式，通过谈话导入，引起学生质疑，激发学生的好奇心和求知欲，为后续的学习蓄积情感。

### 二、初读课文，整体感知

1. 一读课文，认识生字词。

（1）教学要求：读准字音，读通句子，遇到不理解的词语想办法解决。

（2）出示生字词，检查字词句。学生自由读，教师指名读，学生齐读。

（3）随机教授生字。学生自主找出最不好写的生字，交流识记方法，教师板书示范。

**【设计意图】**工具性与人文性统一，是语文课程的基本特点。本环节由字到词再到句，层层深入，既学习了课文的生字新词，扎实了基础，又扫除了阅读障碍，在学生自主阅读的过程中教给学生读书方法，整体感知，为后面学习课文做了铺垫，也为学生后面的有感情朗读做了热身。

2. 二读课文，理清脉络，了解大意。

师：想一想，课文讲了一件什么事？

生：大陆青年小钱患了严重的白血病，台湾同胞冒着生命危险，用爱心挽救了小钱的生命。

师：他讲得很清楚，能根据事情发生的经过抓住关键词句，把课文内容说得既明白又完整。

**【设计意图】**通过关键词，教会学生如何概括文章的中心内容，同时也对学生的语言组织能力进行训练。

**三、理解骨髓移植对小钱的重要性，体会寻找骨髓的不容易**

师：课文讲的就是这样一个真实而感人的故事，让我们一同走进杭州，去看看躺在病床上的小钱。

1. 教师指名读。

师：同学们，你们知道什么叫白血病吗？（出示：白血病的相关资料）看到病魔缠身的小钱，此时此刻你有什么样的感受？

生：小钱很不幸，为他伤心、难过、悲伤。

2. 想象说话。

师：是啊，18 岁，如花的年龄。如果没有患白血病，在这样一个阳光明媚的日子里，小钱应该在干什么？

生：在学校里读书或者在运动场上奔跑。

生：和他的家人去郊游。

3. 指导朗读。

师：然而此时此刻，小钱年轻的生命就像含苞的花朵，还没有经过绽放，却因为病魔而即将凋零。想到这里，你是什么心情啊？带着你的感情读句子。

生：“这个刚满 18 岁的年轻人，患了严重的白血病，生命就像即将凋零的含苞的花朵，唯有骨髓移植，才能使这朵生命之花绽放。”

4. 要找到适合移植的骨髓，容易吗？

出示课件：然而，要找到适合移植的骨髓，又谈何容易。

（1）什么是“谈何容易”？

生：不容易，非常难。

生：很艰难。

（2）引导学生交流。

师：极其困难、不容易、非常难，这就是“谈何容易”。那么，在帮小钱寻找骨髓的过程中，究竟有多么不容易？

(3) 抓住重点词语“有可能”“几经辗转”，交流阅读感受，创设情境，展开合理想象，体会文章用词的准确性。

师：想象一下，为了给小钱找到适合的骨髓，医生、家人、朋友都会做些什么？通过哪些方式去寻找？（周围的亲人去医院检查不适合，在全杭州找，上网找，登报纸找等）这里也找了，那里也找了，都找了，千辛万苦、历经磨难、费尽周折、跨越千山万水的寻找过程就是“几经辗转”。这个词用得好不好？看来，我们也要学会准确地运用词语。

5. 最终找到合适的骨髓了吗？

生：小钱是幸运的，几经辗转，终于在台湾找到了拥有适合骨髓的人。

**【设计意图】**通过抓重点词，设定情境，拓展学生思维，体会寻找适合骨髓过程中的“谈何容易”。

**四、品味文字，走进台湾青年内心，感悟人物品质**

师：在台湾究竟找到了一位怎样的人呢？请同学们三读课文，静心默读3～5段，画出描写台湾青年的句子，看看你从这些句子中知道了什么？哪句话让你深受感动？

1. 带着问题，深入读文。

2. 出示勾画的句子。

师：你们知道台湾青年的名字吗？知道他的样子吗？从这些句子中，你们知道了些什么？

3. 深入分析。

师：同学们有没有发现，在大陆和台湾两个不同的地方，却有一个极其相似的场景，找到了吗？

4. 对比句子，体会不同。

小钱静静地躺在病床上，灿烂的阳光没有使他苍白的脸红润起来。

此时此刻，跑到空旷的地方才比较安全。但是，李博士仍沉着地站在病床旁，那位青年也静静地躺在病床上。

小钱静静地躺在床上是因为____________________。

台湾青年静静地躺在床上是因为____________________。

5. 教师追问。

师：一个“静静地”，一个“也静静地”，他们的内心难道真是静静地吗？交流感受。

6. 抓住“静静地”联系上下文，感悟台湾青年“静静地”神态下不平静的内心。

板块一：理解周围环境的不平静

(1) 手术是在什么情况下进行的？

师：为什么会有余震？你是怎么知道的？

生："就在昨天，一场里氏7.3级的大地震袭击了台湾地区。此刻，大地仍在余震中摇晃。"

(2) 出示台湾南投县7.3级的大地震资料。

师：同学们，我们都亲身经历过地震的可怕，想一想，在这样的余震中随时都有可能发生什么？

生：房屋倒塌、人员伤亡、窗户上的玻璃"啪啪"地掉下来，随时都有可能带来生命危险。

(3) 情境感受。

师：同学们，灾难面前，如果是你，你会怎样？那位青年又在干什么？

(4) 地震过后，余震不断，手术能否顺利进行？

生："针头向皮肤刺去，一阵突如其来的余震，使针头从肌肤里脱落，李博士不得不停止工作。"

(重点理解"突如其来"及手术进展过程之艰难，手术过程之危险。)

生："经过一次又一次的努力，利用大地震动暂停的间隔，台湾青年的骨髓，终于从身躯里涓涓流出……"

① 想象一下，他们都做了怎样的努力？

② 想一想，对于台湾青年来说，这一次又一次的努力背后，要一次又一次的忍受着什么？

师（小结）：在"一次又一次"努力的背后，青年要忍受的是一次又一次的疼痛，一次又一次的担心、着急，还有一次又一次的害怕、恐惧，甚至一次又一次死亡的威胁。面对如此危险的环境，他却——静静地躺在病床上。台湾青年的内心是否平静呢？交流感受。

板块二：理解台湾青年内心的不平静

师：地震过后，余震不断，台湾青年知道自己家人的情况吗？(不知道)你从哪里看出来的？读一读。难道他不牵挂自己的家人吗？难道他不担心自己的安危吗？但是，此时此刻，他想得更多的是什么？谁能用课文中的一句话来回答？

(1) 出示课件：但是，他知道，在海峡的另一边，有一位青年正满怀着希望，期待着他的骨髓。

师：那是怎样的一种希望？

生：生的希望，对生命的渴望。

教师引读：

① 肉体的疼痛，他要一直忍受，因为他知道——（男生读）

② 心灵的煎熬，他要坚强忍受，因为他知道——（女生读）

③ 死亡的威胁，他要勇敢面对，因为他知道——（齐读）

（2）填空练习。

他还知道，自己的骨髓会带给小钱________。

小结：正是心里想着自己的骨髓会让小钱的生命之花绽放，所以即使担心家人的安全，即使仍处在余震中，即使内心如此的不平静，他还是静静地躺在病床上，只为了心中的那一个信念——救活小钱。台湾青年对小钱的爱心、对生命的尊重让我们感动，让我们再来体会那令人尊敬而又动容的“静静地”。

**【设计意图】**海峡两岸，不同的地方却有着相同的场景。小钱“静静地”躺在床上，台湾青年也“静静地”躺在床上。但是，我们分明能感受到这“静静地”背后两个人各不平静的内心。为了凸显台湾青年的品质，我着力于引导学生感受由于地震引起的周围环境的不平静，以及台湾青年内心的不平静，逐层逐步引导学生读懂“静静地”背后隐含的巨大的力量和无私的精神。

**五、感悟升华，提问延伸**

师：所有的努力，并没有白费，于是，我们终于欣喜地看到了一次又一次努力的结果。（课件出示句子：经过一次又一次的努力，利用大地震动暂停的间隔，台湾青年的骨髓，终于从身躯里涓涓流出……）同学们，你觉得这涓涓流出的仅仅是骨髓吗？还有什么？

生：小钱活下去的希望。

生：生命的火种，博大的爱心，无私奉献的精神。

1. 小钱最终得救了，故事读到这里，老师要问：究竟是什么力量使台湾青年在这样危险的时刻能“静静地”躺在病床上，给一个素不相识、未曾谋面的白血病人捐献骨髓呢？

小结：这就是深深的爱，这就是浓浓的情，这就是海峡两岸的血脉亲情，这就是无私的奉献精神！

2. 这台手术可以写的内容很多，但是留在我们记忆深处的却是手术的不容易，以及台湾青年看似平静但又不平静的内心。作者为什么偏偏抓住“刺去”“余震”“静静地”“一次又一次”这些词语和场景进行描写呢？

小结：这些关键词语更凸显人物品质。由此可见，作者很善于捕捉能打动人心灵的片段和场景进行描述，因为这些也同样打动着我们。这也是我们在以后写作中值得借鉴的地方。

3. 这座生命之桥，难道是仅仅靠台湾青年一个人搭建起来的吗？还有谁？

4. 下节课，让我们一起走近李博士，看看他为小钱的生命做了哪些努力？

5. 布置作业。

(1) 查阅李博士的资料。

(2) 寻找身边的感人故事。

**【设计意图】**语文教学应该体现出工具性和人文性。在教师的引导下，学生感受台湾青年的品质并不难，但是，文章可写的地方有很多，为什么作者偏偏要抓住这几个场景来写呢？引导学生在以后的习作中学会选材。

## 板书设计

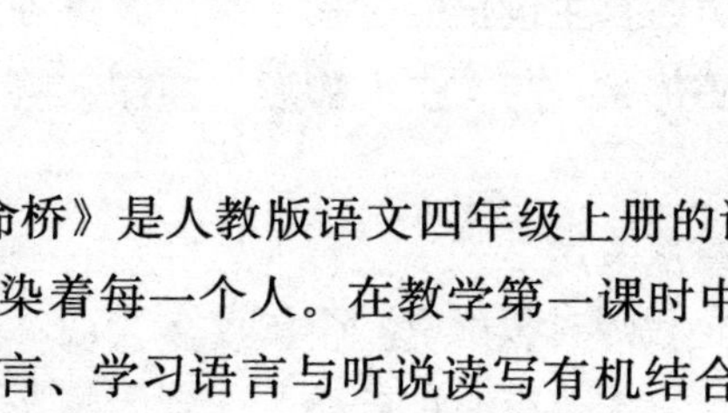


## 教学反思

《跨越海峡的生命桥》是人教版语文四年级上册的课文，两岸同胞血浓于水的亲情深深地感染着每一个人。在教学第一课时中，我力求简洁明了、求真务实，将品味语言、学习语言与听说读写有机结合，使学生学有所思，学有所获。现反思如下。

### 一、字词教学扎实有效

扎实有效地进行字词教学，是为梳理全文做好铺垫。本节课教学中，我集中教学目标，减少教学环节，挤出时间用于学生识字写字。在学生初读课文以后，我以检查反馈的形式集中出示本课生字词，让学生在正音和理解的基础上细读重点词语，由字到词再到句，既扎实了基础，扫除了阅读障碍，又加深了对课文的理解和感悟。

语文新课标强调了写字教学的重要性，在写字教学建议中新增了一条关键性建议："第一、第二、第三学段，要在每天的语文课中安排10分钟，在教师指导下随堂练习，做到天天练。"四年级学生有了一定的识字写字能力，为了充分尊重和发挥学生的主体性，在写字教学环节中，我让学生自主选择自己认为较难写的生字，提醒学生书写时应注意的地方。在学生自主选择的基础上，我努力做到扶放结合，先指导书写笔画易出错的"袭"字，后放手让学生自己观察书写生字"暂"，并指名上黑板书写，及时对学生书写中有差错的地方给予纠错指导，使识字写字真真正正落到实处，做到了字词教学的实效性。

**二、阅读指导层层深入**

虽然语文学习的形式多样，能提高学生学习兴趣，锻炼学生的能力，但仔细阅读文本才是语文学习的根本所在。要真正实现在教学过程中有效对话，有效合作讨论，前提是学生对文本要进行反复阅读。

在教学中，我给学生充分的时间进行阅读，并且要求阅读体现阶梯式，层层推进、层层深入。在此我大胆地尝试"三读法"：一读课文，要求学生自由读，读准字音，读通句子；在学习了生字词后，二读课文，要求学生快速读，了解课文内容，概括课文大意；三读课文，要求学生默读，仔细品味课文重点段落，并提倡学生在书上勾画、圈点、批注，学着与文中人物对话，或由文本引发自我对话。同时每个读书环节都渗透不同阅读方法的指导，让学生的阅读能力在自主读悟的过程中得到锻炼和提高，使学生在不断读书的过程中得到情感体验，与文中人物产生强烈共鸣，从而加深对课文的理解。

**三、目标明确，重点突出**

有效的课堂，需要教师对教材有一个深度、全面、系统的解读。一堂课彻底解决一两个学生切实需要解决的问题，比浮光掠影、蜻蜓点水、隔空搔痒的教学要有效得多。在第一次试讲中，为了体现课堂的完整性，我试图在一堂课内解决许多问题，力求面面俱到，最终却因为课时容量大，导致学生没有时间静下心来对文本进行充分阅读，理解也仅仅停留在表面，没有真正走进文本之中与人物对话、与作者产生共鸣，未达到预设的教学效果。“伤其十指，不如断其一指。”在反思修改中我删繁就简，返璞归真，大胆取舍，调整了教学目标，修改了教学设计，主要凸显了第一课时的特点。在识字写字、初读课文的基础上，让学生理解骨髓移植对小钱的重要性，采用递进式学习策略，把重点放在感悟台湾青年的高尚品质上。所有的任务都与这一重点有关，学生注意力集中，围绕这一目标开展了多层次的探讨和多方面的拓展。学生在充分阅读和理解的基础上，迸发出思想的火花，对人物品质的理解也自然也水到渠成。

**四、品味语言，体验情感**

抓住重点词语，品味语言文字。为了让学生走进台湾青年内心，感悟人物品质，我巧妙质疑“在台湾究竟找到了一位怎样的人呢?”让学生默读，勾画出描写台湾青年的句子，认真品读。根据学生回答，我紧紧抓住海峡两岸不同的地点相同的场景进行比较，让学生仔细品味，杭州小钱和台湾青年都“静静地”躺在床上，同样的一个词语有什么不同之处？通过语句对比，学生很快知道了一个是因为疾病，一个是为了给小钱捐献骨髓。我相机质疑：“‘静静地’背后又有什么不平静呢?”学生在积极主动的思维和情感活动中，加深了理解和体验，有所感悟和思考。小组合作交流阅读理解心得之后，我尝试进行板块式教学，引导学生联系上下文，理解周围环境的不平静和台湾青年内心的不平静，并重视课程资源的开发与利用，适当补充了台湾大地震的图片和文字资料。那一幅幅悲惨的画面，一个个具体可感的数据，激荡着学生的心灵，学生对台湾青年冒着生命危险救助小钱的事迹有了更深刻的体会，台湾青年无私的奉献精神同时也深深打动了学生的心。

教学总是一门遗憾的艺术。纵观本节课的教学，我还有以下不足。

一是朗读指导不够深入。有的学生在朗读上情感不够丰富，没有那种受到感染后朗读的轻重缓急，这也看出了我在平常课堂中对学生的朗读指导还不够到位，今后在教学中要注重朗读的训练。

二是对于学生的课堂生成，没把握好时机适时点评。比如，学生在某些地方的回答很精彩或与众不同，而我怕拓展此话题会影响课堂整体安排，因而选择一句话带过。课后认真想想，这些地方闪耀着学生独特的思维火花，如果能就此展开讨论与引导，说不定会比预设的课堂更加精彩。所以，我应在今后的课堂中进一步合理引导学生的课堂生成。

## 个人简介

马治娟，女，小学一级教师，现任汉中师范附属小学教师。先后获得“陕西省教学能手”“陕西省创新评优标兵”“汉中市少先队工作先进个人”“汉中市教学能手”等荣誉称号，被聘为汉中市信息化环境下教学应用示范课巡讲活动讲师、汉中阳光师训讲师，并兼任汉中市“红领巾大讲堂”宣讲成员，多次到县区做观摩示范课及专题报告。执教的《笋芽儿》荣获“第三届全国中小学新媒体新技术教学应用研讨会暨基于交互式电子白板学科教学观摩活动”二等奖、《恐龙的灭绝》获陕西省创新评优一等奖，撰写的《语文园地一》教学设计获陕西省教育厅教学设计类一等奖，另有多篇论文获得省级、市级优秀教育教学成果评选一等奖。

## 专家点评

听完马治娟老师的课，我想到了“人课合一”这四个字，其人的美丽如同汉江水陶冶出来一般，秀外而慧中。用李白的一句诗赞美也不为过——“清水出芙蓉，天然去雕饰”。让我们共同仔细品味。

**一、字词教学，平实中见功夫**

我们知道，词是能够独立运用的最小的语言单位，阅读教学中词语教学十分重要。有时将文章中的关键词连缀起来，便可概括出文章的主要内容；有时抓住文眼型的词语，便可起到牵一发而动全身的作用；有时对饱含作者情感的词语揣摩、品味，就能深入文本与作者产生共鸣……马老师在学生一读课文后，以检查反馈的形式分三组出示本课生字词。在我看来，这三组词语不是随便排列和堆积的，它们是有情有味的词语。在正音和理解的基础上，马老师引导学生细读重点词语，品味、鉴赏饱含情味的语言文字，由字到词，由词引句，可谓“未成语调先有情”。

马老师在观摩课上淡定自如地指导学生写字，有范写，有纠错，有指导，使写字真真正正落到实处。

**二、阅读教学，展开语言学习过程**

课堂上，马老师给学生充足的时间进行阅读。她大胆尝试“三读法”：初读课文，要求学生自由读，读准字音，读通句子；在学习了生字词后，二读课文，要求学生快速读，了解课文内容，概括课文大意；三读课文，要求学生默读，仔细品味课文重点段落。三读课文，使阅读教学通过“感知—理解—共鸣—内化”这一学习过程，呈现阶梯式，层层推进，步步深入。学生在学习过程中把自己的理解通过朗读、想象、补白等表现出来，马老师随机评价、引导。如此阅读教学，能将文本语言不断展开，不断深化。

**三、大胆取舍，立足学生本位**

很多公开课上，执教者尽其所能，大展教学艺术，课堂上过于关注内容的分析，过于追求煽情的话语，常使听课者觉得整堂课饱满得快要溢出来似的。我想，这样的设计无疑是从学科本位出发的。

《跨越海峡的生命桥》这篇课文，值得玩味的语言文字有很多，如果面面俱到，必然会适得其反。文中台湾青年、李博士都是举足轻重的人物，但是真要都放到第一课时来感悟其伟大形象，恐怕时间会比较紧张。本堂课上，马老师大胆取舍，仅围绕感悟台湾青年的高尚品质这一个目标开展多层次地探讨、拓展。而对于另一关键人物李博士，在本节课结束时，马老师说：“下节课，让我们一起走近李博士，看看他为小钱的生命做了哪些努力?”这不正是第一课时和第二课时的有效连接吗?

我想，这样的教学才是立足学生本位的教学，才是发展学生能力的教学。

西安市莲湖区远东第二小学　岳　怡

# 《瑞雪图》教学设计

宝鸡实验小学　周文华

## 教材分析

《瑞雪图》是北师大版语文四年级上册第十二单元的一篇主体课文。在这篇借景抒情的散文中，作者用优美、生动的语言为我们勾画了一幅瑞雪图：胶东半岛的第一场雪，雪前、雪中和雪后的美景，以及作者联想到“瑞雪兆丰年”这一喜人景象，充分体现了作者对这场预兆丰年的大雪的喜爱之情。

## 学情分析

四年级的学生对一切事物充满好奇心，有较强的求知欲。在学习活动中，他们思维活跃，接受事物较快，主动探究问题的意识有所增强，能努力探索问题的结果，语言能力由口头语言向书面语言过渡。小学四年级以后，他们的书面语言水平逐步得到发展，阅读能力也由朗读向默读发展。

## 资源利用

通过网络查找相关资料，准备多媒体课件。

## 教学目标

1. 学会生字新词，能正确、流利、有感情地朗读课文。

2. 感受瑞雪的大而美丽，体会作者的喜悦心情，感悟“瑞雪丰年”的丰富内涵。

3. 学习按一定顺序观察、有条理地描写景物的写作方法。

## 教学重难点

重点：精读课文第四、五自然段，想象并感悟雪中、雪后的景象。

难点：理解“好一幅北国寒冬瑞雪丰年的图画”的含义。

## 教学过程

**一、创设情境，揭示课题**

1. 教师出示图片，师生观看雪景图。

2. 从这些图片中你感受到什么？（雪的美、人的快乐）

3. 这节课让我们走进山东省胶东半岛，一起去感受那第一场雪。（板书课文题目）

**【设计意图】**优美的图片、富有启发性的对话，激发了学生的学习热情，师生对话顺畅进行。

**二、初读课文，整体感知**

1. 自由朗读，读通读顺。

师：请大家打开课本，先来读一读课文，了解一下课文大意。在同学们读课文之前，老师还想教给同学们一个读书的方法，想不想知道呢？

出示读书方法：

(1) 仔细读课文，试着把课文读通顺，读流利，不理解的地方多读几遍。

(2) 边读边想，这一场雪给你留下了什么印象？可以在书上标一标，画一画，在感受深的地方还可以做批注。养成不动笔墨不读书的习惯。

**【设计意图】**教给学生阅读的方法，引发学生独立阅读的兴趣，培养学生独立阅读的能力和自主识字的能力。重在感受体验，整体把握。

2. 检查预习，认读词语。

师：同学们读得这么起劲，相信课文一定读得不错了，现在我们再来读读这些词语，看你还会读吗？

教师出示词语：

骤然　玉屑

白茫茫　毛茸茸　蓬松松　沉甸甸

彤云密布　粉妆玉砌　万籁俱寂　簌簌落落

(1) 指读词语。

(2) 重点理解。

① 什么叫“骤然”？能不能换成“突然”或“猛然”？联系课文内容或生活实际谈一谈。

② 试着将“白茫茫”“沉甸甸”“毛茸茸”这几个词语补充完整。

**【设计意图】**检查字词，既可以帮助学生读通读顺课文内容，同时又可以帮助学生初步理解课文内容，为深入学习课文做铺垫。

**三、品读课文，理解感悟**

1. 自主学习，边读边想：作者是按照什么顺序写这场雪的？

师：作者写了这场雪的哪些特点？画出有关的句子，养成不动笔墨不读书的习惯。

2. 合作交流，与小组同学交流自己的自学成果。

**【设计意图】**积极构建自主、合作、探究的学习方式，把学习的主动权交给学生，培养学生的合作能力和良好的学习习惯。

3. 汇报展示。

(1) 交流：作者是按照什么顺序写这场雪的？

① 写作顺序：下雪前—下雪时—下雪后。

② 作者写了这场雪的哪些特点？

下雪前　彤云密布

下雪时　簌簌落落　纷纷扬扬

下雪后　粉妆玉砌

**【设计意图】**理清文章脉络，提炼段落核心词语，引导学生准确把握文章内容。

(2) 品词析句，重点交流作者写了这场雪的哪些特点？

4. 学习下雪前图景。

师：下雪前，天气有哪些变化呢？

(1) 学生找句子—读句子—谈体会。

(形云密布、骤然变冷、刮起寒风、下起大雪。)

(2) 学生找句子—读句子—想画面—谈体会—悟感情。

抓重点句子，指名读“黄昏时分，风停了，那鹅毛般的大雪，纷纷扬扬地从半空中降落下来”。

① 想画面：你眼前仿佛出现了什么画面？

② 谈体会：从刚才的画面中，你体会到了什么？(雪大)

③ 再读句子：那就让我们把这种感情读出来吧。

**【设计意图】**抓住关键句子理解课文内容，同时让学生想象画面，把静止不动的文字变成一幅幅生动优美的图画，和文章题目紧密联系。

5. 学习下雪时图景。

① 讨论：下雪时都有哪些特点呢？赶紧在书中找一找。（雪大、雪稳、纷纷扬扬、簌簌落落）

② 交流：雪有多大？找出句子读一读。（夜里，冬天的山村，万籁俱寂，只听到那大雪不断降落的沙沙声和树木的枯枝被积雪压断了的咯吱声）

③ 探究：什么叫万籁俱寂？（籁：从孔穴中发出的声音；万籁：自然界中万物发出的各种声响；寂：静。形容周围环境非常安静，静的没有一点声音）

④ 师：在这万籁俱寂的夜晚，真的没有一点声音吗？此时，你仿佛听到了什么？作者当时听到的和大家听到的一样吗？让我们再读这句话。

⑤ 师（小结）：对，这就是一种以动衬静的写法。今后我们还会学到这种写法，同学们可以慢慢领会这种写法的好处。

⑥ 师：“簌簌落落”是说什么呢？读句子，谈感受，并试用“簌簌落落”说话。

⑦ 师生合作读第三自然段。

课件出示整段内容。

师（读）：“这是入冬以来胶东半岛上的第一场雪。这雪下得很大，也很稳。”

生（接读）：“开始的时候，还伴着一阵小雨。不久，雨住了，风停了，就只有那大片大片的雪花，从彤云密布的天空中，簌簌落落地飘将下来。一会儿，地面上就发白了。夜里，冬天的山村，万籁俱寂，只听到那大雪不断降落的沙沙声和树木的枯枝被积雪压断了的咯吱声。”

师：这真叫“夜深知雪重，时闻折竹声”。谁知道为什么要这样分工来读呢？

生：第一句概括写雪大，第一、二句是总写，后面是分写。

**【设计意图】**此环节既训练了学生对词语、句子的理解，又为学生写作开启了另一扇大门，将阅读和写作紧密结合。

6. 学习下雪后图景。

① 感受雪景美。

师：现在，我们一起来想象一下，如果你的面前就是这一片白茫茫的大雪，你的心情是怎样的？

生：我会很高兴、很激动。

师：你会怎么说？

生：嗬！好大的雪啊！

**【设计意图】**让学生尽情地读，感受作者看到这胶东半岛上的第一场雪时的激动、喜悦之情，为下文“这是一场瑞雪”做铺垫。

师：极目远眺，又看到了怎样的景象。

生：极目远眺，万里江山变成了一个粉妆玉砌的世界。

② 抓住关键词——粉妆玉砌。

师：粉妆玉砌是指用白粉装饰，用白玉砌成，比喻雪后的美景及人皮肤白嫩。

③ 图片感悟。

师：你们看，这就叫粉妆玉砌的世界（出示雪景图片）。粉妆玉砌的世界美吗？（美）这个词用得妙吗？（妙）为什么用得妙呢？（因为写出了雪大、雪美的景象）

小结：这就是雪后的美景图，今后我们在写作文的时候也要注意遣词造句。

④ 感受作者对雪后美景的具体描写。

师：雪后的美景图还具体表现在哪些方面？

教师出示句子：

看近处，那些落光了叶子的树木上，挂满了毛茸茸、亮晶晶的银条儿，那些冬夏常青的松树和柏树上，挂满了蓬松松、沉甸甸的雪球儿。

师：如果把这句话去掉几个词语，那是怎样的景象？

句子1：看近处，那些落光了叶子的树木上，挂满了银条儿，那些冬夏常青的松树和柏树上，挂满了雪球儿。

句子2：看近处，那些落光了叶子的树木上，挂满了毛茸茸、亮晶晶的银条儿，那些冬夏常青的松树和柏树上，挂满了蓬松松、沉甸甸的雪球儿。

师：自由读一读，同桌交流，比较这两个句子有什么不同？

生：不行，去掉这些叠词之后就感觉句子不美了。

生：不行，去掉之后就不能想象出银条儿、雪球儿的样子了。

生：不行，去掉之后就觉得没有乐趣了。

师：是呀，去掉之后就不能想象出银条儿、雪球儿的样子了，感觉雪后的美景图好像缺失了一角。

师：说得多好呀！来，让我们一起带着高兴、愉快的心情再来读一读。

⑤ 理解“五光十色”。

师：在这一段中，还从哪些地方能让你感受到雪美？

生：“一阵风吹来，树木轻轻地摇晃着，那美丽的银条儿和雪球儿簌簌落落地抖落下来。”

生：“玉屑似的雪末儿随风飘扬，在清晨的阳光下，幻映出一道道五光十色的彩虹。”

师：听了她的朗读，我们的眼前似乎真的出现了五光十色的彩虹。你能将五光十色换成一个相近的词语吗？

生：五颜六色、五彩缤纷。

师：你们就把“五颜六色”“五彩缤纷”放到句子中，看看是不是合适？

师：你起来说一说，换成这两个词语行吗？为什么？

生：不行。五颜六色和五光十色都是说颜色多而且美。

师：五光十色呢？仅仅有颜色吗？还有什么？

生：五光十色不仅仅写出了颜色的美，而且写出了阳光照耀下雪景的美。

师：这样的景色美吗？让我们再来美美地读一读这句话，感受一下清晨的阳光照在树木上、照在雪末儿上的奇异美景。

生（齐读）：“玉屑似的雪末儿随风飘扬，在清晨的阳光下，幻映出一道道五光十色的彩虹。”

师：请一位同学配着音乐，再来读一读，让我们一起走进这五光十色的世界吧！

学生配乐朗读。

师：读得多好啊！感情多深啊！你已经带领大家进入这美丽的雪景图了。让我们把自己喜欢的句子背下来，看谁积累得最多。

学生背诵。

**【设计意图】**品词析句、有感情朗读、积累背诵，真正体现了大语文教学观的思想。

⑥ 感受快乐。

师：告诉老师你现在是怎样的心情？

生：快乐。

师：假如你到了这里，你会做什么？

生：堆雪人，掷雪球。

生：上雪山，欣赏美景。

师：正是因为同学们的欢乐让山村充满了生机。这就是峻青笔下的瑞雪。通过学习课文，我们了解了雪大、雪美，你还知道雪的哪些好处？

生：雪可以保暖。

生：雪可以滋润庄稼。

师：我不禁想起来一句谚语：今冬麦盖三层被，来年枕着馒头睡。这真是一场瑞雪啊！

**【设计意图】** 阅读是教师、学生、文本、教科书编者之间的对话，只有让学生设身处地去感受，作者所要表达的那份情感才能从学生心底流淌出来。

**四、深化主题，拓展延伸**

1. 了解当时的时代背景。

师：在这里，雪还有着深刻的含义。当时，我国正遭受严重的灾情。（出示背景资料）

师：就在我国正遭受自然灾害时，下起了这场纷纷扬扬的大雪。难怪峻青发自内心的赞叹——啊！好一幅北国寒冬瑞雪丰年的图画！

**【设计意图】** 这篇课文的写作背景是本文教学中的一个难点，在学生充分阅读、理解感悟课文内容的基础上适时出示时代背景资料，使教材内容化难为易，既抓住重点又突破难点，有一石二鸟的效果。

2. 感受喜悦——丰收美景图。

教师出示课件：我站在田间，纵目四眺……无数的人群，在这银光闪闪的雪野上忙碌着……我的心里充满了兴奋的喜悦，我仿佛从苍茫无际银光闪闪的瑞雪上面，看到了浩瀚无边金光灿烂的收成……

师：让我们一起来读一读。

师：这场雪，让人们看到丰收的美景图。农民伯伯看到这丰收的美景图，会情不自禁地说——

生：啊！好一幅北国寒冬瑞雪丰年的图画！

师：这一场雪，给人们带来激动和赞叹。人们会说——

生：啊！好一幅北国寒冬瑞雪丰年的图画！

师：此时此刻，在作者的心中这还是一场怎样的雪？

生：丰收的雪。

生：希望的雪。

师：在你们的发言中，我看到你们已经深刻地理解了瑞雪的含义。作者看到瑞雪，联想到丰年，怎能不感到喜悦和激动呢？再带着喜悦和赞美之情读文章最后一句话。

**【设计意图】**在一次次交流与碰撞中，学生的情感得到进一步升华，对课文内容的理解与把握更加清楚。

**五、感受内化，积累运用**

师：课下把文章中的好词好句摘抄下来，还可以试着用文章中的好词好句写一写我们这里冬天的雪景，比一比看谁的词语用得更准确，语言更优美。

## 板书设计

| | | | | |
|---|---|---|---|---|
| | 下雪前 | 彤云密布 | | 丰年 |
| 瑞雪图 | 下雪时 | 簌簌落落 | 纷纷扬扬 | 应时 |
| | 下雪后 | 粉妆玉砌 | | 希望 |

## 教学反思

语文新课标指出，阅读是学生的个性化行为，不应以教师的分析来代替学生的阅读实践，应让学生在主动积极的思维和情感活动中，加深理解和体验，有所感悟和思考，受到情感的熏陶，获得思想启迪，享受审美乐趣。因而在本课教学中，我以“情”为主线，以“读”为手段，设计了“创设情境，揭示课题—初读课文，整体感知—品读课文，理解感悟—深化主题，拓展延伸—感受内化，积累运用”五步阅读流程。在教学中带领学生顺利完成学习任务，有以下几点值得回味。

**一、目标明确，凸显特点**

本课是一篇抒情散文，散文最大的特点是“形散神不散”。教学中我引导学生紧紧抓住课文的核心问题“课文写了这场雪的哪些特点”，辐射全文，同时加以适时引导点拨，调动学生积极参与课堂学习的全过程。

**二、以读为主，体悟情感**

叶圣陶先生说过，阅读教学总得读，在读中理解，在读中感悟，在读中培养语感；在激昂处还他个激昂，在委婉处还他个委婉。于是，我在教学中抓住关键词语、句子，让学生带着自己的感受读课文，理解、体悟内容之后再让学生美美地读，读出自己的理解和体悟。在教学文章中最富有感情色彩的两句话时，放手让学生自由读、尽情地读、大声地读，让学生想象自己就是文章的作者，设身处地把自己的情感尽情挥洒。学生在一次次阅读体验中情动而辞发，将书本知识内化成自己的独特体验。

**三、品词析句，训练语言**

小学语文课本上的每一篇文章都是文质兼美的好文章，引导学生欣赏品味语言文字的美及运用之妙，是阅读教学精读阶段的关键一步。教学中抓住每一部分的关键词，如下雪前——彤云密布，下雪时——簌簌落落，下雪后——粉妆玉砌，以及文章中的“万籁俱寂”“五光十色”等词语，进行训练，有两个目的：一是理解内容，二是品味语言运用之妙，以助写作。

**四、评价中肯，优化课堂**

对于学生在课堂上的表现，我在评价方面表现得比较积极，当学生表达流畅时会赞许：“你的表达能力可真强啊！”“你是个内心丰富多彩的学生。”在学生朗读成功时会肯定：“你把课文读懂了。”“你的声音可真好听。”当学生回答错误时会说：“不要怕说错，错误也有价值。”当学生回答不出问题时会说：“别急，慢慢说。”“老师相信你这次说的会比上次更好。”“想不想听听其他同学的想法。”像这样的评价在课堂上无处不在。

纵观本节课，还存在一些问题。例如，留给学生阅读的时间过短，学生充分读书的时间和教学预设还存在一些差异。课文题目是《瑞雪图》，在处理教材中对“图”的理解和把握时还有些欠缺，也希望读者能提出更好的意见和建议，我将努力完善。

## 个人简介

周文华，女，小学高级教师，现任教于宝鸡实验小学，长期担任小学高段语文教学工作。曾先后获得“陕西省教学能手”“陕西省首届校本教研先进个人”“宝鸡市教学能手”等荣誉称号，有二十多篇论文在各级各类刊物上发表、获奖。在全国第八届阅读教学录像课比赛中，执教的《颐和园》获二等奖；在陕西省课程标准教学比赛中，执教的《海滨小城》获一等奖。

## 专家点评

一听周老师的开课，顿时想起一首热情似火的歌曲：“我的热情好像一把火，燃烧了整个沙漠……”静如止水的《瑞雪图》在周文华老师的渲染下，就像那可以燃烧沙漠的一把火，课被她讲“活”了！

全国著名特级教师王崧舟曾说，语文学习必须同时睁大两只眼睛，一只眼睛注视思想内容，一只眼睛聚焦语言形式，得意又得言。怎么让学生睁大眼睛？比较可行的办法就是结合具体文本、具体语言、具体情境，在语言表达处、遣词造句处、谋篇布局处时时唤醒，常常提示，方能使学生双目炯炯。《瑞雪图》是一篇文质兼美的散文。众所周知，散文是一种文学艺术，它描绘着作者的情感世界和思索过程。语文教师该如何进行散文教学呢？周老师立足学生实际，依靠多年教学经验，很好地把握了文本的“言”和“意”，为我们小学语文的散文教学提供了很好的样本。

**一、关注文本的遣词造句**

周老师在教学中引导学生抓住每一部分的关键词：下雪前——彤云密布，下雪时——簌簌落落，下雪后——粉妆玉砌，以及文章中的“万籁俱寂”“五光十色”等词语，进行深入赏析。首先关注词语的“音”，再到“义”与“形”，在理解了词义的基础上揣摩、品味作者的用意，体会词语背后蕴含的情趣。就这样，在教师的智慧点拨下，词语慢慢鲜活起来、丰满起来。

**二、关注文本特点，发掘其中的语文元素**

探究“万籁俱寂”的意思后，周老师追问：“在这万籁俱寂的夜晚，真的没有一点声音吗？此时，你仿佛听到了什么？”这看似平常的追问，其实别有用心。周老师随后引导：“这就是一种以动衬静的写法。今后我们还会学到这种写法，同学们可以慢慢领会这种写法的好处。”这节课上，像这样的言语品味、揣摩还有多处。

我们时常抱怨学生的习作空洞，究其原因只是学生无能吗？不是！如果在平常的课堂上，我们也能像周老师这样时时唤醒、常常提示文中出现的“语文元素”，学生的习作能力必定会有所提高。

**三、关注文本的优美词句，积累精彩语段**

语文新课标在第二学段阅读教学中明确提出：“积累课文中的优美词语、精彩语段，以及在课外阅读和生活中获得语言材料。”学生在读通、读懂、读好第四自然段之后，周老师给予学生充足的积累背诵时间，做到了立足学生本位，着眼学生发展。

西安市莲湖区远东第二小学　岳　怡

# 《一枚金币》教学设计

渭南市澄城县城关一小　权小艳

## 教材分析

《一枚金币》是北师大版语文四年级上册的一篇童话故事。课文讲述了辛勤劳动、省吃俭用把儿子养大成人的老人，看到儿子懒惰成性，万般痛心无奈，只好打算将所有财产送与别人，除非儿子自己能挣到一枚金币。母亲在放纵儿子蒙骗老人两次被识破后，只好劝儿子自己去挣一枚金币。老人一连三次把金币扔进火炉里，直到相信金币确实是儿子挣来的。这个故事告诉我们：只有自己亲手创造的财富，才会懂得珍惜。

## 学情分析

对于现在的学生来说，充裕的物质生活使他们中的一些人正像文中的儿子一样，看不到父母挣钱的辛苦，不懂得金钱的价值，当然也就不懂得珍惜。要引导学生在阅读中体会到金钱是用辛勤劳动换来的，来之不易，引导学生懂得珍惜金钱，珍惜劳动成果，进而养成不乱花钱的好习惯，树立正确的金钱观。

## 资源利用

1. 通过网络搜集名言、俗语以及名人成才故事等。
2. 推荐课后阅读的童话故事书籍，扩大学生的阅读面。

## 教学目标

1. 能正确读写本课生字，理解并积累“筋疲力尽”“省吃俭用”等词语。

2. 能正确、流利、有感情地朗读课文，理解课文内容，感悟父亲的心理变化。

3. 分角色朗读课文，体会人物的不同心情。在入情入境的朗读中品味语言，揣摩人物的内心活动，并学习按照事情发展的顺序叙事的方法。

4. 感悟“一枚金币”中所蕴含的深刻哲理，树立正确的价值观。

## 教学重难点

重点：抓住父子的三次对话，揣摩人物的心理变化进而理解课文内容。

难点：引导学生感悟父亲的良苦用心，帮助学生树立靠劳动获取金钱的价值观，懂得不浪费的道理。

## 教学过程

### 一、激情引读，披文入情

1. 谈话导入。

师：同学们，金钱是物质财富的象征。现在大家想想，你见过的有钱人是什么样的？你能用哪些四字词语来形容？看到“金钱”两个字，你想到了哪些关于金钱的俗语？

2. 读题质疑。

教师板书课文题目，相机引导“枚”字的写法，指导学生写字。

**【设计意图】**“兴趣是最好的老师”，重视语言积累是语文新课标的重要内容。因此，课前引导学生说出积累的词语或者俗语等，既丰富学生的语言积累，也激发学生的学习兴趣，为学生的阅读做了情感铺垫。

### 二、初读课文，感知大意

1. 自主读文，圈画词句。

学生活动。① 学生自主默读课文，读准字音，读懂句子。同时，勾画不懂的词语，借助工具书等理解词语。② 思考：课文主要讲了一件什么事情？故事起因是什么？经过怎么样？结果怎么样？

2. 汇报交流，归纳概括。

（1）检查读书情况，随时纠正读音。

在读书交流中，对学生出现的错音、错字等相机指导、纠正。

（2）交流读书感受，概括课文内容。

师：课文一共写了三个人，分别是谁？他们之间发生了一个怎样的故事？用最简洁的话语概括出来。

**【设计意图】**阅读是教师、学生、教科书编者与文本对话的过程，设计此环节旨在引导学生通过读书，与文本亲密接触。同时，在检查读书情况的过程中，引导学生概括课文主要内容，帮助学生掌握概括课文内容的方法。

**三、角色朗读，入情入境**

1. 自主读文。

学生自读第 1～8 自然段，边读边想：儿子给你留下什么印象？老人给你留下什么印象？用自己的话说一说，也可以找文中的词语概括。

2. 分角色朗读。

学生男女分角色朗读老人和妻子的对话，揣摩人物语气、心理，进行有感情的朗读。

3. 分组展示。

学生分组朗读展示，教师相机引导，指导学生读出人物的心情、语气，学生之间互相评价。

**【设计意图】**“语感是语文教学的牛鼻子”，指导学生有感情地朗读课文，是语文教学的教学目标之一。为此，让学生在读书的基础上入情入境地朗读，与文本的人物进行心灵对话，在揣摩品味语言的过程中，培养语感，这是教学的最终归宿。

**四、自主读文，合作探究**

1. 自主合作。

学生自读第 9～28 自然段，边读边思考：儿子几次得到金币？怎么来的？父亲怎样对待的？儿子表现如何？与同桌合作填写表格。

| 次数 | 金币怎么来的 | 父亲怎样做的 | 父亲怎么说的 | 儿子的态度 |
|---|---|---|---|---|
| 第一次 | | | | |
| 第二次 | | | | |
| 第三次 | | | | |

2. 汇报交流。

学生分组汇报学习成果，教师相机引导点拨。

**五、设置问题，辨析悟理**

1. 围绕问题，展开议论。

师：对于父母的做法，每个人的看法不同。有人赞成父亲，有人赞成母亲。如果你是文中的儿子，你会如何看待？实话实说，把自己真实的想法说出来。

学生针对父母不同的做法展开讨论，在此基础上畅谈自己的个性化见解。教师对学生发言进行相关引导和点拨。

2. 概括启示，感悟哲理。

师：如果你是文中的儿子，想写“挣钱启示录”来警示学生，你会写些什么？请用一句简洁而富有哲理的话表达。

**【设计意图】**“灯不挑不明，理不辩不清”，此环节让学生就父母不同的做法进行评价，旨在通过富有争议的问题，引起学生的思维冲突，引导学生畅所欲言，发表个性化见解，进而在激烈的思维碰撞中与文本对话，与人物对话，形成生生对话、师生共享的课堂小高潮。

**六、拓展延伸，联系生活**

1. 布置作业。

编编演演：把课文编写成课本剧，分组进行表演。

摘摘记记：把文中的好词好句摘抄下来，写在积累本上。

2. 推荐读书。

查查读读：通过网络查阅喜欢的童话或者名人成才故事并读一读。

**【设计意图】**“语文的外延与生活相同”，让学生编写课本剧，摘抄积累语言，并借助网络查阅书籍、文章等，既培养学生的语文能力，体现读写结合的传统思想，又让学生利用网络资源掌握搜集处理信息的能力，把语文与课外阅读和生活联系起来。

## 板书设计

一枚金币

一扔—二扔—三扔

老人　儿子

一笑—二笑—大声叫

## 教学反思

著名作家张爱玲说过，因为相知，所以懂得；因为懂得，所以慈悲。二十多年来，一直行走在语文的路上，且行且思，且思且行。曾挑灯拜读名家大师的经典案例，曾躬身课堂苦苦寻觅语文的佳境。在“乱花渐欲迷人眼”的浮华过后，“返璞归真本天成”的回归之路成了语文教学的必由之路。作为语文教师，只有扎扎实实教语文，简简单单教语文，才能让语文课堂从繁华回归文本，回归本色。

正是基于这一理念，在教学《一枚金币》这则童话故事的时候，我处理教材时大胆取舍，删繁就简。以朗读为主线进行设计，旨在通过读书引领学生与文本对话，与人物对话，与作者对话，与自己对话，进而落实语文教学目标。为此，教学过程主要体现了以下特色。

**一、以读为主，“读”领风骚**

语文新课标中明确指出，阅读教学是学生、教师、教科书编者、文本之间对话的过程。而朗读是学生理解课文内容的基本途径，是语文课堂教学的基本手段，是师生与文本对话的桥梁。因此，在进行教学的时候，致力于指导学生有感情地朗读，引领学生走进语文文字之中，与文本亲密对话。基于此，我从整体入手，在学生初读感知课文内容的基础上，让学生对文中的人物展开评价；接着让学生分角色朗读课文，入情入境地揣摩人物的心理、神态等，旨在引领学生体验人物此时此刻的心情，与人物内心“相知相惜”；最后，采用展示读、评价读、个别读等多种形式的朗读，营造了民主和谐的对话氛围，为学生提供了展示个性的舞台，实现了生生互动、师生互动。通过朗读，让语文课堂上书声琅琅，“读”领风骚。

**二、合作探究，“议”中探幽**

“曲径通幽处”是语文教学的佳境。我认为，语文教学的终极目的不仅仅是教会了学生多少知识，使学生积累了多少语句，更重要的是让学生在阅读的过程中，感受到语言文字的魅力，体悟到母语的美丽。“语言是民族的根”，作为语文教师，让学生爱上语言文字的同时，掌握语言文字这一工具，进而传承中华民族的美德，这是语文教师必须坚持的一条教学观。因此，在学习“儿子三次得到金币，三次被父亲扔掉”这一部分时，我先让学生自主读文，然后围绕表格合作探究，并在汇报交流中引导学生展开议论，以问题为主线，步步设疑，步步探疑，进而让学生在“议”中畅所欲言。

**三、营造争议，“辩”中悟理**

“灯不挑不明，理不辩不清。”设计富有价值的争议，引导学生展开辩论，是创设课堂小高潮的有效策略。《一枚金币》这则童话故事蕴含的道理看似浅显易懂，但是如果仅仅停留在表面意义上，让学生懂得“靠劳动获取金钱”这样的道理，显然与当今社会上一些人的“金钱观”相悖。因此，我在学生读完课文后，让学生就文中父母的不同做法谈谈自己的看法，让他们实话实说，进而让他们结合自己的实际，大胆表达自己的看法，针锋相对地进行辩论。这样，在不同观点的碰撞和交锋中，学生顺理成章地感悟到了文章的道理，进而树立了正确的金钱观。这也避免了标签式的灌输“道理”。

**四、课外拓展，“演”中体验**

“语文的外延与生活相同。”把学生从课堂引向生活的广阔天地，是设计这一环节的重要思想。让学生编写课本剧，并当演员去表演。让学生利用网络搜集资料，积累摘抄词语，是帮助学生积累语言、丰富语言的途径，同时，为学生搭建了实践中学习语文的桥梁。虽然，这些课外拓展对于语文教学而言仅仅是冰山一角，但是，作为语文教师，只要怀着这样的情愫去教语文，语文教学就一定会走向回归本真的道路。

课堂教学是一门艺术，尽善尽美是一种期待，完美无缺是一种守望。在教学的过程中，如何才能让学生展开更加激烈的辩论，让学生对道理有深刻感悟；针对当今社会的一些金钱观该如何巧妙引导，让学生真正从行动上珍惜劳动成果，这都是需要进一步探讨的问题。同时，在语文课堂教学中，如何体现课标的“新”理念，设计出更富创意的语文课来，更是值得不懈探索的永久话题。因此，作为语文教育工作者，我们都应该以仰望星空的胸怀践行自己的职责，更应该以脚踏实地的行动革新自己的课堂。我坚信，只要怀着素心做人的态度，扎扎实实教语文，平平淡淡做教师，那么，在语文教学的探索之旅中，定会走出一条“返璞归真”的本色之路来。

## 个人简介

权小艳，女，小学高级教师，渭南市澄城县城关一小教师，主管学校教育科研工作，曾先后被评为全国“十一五”教科研先进个人、全国作文大赛优秀辅导教师，并获得“陕西省教学能手”“澄城县名牌教师”等荣誉称号。在《教师报》发表了《让词语教学绽放生命活力》《重拾文本的美丽》等文章，十余篇教研成果在各级评选活动中获奖。多次在“渭南市阳光师训”活动中担任讲师，执教的《金钱的魔力》《游子吟》被评为优质示范课。

## 专家点评

权小燕老师执教的《一枚金币》是一篇童话。童话是小学语文教材中重要的文本类型，也是小学生课外阅读中很重要的文体资源。如何解读童话，如何教学童话，怎样才能提升童话教学的魅力？权老师用自己扎实的教学功底，深厚的文本解读功力，为这一节童话课的教学做了很好的创新尝试，令听者自然而然地进入童话世界之中。

**一、保持一颗童心，保留一份童趣**

童话的真谛，只有当人们静下心来，以一颗童心去感悟，才能理解其中的单纯和美好。教师不仅要读懂文本，更应读懂学生。在教学童话时，教师不应带有成人化的劝诫，应该像儿童一样，以一颗平静、纯净的心去体验童话中真善美的小世界。权老师一开始以师生对话引入学习，到最后设计争议、辨析悟理等一系列过程，没有标签式的灌输道理，没有让学生被动接受自己的知识和劝导，而是和学生一起经历对金钱价值观的审视。

**二、立足语言本位，把握文本特点**

夸张的表现手法和适宜儿童想象的言语形式，一步步展开的故事情节、鲜活的人物形象、蕴藏深处的情理智慧，构成了童话的特点。有些教师在教学中没有关注不同题材的文本特点，而是用一个模式一套到底，我认为很不妥。今天，权老师巧妙地处理文本、睿智地引领学生，令人钦佩。

1. 梳理情节，整体把握。

在读完文章后，权老师问："课文一共写了三个人，分别是谁？他们之间发生了一个怎样的故事？用最简洁的话语概括出来。"我认为这一环节扎实、有效。语文新课标对叙事性作品的教学提出了具体而明确的要求，在第二学段的阅读目标中指出，能初步把握文章的主要内容，能复述叙事性作品的大意。童话就属于叙事性作品。在本课教学中，权老师立足于童话的文体特点，先列出主要人物，借助角色之间的关系，引导学生一起梳理故事情节并练习用简练的语言说清故事的起因、经过和结果，落实了学习目标。

2. 进入角色，读活形象。

本文对话较多，分角色朗读课文是权老师采用的主要教学手段。权老师引导学生从语言、神态、动作中体会人物的喜怒哀乐，进而分角色朗读，体验人物的心理活动，这一做法既关注童话情节，又关注童话的语言特点。

3. 课外拓展，"演"中体验。

课后，权老师让学生编写课本剧，并进行表演。我认为这一环节很有必要。因为，童话充满了表演性，故事充满了趣味性，让学生在表演中理解课文，是一种很好的教学策略。

当然，教无定法，我们还可以结合实际情况，开展创新形式的童话教学。

西安市莲湖区远东第二小学　岳　怡

# 数学学科

# “正负数”教学设计

西安市莲湖区八一街小学　崔　敏

## 教材分析

“正负数”是北师大版数学四年级上册第七单元的内容，是“数与代数”领域的重要内容，它是在学生已经从“温度”这一情境中掌握了零下温度表示方法（但并不明确这就是负数）的基础上进行的，是学生认识负数的开始。教材创设了大量具有现实背景的相反意义的量的实例，如海拔高度、比赛计分、营业额、银行存款等，让学生用正数或负数表示，旨在让学生借助具体情境，在实际应用中进一步体会正数和负数的意义（表示相反意义的量），为学生以后运用正负数打下良好的基础。同时，借助正负数的学习，拓展 0 的含义，丰富学生的认知。

## 学情分析

负数对于四年级的学生来说并不陌生，学生有学习新知的知识基础。在天气预报中有零上温度和零下温度，电梯中有地下几层，比赛中有得分和扣分等，都存在负数的表示方法，只是学生并不明确这就是负数。再者，由于对负数的学习是在正数学习基础上的拓展，与学习正数的意义相比，学习负数时需要考虑相反意义与数值，这就导致学生在学习中可能较难理解负数。因此，在教学中结合具体情境引导学生理解负数的意义就显得尤为重要。

## 资源利用

通过网络查找相关资料。

## 教学目标

1. 在熟悉的生活情境中了解正负数的意义，会用正负数描述现实生活中一些简单的具有相反意义的量；知道正数、负数的读写方法；知道 0 既不是正数，也不是负数。

2. 通过经历创造符号表示相反意义的量的过程，体会在解决实际问题的过程中负数产生的必要性。

3. 通过学习中国古代认识和使用负数的历史，激发民族自豪感；在探索负数产生的过程中享受创造性学习的乐趣。

## 教学重难点

重点：结合具体情境体会负数的意义。

难点：发展学生数感。

## 教学过程

### 一、结合情境，创造新数

1. 情境展示，记录数据。

(1) 把这些活动中的数据用最简洁的方法记录在表格中，关键是让别人一眼就能明白你要表达的意思。

情境一：游戏——“石头、剪刀、布”

同桌比赛“石头、剪刀、布”，只比一次，赢的人得 10 分，输的人扣 10 分。

情境二：走路

请两名学生站在讲台上，1 号向前走 4 步，2 号向后退 2 步。

情境三：粮食进出仓库

课件出示：运进小麦 3 吨，运出玉米 3 吨。

情境四：天气预报

课件出示：西安市最低气温零下 5℃，最高气温零上 7℃。

(2) 学生用表格记录数据。

石头、剪刀、布记录表

| | |
|---|---|
| 我 | |
| 同桌 | |

走路记录表

| | |
|---|---|
| 1号 | |
| 2号 | |

粮食进出仓库记录表

| | |
|---|---|
| 小麦 | |
| 玉米 | |

西安市气温记录表

| | |
|---|---|
| 最低气温 | |
| 最高气温 | |

学生中出现用“+”“-”符号和用汉字表示数据两种现象。

2. 抽丝剥茧，展露本质。

(1) 展示学生的记录结果，肯定每一种清楚的记录方法。

(2) 从不同中找相同。

师：在这么多不同的记录中，你能找出它们的相同之处吗？

生：记录的数据表示的意思都是相反的。

(3) 进入情境，验证发现。

引导学生感悟：不同的情境、不同的数据中都包含相同的意思，即每组数据表示的意思相反。

师：在数学中把这些意思相反的量叫作“相反意义的量”。(板书：相反意义的量)

3. 创造新数，优化方法。

师：四张表格中的数据都表示相反意义的量。你能尝试着将四张表格中的数据统一成一种表示方法吗？

**【设计意图】**结合具体的情境，让学生发现生活中的许多现象都具有相反意义的量，这些量用以前学过的数已无法清楚地表示，从而体会负数产生的必要性，为新知学习打下基础。

4. 回顾历史，增强民族自豪感。

师：在数学世界中怎样表示相反意义的量呢？历史上的数学家们对这个问题进行过长期的探索和研究。

课件出示：1700 多年前，我国古代的数学家刘徽首创了两种方法，一种是用红、黑两种不同颜色的算筹来区分；另一种是用算筹摆放位置的正与斜来区分。之后又出现了画斜杠、加符号等方法。

**二、认识正负数，学会读写**

1. 统一表示方法，认识正负数。

师：其实，无论是刘徽的算筹计数法还是同学们的方法，都可以表示这些相反意义的量。为了方便，在数学中我们需要一种统一的记录方法，到底使用哪种方法来记录呢？

教师介绍《九章算术》和法国数学家吉拉尔的表示方法。展示正负数的读写法。学生自学，谈收获。

2. 练习读数、写数。

师：将刚才情境中的数用统一的“+”“-”方法记录在黑板上，注意将符号相同的数写在一起，并练习读数。

负数　　　　　　　　　　正数

－10，－2，－3，－5　　　　　＋10，＋4，＋3，＋7

3. 揭示课题——正负数。

师：像＋10、＋4、＋3、＋7 这样的数就叫正数，像－10、－2、－3、－5 这样的数就叫负数。（分别画出正负数的集合圈）

**【设计意图】** 让学生感受负数的产生是因为生产与生活的需要。肯定学生的表示方法后介绍数学家的想法，让学生明白自己的想法和数学家的想法只是形式不同，但内涵是一样的，满足学生的成就感。淡化形式，深化内涵，进一步体会用正负数表示相反意义的量的含义。

**三、联系生活，丰富认识**

师：生活中还有许多用到正负数的现象，咱们一起去看看。

1. 温度计上的正负数。

（1）读温度。

课件展示两所城市图片及其温度。

师：用正负数的方法读出西安市和哈尔滨市某一天的最低气温。

**【设计意图】** 在本单元第一课中，学生已经学会用“＋”“－”符号的形式来表示零上温度和零下温度，但读法是零上几度和零下几度，这一环节让学生知道温度的另一种读法。

（2）画一画，进一步认识“0”。

师：在没有数的温度计上标出－5℃和＋7℃。

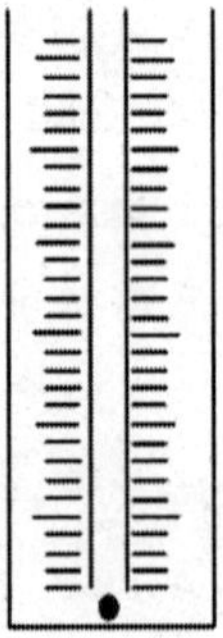

① 学生独立尝试，发现问题：没有 0 刻度无法确定零上温度和零下温度。

② 讨论交流：要在温度计上表示出－5℃和＋7℃，必须先确定 0 刻度的位置。0 就是零上温度和零下温度的分界点，零下 5℃就是负 5℃，零上 7℃就是正 7℃。

**【设计意图】** 为学生提供“在没有 0 刻度的温度计上标温度”的问题情境，使之产生操作上的矛盾，让学生深刻体会 0 在正负数认识中的分界作用。

2. 海拔高度。

(1) 介绍海平面。

师：我国以渤海湾附近的黄海海平面为基准，高于海平面的海拔高度用正数表示，低于海平面的海拔高度用负数表示。

教师出示珠穆朗玛峰和吐鲁番盆地的海拔高度图。

师：吐鲁番盆地是地球表面海拔最低的盆地，大约比海平面低 155 米，它的海拔高度应该记作多少？

学生回答。教师用课件展示－155 米，并板书在黑板上。

师：“世界屋脊”珠穆朗玛峰大约比海平面高 8844.43 米，该怎样记录？

用课件展示＋8844.43 米。

(2) 学习正数的另一种读写法。

师：＋8844.43 也可以直接写成 8844.43，读作八千八百四十四点四三。

师：黑板上的哪些数前面的符号可以省略？哪些数前面的符号不能省略？

生：正号都可以省略，负号不能省略。

(3) 尝试读数，沟通正数与以往所学数的联系。

师：去掉了正号的数就是以前学过的数。也就是说，我们以前认识的这些数绝大部分都是正数。

3. 对“0”的再认识。

师：海平面以上的海拔高度用正数表示，海平面以下的海拔高度用负数表示，海平面的高度又该用哪个数表示呢？

生：0。

讨论：0 是正数，还是负数？

学生独立思考，汇报交流。

生：0 是正数，因为 0 前面没有符号，就像正数省略了正号。

生：0 不是正数，也不是负数，因为海平面以上的海拔高度是正数，海平面以下的海拔高度是负数，0 既不在海平面以下，也不在海平面以上，所以 0 既不是正数也不是负数。

教师出示海拔高度图和温度计，再次明确 0 是正数和负数的分界点，它既不是正数，也不是负数。在正数和负数的中间板书：0。

4. 小结。

师：今天我们学习了什么知识？（正负数）你能再举几个正负数的例子吗？

结论：正数有无数个，负数也有无数个。

**【设计意图】**结合温度计和海拔高度这两组情境，让学生直观了解0以上是正数，0以下是负数，0是正数和负数的分界点，它既不是正数，也不是负数，扩充对0的认识。

**四、拓展练习，巩固新知**

1. 用正负数记录小明家的收支情况。

学生独立完成课本“练一练”第1题，集体校正。

| 日期 | 收支情况/元 |
|---|---|
| 5月4日 | |
| 5月6日 | |
| 5月12日 | |
| 5月15日 | |
| …… | …… |

**【设计意图】**利用本题进行本节课基本技能的训练。

2. 抢答判断。

(1) 上车5人记作“＋5人”，下车4人则记作“－4人”。（　　）

(2) 一个数不是正数就是负数。（　　）

(3) 因为4前面没有“＋”号，所以4不是正数。（　　）

(4) 5℃和＋5℃所表示的气温一样高。（　　）

将学生分成三组进行抢答，答对一题得10分，答错一题扣10分，没有答题不得分，并做好记录，评比优胜组。

**【设计意图】**该环节既能对学生进行基本技能训练，又激发学生的参与热情，还能让学生在计分的过程中应用本节课的知识，一举多得。

3. 你还能说出生活中有关正负数的例子吗？

4. 你能排列出0、正数、负数的大小关系吗？

**五、总结全课，课外延伸**

师：今天这节课你都学会了什么？你还有哪些问题？

## 板书设计

正负数

相反意义的量

0

| 负数 | 正数 |
| --- | --- |
| −10，−2，−3，−5<br>…… | +10，+4，+3，+7<br>…… |

## 教学反思

负数是由于生产和生活的需要而产生的，它是在正数基础上的拓展，与正数的意义相比，需要考虑其相反意义与数值。对四年级的学生来说，难度较大一些。因此，结合具体情境让学生理解正负数的意义就显得尤为重要。在课堂上，我力求让学生在具体情境中经历新知的建构过程，凸显概念本质，培养学生的自我意识，发挥学生的主体作用。

**一、关注学生已有经验，注重让学生经历知识的形成过程**

任何学习都是一个学习者自主建构的过程，学生的学习离不开学习主体与课本之间的交互作用。在引入素材时，我注重学生的生活经验，开课伊始，展示四组直观、有趣、生动的情境，让学生初步体验生活中存在大量的相反意义的量，为负数的产生做好铺垫。学习新知时，注重利用学生已有的知识经验，以教学正数前面的正号可以省略，引导学生发现这些数与以前学过的数的关系，关注新旧知识之间的联系，以旧引新，以旧学新，消除学生对新知的陌生感；建构新知时，注重让学生经历知识的形成过程，例如，让学生知道为什么要用负数表示这些信息，体验负数产生的必要性。

**二、结合情境，让学生体验数学与生活的关系**

《义务教育数学课程标准》（以下简称数学新课标）强调，教学应从学生已有的生活经验出发，让学生亲身经历将实际问题抽象成数学模型并进行解释与应用的过程。结合本节课的教学目标，这节课中，我在新知建构、巩固提高等环节，充分挖掘了学生生活中喜闻乐见的素材，每个情境的设计都与学生的生活密切相关并为教学目标服务。再加上多个需要学生实际参与的环节设计和我平实、细致的组织与引导，学生在课堂上参与的积极性很高，不断地尝试用数学的眼光分析和解决生活中的现象和问题。教学取得了良好的效果，达到了“学是为了用”的目的。

**三、关注情感，让学生在课堂上愉悦学习**

在教学中，引导学生用自己的方法表示相反意义的量，在肯定学生的表示方法后介绍数学家的想法，让学生明白自己的想法和数学家的想法只是形式不同，但内涵是一样的，满足学生的成就感，培养学生的创造意识。结合教学内容，带领学生一起了解负数的历史，对学生进行文化的熏陶和爱国教育，增强了学生的民族自豪感。设计“石头、剪刀、布”“小组比赛”等多种形式的活动，激发了学生的参与热情，使课堂达到高效。

**四、充分、合理地利用教学资源**

在练习环节，我充分利用习题资源，在判断题中穿插小组比赛并计分，既让学生巩固了本节课的知识，又实实在在地运用正负数解决了生活中的问题。一题多用，不仅激发学生的参与热情，还使学生在玩中巩固新知。

在教学过程中，我还有许多需要完善之处，例如，在时间安排上还有些欠缺，前松后紧；对习题的设计还应再关注梯度和层次。我深知，精彩的课堂缘于独具匠心的教学设计。读懂教材、读懂学生、读懂课堂，让数学课更加真实、自然，贴近生活，让数学课更加适应学生发展的需要，就是我今后努力的方向！

## 个人简介

崔敏，小学一级教师，现任教于西安市莲湖区八一街小学，先后获得“莲湖区青年岗位能手”“陕西省课改新秀”“陕西省教学能手”等荣誉称号。2008年获莲湖区教师基本功大赛第一名；2009年至今，多次被陕西省小教中心、西安市小教中心聘为“阳光师训”讲师团讲师，赴安康、商洛、铜川等地送教下乡；2012年，执教的“字母表示数”一课在陕西省新课程课堂教学大赛中获得一等奖。多次担任市级课题负责人，曾参与编写《小学数学练习册》等书籍，撰写的多篇论文和教学设计获省、市、区级一等奖。

## 专家点评

本节课的教学设计，以数学新课标为依据，紧扣教学内容，遵循学生的心理特点和认知规律，在设计上突出了以下教学特色。

**一、用丰富的情境让学生感受具有相反意义的量**

小学生对正负数的认识比较抽象，为了让学生了解生活中常见的关于正负数的相关问题，为新课的引入做好铺垫，教师设计了一系列情境活动，让学生感受生活中常见的具有相反意义的量。设计“石头、剪刀、布”的游戏、学生走路、粮食进出库、天气预报的温度等教学情境，分别让学生感受两种相反意义的量增加或减少的道理，进而引导学生用数学方法记录或表示，这样安排为学生学习正负数的表示方法做好了铺垫。

**二、用数学文化引发学生对学习正负数的兴趣**

当学生探究怎样用自己的方法表示生活中常见的具有相反意义的量的问题时，教师安排了“刘徽记数”的数学典故，让学生了解正负数产生的过程和历史渊源，使学生带着好奇心兴趣盎然地进行新知的学习。

**三、用“导”与“学”的方法让学生初步认识正负数**

用课件展示《九章算术》和法国数学家表示正负数的方法，引导学生认识正负数，然后让学生根据演示观察自学，交流学习体会，然后再规范地把正负数的意义、表示方法、书写要求介绍给学生，使学生对正负数有一个初步的认识。这样导与学的设计有利于激发学生的学习兴趣，提高学生的学习效率。

**四、用联系实际的方法加深学生对正负数的理解**

数学新课标明确指出，要让学生在具体情境中认识正负数。本课设计了认读温度计刻度的情境，让学生具体了解正负数，使学生能直观地发现正负数的变化规律。用海拔高度的变化问题让学生理解正负数，使学生对 0 是不是正负数产生争议，再在讨论中达成共识。这样有序有效地理解正负数，有利于学生的知识建构。

陕西省教育科学研究所　潘　燏

# "数学广角"教学设计

渭南市大荔县城关镇仁厚里小学　张　艳

## 教材分析

本节课是人教版数学四年级上册第七单元第一课时的内容。数学新课标指出，应当让学生在面对实际问题时，能主动尝试着从数学的角度运用所学知识和方法寻找解决问题的策略。本次教学主要是通过日常生活中的一些简单事例，让学生尝试从优化的角度出发在解决问题的多种方案中寻找最优的方案，初步体会运筹思想在实际生活中的应用。

## 学情分析

四年级的学生已经有了一定的解决问题的能力和基础。可以说，在日常生活中，学生能很容易地找到解决问题的方法，还会找到解决问题的不同策略，这里的关键是让学生理解优化的思想，形成从多种方案中寻找最优方案的意识，提高学生解决问题的能力。

## 资源利用

准备圆片，记录单，多媒体课件，自制工序图片。

## 教学目标

1. 通过简单的事例，初步体会优化思想在解决实际问题中的应用。

2. 尝试从优化的角度在解决问题的多种方案中寻找最合理的方案，提高分析问题的能力。

3. 感受运筹思想在日常生活中的广泛应用，逐渐养成合理安排时间的良好习惯。

## 教学重难点

重点：使学生能从解决问题的多种方案中寻找出最优方案，初步体会优化的思想，形成优化的意识。

难点：找出解决问题的最优方案，形成优化的意识，提高解决实际问题的能力。

## 教学过程

### 一、创设情境，激发兴趣

问题一：煮鸡蛋

师：煮熟一个鸡蛋大约用5分钟，煮熟5个鸡蛋大约用多长时间？

学生独立思考后回答。

师：说说怎样煮只需要5分钟？这样煮行吗？

征求全班同学的意见。

师：为什么这样煮？

让学生感知5个鸡蛋一起煮最节省时间。

师：同学们，人们在日常生活和实际工作中要做很多事情，都应合理安排工作，节省时间。今天就让我们在“数学广角”这节课中一起找到节省时间、合理安排的方法。

**【设计意图】** 利用学生熟悉的生活情境入手，让学生感知5个鸡蛋一起煮最节省时间，为后面的学习做好铺垫，再由此引入课题，既引起了学生的兴趣，又紧扣主题。

### 二、围绕主题，探索新知

问题二：烙饼

1. 课件出示烙饼情境，理解题意。（先出示课本112页主题图的条件部分）

师：你从图中得到了哪些数学信息？

生：每次只能烙2张饼；两面都要烙；每面3分钟。

师：每次只能烙2张饼是什么意思？

让学生明白锅里只能放2张饼。

2. 学生模拟烙饼操作，说明烙饼规则。

师：根据图中信息，如果妈妈只烙一张饼，需要多少时间？

生（拿着学具模拟烙饼）：先烙熟一面需要3分钟，再翻过来烙另一面也要3分钟，3+3=6，所以烙熟1张饼最少需要6分钟。

师：如果要烙2张饼，需要几分钟？

学生动手操作，集体汇报。

预设1：烙2张饼需要12分钟。

预设 2：烙 2 张饼只需要 6 分钟。

（1）比较两种烙饼方法，体验烙饼的优化策略。

讨论：为什么烙 1 张饼需要 6 分钟，烙 2 张饼也只需要 6 分钟？

（2）再次体验烙饼的优化策略，使学生明白 2 张一起烙更节省时间。

3. 学生自主设计烙 3 张饼的方案。

（1）出示主题图的下部分，理解题意。

师：要烙 3 张饼，怎样才能尽快吃上饼？这是什么意思？

让学生理解尽快吃上饼是烙饼的时间最少。

师：烙 3 张饼最少需要多长时间？想一想、猜一猜，在小组里模拟烙饼，把实践结果记录下来。

（2）学生小组合作尝试模拟烙饼，教师巡视并做个别指导。

（3）汇报交流。让每个小组都汇报用了多少分钟，再让不同结果的小组汇报是怎么烙的——摆一摆、说一说。

预设 1：一张一张地烙，每张要 6 分钟，3 张要 18 分钟。

预设 2：先烙 2 张，需要 6 分钟，剩下的 1 张需要 6 分钟，共需要 12 分钟。

预设 3：先烙饼 1 和饼 2 的正面需要 3 分钟；再把饼 2 拿出来，把饼 3 放进去，烙饼 1 的反面和饼 3 的正面需要 3 分钟；最后把饼 1 拿出来，烙饼 2 的反面和饼 3 的反面要 3 分钟。共 9 分钟。

（4）比较，讨论，总结。

师：你们认为要想尽快吃上饼，哪种方法最合理？只用 9 分钟的这个小组烙饼的方法，与其他小组有什么不同？（出示记录单）

预设 1：

| | 饼 1 | 饼 2 | 饼 3 | 时间 |
|---|---|---|---|---|
| 第一次 | 正 | | | 3 |
| 第二次 | 反 | | | 3 |
| 第三次 | | 正 | | 3 |
| 第四次 | | 反 | | 3 |
| 第五次 | | | 正 | 3 |
| 第六次 | | | 反 | 3 |

共 18 分钟

预设 2：

| | 饼 1 | 饼 2 | 饼 3 | 时间 |
|---|---|---|---|---|
| 第一次 | 正 | 正 | | 3 |
| 第二次 | 反 | 反 | | 3 |
| 第三次 | | | 正 | 3 |
| 第四次 | | | 反 | 3 |
| 第五次 | | | | |
| 第六次 | | | | |

共 12 分钟

预设 3：

| | 饼 1 | 饼 2 | 饼 3 | 时间 |
|---|---|---|---|---|
| 第一次 | 正 | 正 | | 3 |
| 第二次 | 反 | | 正 | 3 |
| 第三次 | | 反 | 反 | 3 |
| 第四次 | | | | |
| 第五次 | | | | |
| 第六次 | | | | |

共 9 分钟

学生合作交流，汇报。

预设：只用 9 分钟的小组烙饼时锅里始终有 2 张饼，其他小组烙饼时锅里有时候只有 1 张饼。

师生共同总结：第三个小组烙饼时锅里始终有 2 张饼，这样就不会浪费时间。所以说，我们平时在解决问题时，一定要开动脑筋，找出最科学、最合理的解决问题的方法。在我们的合理安排下，锅里始终有 2 张饼在烙，这对于烙 3 张饼来说就是最优的方法，只用 9 分钟。

**【设计意图】**烙 3 张饼的最佳方法是解决烙饼问题的关键。我让学生演示烙饼过程，学生通过动手操作，探索尝试，再进行比较交流，既可以有效地帮助学生理清思路，为后面的学习打下基础，又培养了学生的创新能力。

4. 探讨烙饼的次数与饼的分组方案间的规律。

(1) 烙 4 张、6 张、8 张饼。

师：我们能不能用最优的方法解决烙 4 张饼的问题？

生：2 张 2 张地烙，最快需要 12 分钟。

师：6 张饼呢？

预设 1：2 张 2 张地烙，最快需要 18 分钟。

预设 2：3 张 3 张地烙，最快需要 18 分钟。

师：再加 2 张饼呢？再加 2 张呢？

学生回答。教师把结果填入表里，引导学生观察表格。

| 饼数 | 最优方法 | 所用时间（分） |
| --- | --- | --- |
| 2 | 同时烙 2 张饼的正面或反面 | 6 |
| 4 | 烙两次 2 张的 | 12 |
| 6 | 烙三次 2 张的 | 18 |
| 8 | 烙四次 2 张的 | 24 |

师：发现了什么？

学生先独立思考，再小组讨论，最后全班交流。

师生共同总结：饼数是双数时，2 张 2 张地烙，最节省时间。

(2) 烙 5 张饼。

师：我们找到了烙 3 张饼的最优方法，只要 9 分钟，同学们能不能找到烙 5 张饼的最优方法？

学生独立思考，同桌交流，全班汇报。

预设 1：2 张 2 张地烙，烙 2 次，最后一次烙 1 张，共 18 分钟。

预设 2：先烙 2 张需要 6 分钟，剩余的 3 张按最优方法来烙需要 9 分钟，共 15 分钟。

师生共同总结：烙 5 张饼的最优方法是先烙 2 张，再烙 3 张。

(3) 烙 7 张饼。

师：烙 7 张呢？

生：先 2 张 2 张地烙，烙 4 张需 12 分钟，剩下的 3 张按最优方法来烙需要 9 分钟，共 21 分钟。

学生回答，教师把结果填入表里。

师：通过前面的烙饼活动，你有什么发现？

| 饼数 | 最佳方法 | 所用时间（分） |
|---|---|---|
| 1 | 烙正面和反面 | 6 |
| 3 | 烙3张饼的最佳方法 | 9 |
| 5 | 先烙2张，再烙3张 | 15 |
| 7 | 先烙两次2张的，再烙3张的 | 21 |
| 9 | 先烙三次2张的，再烙3张的或3张3张地烙 | 27 |

(4) 引导学生从烙饼的方法和表中的数据两方面寻找规律。

预设1：我发现当烙饼的张数是单数时（除1张饼外），先2张2张地烙，剩下的3张按烙3张饼的最佳方法烙，这样所用的时间最少。

预设2：我从表中发现，除1张饼外，烙饼的张数乘3等于烙饼所需的最少时间。

师："3"是什么？

生："3"是烙一面需要3分钟。

**【设计意图】** 通过拓展性的提问，既对前面所学知识进行了巩固，也为学生思维能力的提高提供了时间和空间。以上活动可以使学生找到最优方法，体会优化思想在解决实际问题中的应用。

问题三：沏茶（课文例题2）

1. 创设情境，提出问题。

师：星期天的中午，小明家的门铃响了。原来是李阿姨到小明家做客来了。从课本的图上你得到了哪些信息？想一想，你平时沏茶的时候都需要做哪些事？

**【设计意图】** 激发学生已有的生活经验，使学生处于主动思考和解决问题的最佳状态，促使学生积极参与学习活动。

师：看小明沏茶做了哪些事情？分别需要多长时间？

出示沏茶所需的工序：烧水8分钟，洗水壶1分钟，洗茶杯2分钟，接水1分钟，找茶叶1分钟，沏茶1分钟。

师：沏茶的工序这么多，小明怎样安排才能尽快让客人喝上茶呢？尽快让客人喝上茶就是要——（节省时间）沏茶也能节省时间？在哪个工序可以节省时间？

学生独立思考，合作交流，集体汇报。

2. 小组合作，设计方案。

师：请同学们先独立思考，再小组合作，拿出信封里的工序图片摆一摆，设计出一种尽快让客人喝上茶的方案，并计算出整个过程一共用了多少时间。

师巡视指导。

**【设计意图】**为学生提供从事数学活动的机会，让学生成为学习的主人。

3. 各小组代表汇报。

预设 1：洗水壶→接水→烧水→洗茶杯→找茶叶→沏茶（用 14 分钟）

预设 2：洗水壶→接水→洗茶杯→烧水同时找茶叶→沏茶（用 13 分钟）

预设 3：洗水壶→接水→烧水同时洗茶杯、找茶叶→沏茶（用 11 分钟）

经过比较，学生找出最优方案，体会优化思想。

师：此时此刻，你想对小明说什么？

师生共同总结：在做一些事情时，能同时做的事越多，所用的时间就越短。

**【设计意图】**引导学生通过独立思考、展示汇报、比较评价找出最优化的方案，使其思维有序。学生在初步感知、合理安排的同时，教师对他们进行了珍惜时间、合理运用时间的教育，将情感教育和知识技能教育有机地结合起来。

**三、巩固练习，展示自我**

师：生活当中有许多事都要经过认真的思考、合理的安排，才能做得有条理、有顺序，才能节省时间，提高效率。大家看，小明的同学小红感冒了，她想吃完药赶快睡觉。你觉得小红应该怎样安排以上事情？

| | |
|---|---|
| 找杯子倒开水 | 1 分钟 |
| 等开水变温 | 6 分钟 |
| 找感冒药 | 1 分钟 |
| 量体温 | 5 分钟 |

**四、合理安排，拓展认识**

师：下列安排是否合理，你们有何想法？

（1）为了节省时间，强强在乘车时认真看书。

（2）为了提高学习质量，红红边吃饭边看《少儿英语》电视节目。

学生思考后回答。

教师小结：合理安排不但要考虑节省时间，也要考虑人的安全和身体健康。

**五、汇报交流，总结归纳**

师：同学们，谁能谈谈自己今天的收获？

学生谈收获。

师：同学们，就让我们从身边的小事做起，合理地安排事情，节约宝贵的时间吧！

**六、联系生活，实际应用**

师：在生活中合理安排可以节省时间的事还有很多，希望同学们运用我们今天学习的知识，合理地安排你们的学习和生活。

**【设计意图】** 充分体现数学来源于生活，应用于生活的思想。

## 板书设计

数学广角

洗水壶→接水→烧水→沏茶（用 11 分钟）　节省时间

洗茶杯　合理安排

找茶叶

## 教学反思

本节课我根据学生认知的特点和规律，遵照数学新课标的要求和四年级学生学习数学的实际，着眼于学生的发展，注重学生对数学基本方法的领悟，并通过课件演示、动手操作、小组活动等方式组织教学。其中以下几点值得肯定。

**一、联系生活，创设情境**

数学新课标指出，学习数学知识应从学生已有的生活经验和学生熟悉的生活情境出发，为他们提供观察和操作的机会。本节课我以煮鸡蛋问题入手，让学生感知 5 个鸡蛋一起煮最节省时间，既激发学生学习兴趣，又为后面的探究烙饼问题做好铺垫。后面的教学中又创设了妈妈烙饼和帮客人沏茶的生活情境，让学生充分感知数学与生活的密切联系。

**二、发挥引导作用，促进学生发展**

数学新课标指出，学生是学习的主体，教师是学习的组织者、引导者与合作者。在教学中用不同的方式引导学生考虑不同的方法，可以帮助学生理清思路，提升认识。利用学生已有的探索交流成果，让学生亲身实践烙 3 张饼的过程，让他们动手操作，探索尝试，再进行比较交流，既可以有效地帮助学生理清思路，为后面的学习打下基础，又培养了学生的创新能力。最后让学生探究烙多张饼的方法，通过拓展性的提问，既对前面所学的知识进行了巩固，也为学生思维能力的培养提供了时间和空间。通过以上活动，可以使学生找到最优方法，体会优化思想在解决实际问题中的应用。

**三、为学生提供从事数学活动的机会，让学生成为学习的主人**

相信学生，把学生推上学习的主体地位。课堂上我请学生动手操作烙 3 张饼的最佳方法，让学生先独立思考，再小组合作，拿信封里的工序图片摆一摆，设计出一种尽快让客人喝上茶的方案，使学生在解决具体问题中体会数学的方法及应用价值，学会优化思想。

从设计、试课到研讨，我对本节课有深深的体会。本节课不是纯粹解决烙饼和沏茶问题，它是要让学生通过一系列的活动，初步感受数学思想方法的奇妙，训练数学思维，逐步形成探索数学问题的兴趣与欲望。

在教学过程中，我发现了一些问题与不足：这节课容量偏大，时间上有些紧；巩固练习比较少，在学生发现了烙饼规律后，没有及时对规律进行巩固。

## 个人简介

张艳，女，小学一级教师，撰写的《课程标准下小学数学教学初探》被评为陕西省优秀教学成果一等奖；撰写的《如何在小学数学教学中创设轻松愉快的学习思维环境》和《算法多样化与算法优化的思考》先后在省、市教育刊物上发表；在陕西省第三届青少年科普知识竞赛中获得“先进个人奖”；在全国青少年“五好”小公民主题教育“光辉的旗帜”读书征文活动中获指导一等奖。

## 专家点评

本节课的教学设计依据数学新课标要求，突出体现了以下设计特点。

**一、创设问题情境，引发学生对解决问题的策略和方法的兴趣**

教学设计用学生常遇到的煮鸡蛋问题作为切入点，以单个鸡蛋煮熟所用的时间为基本问题，接着引出煮熟 5 个鸡蛋所用的最少时间，引发学生对统筹考虑问题的思考，以及对如何优化解决问题的探究。

**二、围绕典型生活问题，探究生活问题数学化的思想方法**

“烙饼问题”“沏茶问题”是数学统筹、优化思想问题的典型代表，教学设计先以“烙饼问题”作为探究对象，用课件演示烙饼情形，模拟烙饼操作，统筹烙饼方案，记录烙饼过程，讨论烙饼方法，比较烙饼时间，优选烙饼策略，强调了统筹思想在烙饼过程中的重要性，重点揭示生活问题中蕴含的数学思想方法和解决问题的策略。再以“沏茶问题”强化学生对统筹安排、有序操作、比较优化等数学思想方法的领悟。教学设计在内容的呈现过程中详细说明了教学的实施过程，并把生活问题与数学的知识系统有机联系，符合新课标对教学的基本要求。

**三、用多样的题型练习应用，使学生的“四基”“四能”得到提升**

该设计注重练习应用的层次设计和题型设计，在不同的层次中体现了不同的训练要求，在不同的题型中活化了对知识的拓展延伸，这样有层次、有环节的内容安排，有利于学生“四基”“四能”的提升。

陕西省教育科学研究所　潘　嫱

# "口算乘法"教学设计

安康市汉阴县城关一小　李晓波

## 教材分析

人教版数学四年级上册第三单元第一节"三位数乘两位数"是义务教育阶段整数乘法的最后一个知识模块。"口算乘法"是这个单元的第一课时，教材从本单元主题图中选择自行车和特快列车的运行速度为素材来学习口算，因为速度、时间、路程的抽象关系是以不同交通工具的运动为载体的。学生在熟悉的生活情境中，产生了探究的欲望，同时通过了解不同交通工具的运行速度，理解用复合名数表示数学术语"速度"（千米/小时）的含义，为后面理解数量关系"速度×时间＝路程"做好铺垫。教材在编排上给了学生较大的自主探索的空间，口算的方法都是学生在独立思考、合作交流的基础上自主获得的。

## 学情分析

四年级学生在学习本课内容之前，已掌握了口算整十、整百的数乘一位数（或整十数），能笔算两位数乘一位数、两位数，本节教学内容是以上知识的新发展。其实，这一节内容对相当一部分学生来说算不上"新"，他们能根据前面学习积累的经验，不用教师教也能计算出结果，但对口算的方法及算理还不清楚。

## 资源利用

多媒体课件，口算卡片。

## 教学目标

1. 理解和掌握两位数乘一位数（积在100以内）和几百几十数乘一位数（积在1000以内）的口算方法，提高类推迁移的能力和口算的能力。

2. 经历两位数乘一位数（积在100以内）和几百几十数乘一位数（积在1000以内）口算方法的形成过程，体验解决问题策略的多样性及解决问题策略的优化。

3. 感受到数学源于生活并运用于生活，通过小组学习、主动探索等活动，树立创新意识，养成认真观察、积极思考、合作交流的学习习惯。

## 教学重难点

重点：掌握两位数乘一位数（积在100以内）和几百几十数乘一位数（积在1000以内）的一般口算方法。

难点：引导学生思考不同算法的特点，选择一种学生能理解的优化算法。

## 教学过程

**一、创设情境，导入新课**

师：同学们，你们都乘坐过哪些交通工具呢？你们最想乘坐什么交通工具？想知道这些交通工具的运行速度吗？（出示六种交通工具的时速图片）从图片中你看懂了哪些数学信息？你还知道其他交通工具的速度吗？

师：看来同学们知道的还真多，这节课我们就一起来学习口算乘法。

**【设计意图】** 创设学生熟悉的乘坐交通工具的生活情境，激发学生的学习兴趣，充分调动学生的学习积极性，同时为后面理解数量关系“速度×时间＝路程”做好准备。

**二、新知探究**

1. 引导学生理解复合名数“速度”（千米/小时）的含义，并根据相关信息提出数学问题，教师选择性板书学生提出的问题。

问题一：人骑自行车3小时可以行多少千米？

问题二：特快列车3小时可以行多少千米？

2. 根据提出的问题列出算式。

师：你能口算出结果吗？先想一想，再和同伴说一说。

教师参与学生的交流，了解学生的不同算法。

3. 以小组为单位向全班展示。

师：看一看和你的口算方法是否一样，说一说你喜欢哪一种方法？为什么？

交流问题一：

(1) 学生汇报交流。

生1：16＋16＋16＝48。

生2：10×3=30，6×3=18，30+18=48，所以16×3=48。

生3：16×3=48。

(2) 对比以上方法，看哪一种方法更简便。学生自由表达，教师用课件演示。

(3) 归纳方法。

(4) 练习。

交流问题二：

(1) 学生汇报交流。

生1：160+160+160=480。

生2：160×3先用16×3=48，再在积的末尾填写一个0得480。

生3：100×3=300，60×3=180，300+180=480，所以160×3=480。

生4：因为16×3=48，所以160×3=480。

生5：列竖式——

$$\begin{array}{r}160\\ \times\quad 3\\ \hline 480\end{array}$$

(2) 选择喜欢的方法计算。课件出示一组题，学生口算，选择2～3道请学生说说是怎样想的。

(3) 师生总结方法：一位数与几百几十相乘，先乘0前面的数，再在乘积的后面添上一个0。

**【设计意图】**让学生通过自主获取的数学信息，发现和提出数学问题，教师相机引导，通过自主探究、小组合作交流、集体总结归纳的学习过程，使学生掌握整数乘法口算的方法，体验解决问题策略的多样性，同时在对比中归纳出最优算法。

**三、巩固应用，拓展延伸**

1. 基础练习：游戏。

2. 拓展练习：自行车1小时行16千米，30小时行多少千米？

(1) 列出算式并口算。

师：说说你的口算方法。

方法一：16分为10和6，10×30=300，6×30=180，300+180=480。

方法二：先口算16×3=48，再在积的末尾添一个0就可以了。

（2）口算两位数乘整十数。

学生总结：先按两位数乘一位数的方法口算，再在积的末尾添一个0就可以了。

3. 应用练习：王阿姨要买3个娃娃，她带了100元，够吗？

**【设计意图】** 通过设计有层次的练习，帮助学生梳理本节课的知识要点，建构完备的数学知识体系，引导学生学会有序思考的方法，帮助学生不断提高口算能力，最终形成口算技能。

**四、全课总结**

师：这节课学习了什么？大家都有什么收获和感受呢？

**五、布置作业**

练习六第1题和第2题。

## 板书设计

口算乘法

（1）人骑自行车3小时可以行多少千米？

16×3＝48（千米）　　答：人骑自行车3小时可以行48千米。

10×3＝30

6×3＝18

30＋18＝48

$$\begin{array}{r} 16 \\ \times\ \ 3 \\ \hline 48 \end{array}$$

（2）特快列车3小时可以行多少千米？

160×3＝480（千米）　　答：特快列车3小时可以行480千米。

100×3＝300

60×3＝180

300＋180＝480

$$\begin{array}{r} 160 \\ \times\ \ \ 3 \\ \hline 480 \end{array}$$

## 教学反思

**一、创设与教学内容相融的学习情境，在解决问题的过程中教学口算**

我在本节课教学中，充分利用教材中提供的不同交通工具运动的生活实例和问题情境，让学生发现、提出数学问题，探究口算方法，进而解决所提出的实际问题。把探讨口算方法的活动与解决实际问题融为一体，能充分调动学生参与活动的积极性，激发学生学习的兴趣。同时，在解决实际问题中探讨口算方法，又可以使学生深刻理解口算方法及算理，切实体会口算在学习与日常生活中的意义和作用。

**二、注重学生自主探究，培养学生迁移类推的能力**

数学新课标指出，数学课堂应该让学生经历知识的形成过程，又提出独立思考、自主探究、合作交流也是数学学习的重要方式。本节课教学，我预设了学生自主探究、合作讨论的学习情境，旨在让学生运用已有知识和计算经验，探索新的口算方法。在学生独立思考、自主探索的基础上，适时组织讨论、交流，以完善学生对口算过程与算理的理解，并逐步学会用数学解决问题，获得成功的体验。

**三、充分发散学生的思维，鼓励口算方法多样化**

在进行教学设计时，我尽力设计环环相扣的问题，发散学生的思维，倡导学生运用、体验多种口算方法。教学中，我注重发展学生的多角度思维，鼓励学生运用不同的方法解决问题，并通过比较、交流，培养学生“能为实际问题选择适当方法”的能力，从而发展学生的数感。

纵观全课，我认为教学方法的使用和教学环节的设置较为合理，由浅入深，由易到难，层层推进，符合学生的认知规律及学习特点。但是，巩固练习部分所设计的练习形式不够多样，虽体现了层次性和延展性，但趣味性不够强，学生参与意识不够浓。另外，在课堂教学中，学生不太善于根据固有经验迁移运用，对口算方法的表述也不够准确。在这方面，我虽及时为学生指正，但是效果不是十分明显。今后我仍需加强学习、锻炼，以便为学生做好点拨、指导。

## 个人简介

李晓波，男，小学一级教师，现任安康市汉阴县城关一小教导处副主任，主管学校数学教科研和数学教学管理工作。安康市优秀教师，安康市小学数学学会理事，小学数学学科兼职教研员，陕西省课改新秀，省级课题“小学礼仪教育研究”课题组成员，市级课题“小学数学课堂有效情境的创设与利用研究”负责人。所撰写的多篇论文和所执教的课获省市级奖，其中《低年级小学数学课堂教学有效性策略初探》获省级一等奖，执教的《掷一掷》获省级录像课一等奖。多次被县教体局和教研室聘请为“阳光师训”讲师团讲师，也多次承担县教学能手大赛和教师招考评委工作。

## 专家点评

“口算乘法”教学设计，依据人教版教材，结合学生的实际，在设计上具有以下特点。

**一、注意了新课的情境导入**

开课前的导入新课环节，把生活中的交通工具和运行速度作为问题切入点，让学生联系实际回顾相关知识，列出算式，说出数量关系，引出计算问题，为新课导入做好铺垫。

**二、关注了学生的交流合作**

在新知识教学时，该设计关注学生的交流合作。教师用两个问题引出新学内容，然后依次让学生观察发现、提出问题、列出算式、探究算法，最后让学生汇报交流、归纳方法。在学生明确口算的多种方法后，教师再引导学生对比算法，优化选择合理的计算思路，整个新课教学设计突出了学生的互动交流。

**三、练习应用注意了学生对算理的理解**

教学设计在练习应用环节，安排了基础练习、拓展练习、应用练习内容，在内容安排中用"说说你的口算方法"的练习设计，注意让学生理解口算算理。

总之，要设计一节好课并非易事，除了需要教师具备扎实的教学基本功外，更重要的是要研读教材，理解教材，把握教材的重点。只有吃透了教材，教学设计才有可能在把握教材的基础上体现个性化的设计特点。

陕西省教育科学研究所　潘　燏

# “垂直与平行”教学设计

宝鸡市千阳县启文小学　张　亮

## 教材分析

本课是人教版数学四年级上册第四单元第一课时的教学内容。它是在学生认识了直线、线段、射线的性质，学习了角及角的度量等知识的基础上的深入学习。在“图形与几何”领域中，垂直与平行是学生以后认识平行四边形、梯形及长方体和正方体等几何形体的基础，也为培养学生的空间观念提供了一个很好的载体。

## 学情分析

从学生思维角度看，垂直与平行在日常生活中应用广泛，学生头脑中已经积累了许多表象，但由于学生生活的局限性，理解概念中的“永不相交”比较困难。学生的年龄尚小，空间观念及空间想象能力不够丰富，导致他们对“同一平面”的理解相当困难。以前学习的直线、射线、线段等研究的都是单一对象的特征，而垂线和平行线研究的是同一平面内两条直线位置的相互关系，这种相互关系，学生还没有建立表象。如何让学生发现同一平面内两条直线的位置关系并得出结论？如何把握垂直与平行的本质？如何初步理解同一平面的含义？如何进一步发展学生的空间想象能力？本节课让学生在观察、想象、讨论、操作、交流中感知、比较、理解、发现这一认知过程。

## 资源利用

运动场图片，小棒。

## 教学目标

1. 初步理解垂直与平行是同一平面内两条直线的位置关系，认识垂线和平行线，会初步辨析垂线和平行线。

2. 通过动手操作、观察、分类、比较等环节，感知生活中的垂直和平行现象，进一步发展空间想象能力。

3. 体会垂直与平行的应用与美感，产生学习数学的兴趣。

## 教学重难点

重点：正确理解“相交”“互相平行”“互相垂直”“平行线”“垂线”等概念，发展学生的空间想象能力。

难点：正确理解“同一平面内”“永不相交”概念的本质属性。

## 教学过程

**一、创设情境，导入新课**

教师出示课本主题图：运动场。

师：同学们一起来观察这张运动场的图片，说一说图中的单杠、双杠、跳高架等运动器械的横杆和立杆分别有怎样的位置关系？

学生自由回答。

师：大家都知道数学知识来源于生活，刚才同学们看到的单杠、双杠、跳高架等蕴含着丰富的数学知识，这节课老师就和大家一起来探索其中的数学奥秘。

**【设计意图】**从学生的生活情境出发，让学生初步感知生活中垂直与平行的现象，可以使他们对同一平面内的垂直与平行形成初步的认识，同时激发学生探究数学知识的欲望。

**二、动手操作，感受两条直线的位置关系**

1. 动手操作。

师：请同学们用两根小棒摆一摆，想一想这两根小棒会有哪些不同的位置关系。大家自由摆一摆，看看谁摆得与众不同。

学生自由活动。

2. 交流，展示。

师：请大家在小组内互相交流一下，看看你们摆的相同吗？为什么不相同？

小组汇报。

预设：① 两根小棒相交；② 两根小棒在同一平面内不相交；③ 两根小棒在不同的平面；④ 两根小棒重合。

3. 探究，讨论。

（1）两个同学到黑板上展示相交和在不同平面交叉的两组小棒，让学生讨论它们之间的区别。

师：这两个同学摆的看起来都是交叉的，为什么一个是相交的，另一个是不相交的？

学生充分讨论后达成共识：因为不相交的两个小棒是分开的，一个高一个低，而另一组小棒在同一个平面上交于一点。

师：我们把在同一平面上两个小棒相交的这点叫作它们的交点。

(2) 教师适时引导学生把不在同一平面上交叉的两根小棒移到同一平面上，并且交于一点。

师：这时候相交了没有？

生：相交了。

师：同学们想一想，两根小棒要相交在一起必须怎样？

生：两根小棒必须在同一个平面上，并且有一个交点。

(3) 学生展示两根小棒重合。

师：这是相交吗？为什么？

生：不是，因为它们重合了，有无数个交点。

师：今天我们就来研究同一平面内两条直线的位置关系。（板书：同一平面）

**【设计意图】**让学生动手操作，通过观察、比较、辨析，亲身体验两条直线只有在同一平面内形成交点才能相交，从而理解“同一平面”和“交点”的概念，为进一步建构垂直与平行的概念打好基础。

**三、画图归纳，明确垂直与平行的含义**

1. 合作探究，揭示垂直的概念。

师：同学们，刚才我们说，两根小棒相交在一起必须在同一个平面内并且有一个交点，那么，我们能不能用以前学过的数学知识来表示呢？（板书：相交）

学生提出可以画在纸上。

师：同学们画好了吗？在小组中交流一下，看看你们画得怎么样？画出的两条直线相交之后形成了什么数学图形？

生：形成了四个角。

师：大家能不能从两条直线相交形成的四个角中找出最特殊的一种？

学生交流讨论，汇报。

教师引导：两条直线相交，大多数形成了两个锐角和两个钝角，有一种特殊的现象是两条直线相交形成了四个直角。

师：你是怎么知道它们相交后形成了直角的？

学生验证，用三角板量。

师：我们在数学中把在同一平面内相交成直角的两条直线叫作互相垂直。（板书：互相垂直）知道为什么要加“互相”吗？谁能用自己的语言说说什么叫作互相垂直？

学生自由发言、相互补充，归纳出垂直的概念。

教师出示互相垂直、垂线、垂足的概念。让学生说出身边的垂直现象，加深对概念的理解。

**【设计意图】** 让学生通过画图，把两根小棒相交于同一平面的生活体验抽象成数学模型，符合学生的认知规律。再让学生从相交后形成直角中，发现最特殊的情况，引导学生用工具验证相交成直角的现象，清楚地了解“互相垂直”的概念。同时培养了学生科学严谨的学习态度和研究问题的方法。

2. 揭示平行的概念。

师：刚才，我们研究了在同一平面内两条直线相交的现象，那么，在同一平面内有没有两条直线不相交的现象？请大家在纸上画一画。

学生动手操作。

师：同学们画好了吗？在小组中交流一下，看看你们画的一样吗？谁的不一样给大家展示一下。（抓住典型的进行展示）

预设：

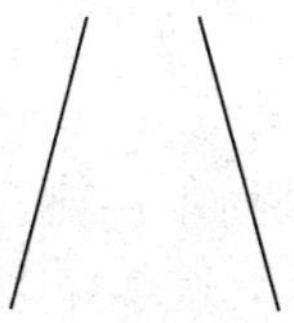

①

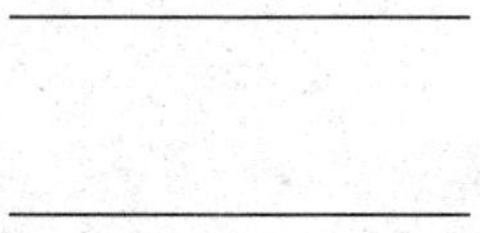

②

师：这两组直线真的不相交吗？谁有什么想法？

学生讨论后达成共识：第一组的两条直线看似不相交，但直线可以无限延长，它们延长后就会相交于一点，所以它们是相交的。

师：那大家认为第二组的两条直线无限延长后也不相交吗？谁有办法证明它们永不相交？

学生提出可以量一量两条直线之间的距离。学生动手量，证明第二组的两条直线永不相交。

师：我们在数学中把在同一平面内不相交的两条直线叫作平行线，也可以说这两条直线互相平行。（板书：互相平行）谁能用自己的语言说说什么叫作互相平行？

学生自由发言、相互补充，归纳出平行的概念。

教师出示平行线、互相平行的概念。让学生说出身边的平行现象，加深对概念的理解。

师：今天我们一起研究的同一平面内两条直线的特殊位置关系都有什么？

生：垂直与平行。（师板书课题：垂直与平行）

师（指着教室里不在同一平面的两条直线）：这两条直线相交吗？平行吗？为什么？

**四、练习巩固，深化对垂直与平行的理解**

1. 生活中我们常常遇到垂直与平行的现象，你能举几个例子吗？

2. 看看运动场上有垂直与平行的现象吗？

**【设计意图】**教学中力图使数学生活化，联系学生的生活实际，让学生在自己的身边发现数学知识，进一步培养学生的观察能力和空间想象能力，加深学生对垂直与平行现象的理解。

3. 完成练习十一第 1 题。

**【设计意图】**培养学生用所学知识解决问题的意识，同时通过练习让学生克服思维的定势，使学生理解判断两条直线是否互相垂直或平行，是看它们的位置关系，与两条直线放置的方向无关。

4. 完成练习十一第 2 题。

**【设计意图】**在几何图形中找到垂直与平行的现象，进一步应用所学知识，加深对垂直与平行的理解和掌握，特别是学生发现了长方形的对边平行、相邻的两条边互相垂直，进一步发现了长方形的特征，拓宽了学生的知识面，让学生感受到数学知识之间的相互联系。

**五、拓展延伸，发展空间观念**

师：下面咱们一起来做个游戏“摆一摆”。

1. 把两根小棒都摆成和第三根小棒平行。看一看，这两根小棒互相平行吗？

2. 把两根小棒都摆成和第三根小棒垂直。看一看，这两根小棒有什么关系？

**六、课堂总结**

师：今天这节课你有什么收获？

**七、布置作业**

师：我们今天所学的垂直与平行被人们广泛应用于实际生活中，利用垂直与平行的知识可以使我们生活中的很多物体变得更加美观，课后请同学们利用今天学习的知识设计一幅自己喜欢的图案。

## 板书设计

垂直与平行

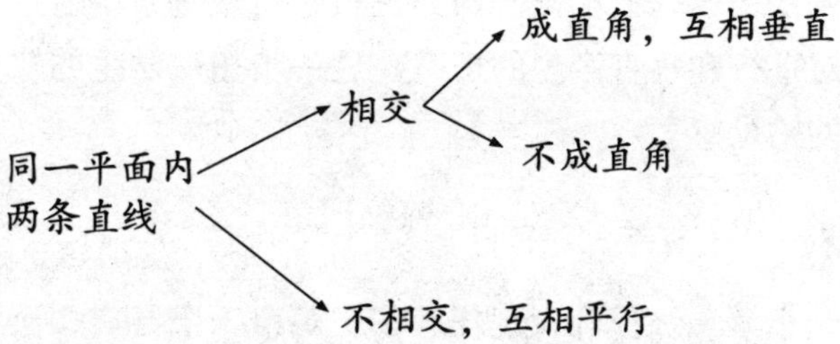


## 教学反思

垂直与平行是两条直线在同一平面内的特殊位置关系，知识点比较多，也比较抽象。教学中，我主要针对知识的特点和学生的实际，精心设计教学，从学生的生活经验出发，通过让学生动手操作，把实际生活中蕴含的数学原型抽象成数学模型，再让学生通过观察、对比、辨析，从普遍现象中发现特殊现象，从而归纳、总结出数学概念。同时，我把学生的动手操作、自主探究与教师的适时引导相结合，把知识点清晰地展现在学生面前，让学生从听教师的“教”，向学生自己的“学”转变。在教学中，我着重体现以下几点。

**一、关注学生的生活体验，从数学原型中抽象出数学模型**

开始，我出示了学生熟悉的运动场画面，让学生观察单杠、双杠等生活中的事物，从而初步感知垂直与平行在现实生活中的存在。然后，让学生通过摆小棒的过程，体会两根小棒相交必须在同一平面内，把学生的思维引入到同一平面。再让他们利用已有的知识经验，用直线来表示两根小棒在同一平面相交的位置关系，揭示同一平面内两条直线的位置关系。

**二、关注概念的建构过程，体现新知识的动态生成**

在建构知识的过程中，我遵循了从一般到特殊的认知过程。先让学生观察比较两条直线相交的现象，从中发现相交成直角的特殊现象，之后再归纳出垂直的概念。这时立即抛出问题：在同一平面内有没有不相交的两条直线？让学生动手画线，再引导学生区分延长后相交和永不相交的情况，让学生建立平行的概念。构建概念的过程层层递进，便于学生理解和掌握知识。

**三、关注新知的训练点和拓展点，精心设计练习**

除了从主题图中找垂直与平行现象，还从生活中找，从几何图形中找，让学生动手摆一摆，使两根小棒都与第三根平行或垂直。通过这些练习，进一步加深学生对平行和垂直概念的理解，进一步拓展学生的知识面，使学生克服学习数学的枯燥感。

## 个人简介

张亮，男，小学一级教师，现任教于宝鸡市千阳县启文小学。先后被授予“千阳县教学新秀”“宝鸡市教学能手”“陕西省教学能手”等荣誉称号。参与省级课题“新课程下学生作业负担”“学困生转化策略”、市级课题“转变学生学习方式方法”的研究。撰写的多篇论文多次在各级各类教研成果征集活动中获奖，撰写的《用微笑给学生一米阳光》发表于《科教论坛》杂志，多次在市县级教研活动中上公开示范课，两次被聘为县级“阳光师训”讲师团成员。

## 专家点评

本课以人教版教材为依据，以新课标理念为核心，以学生的学习实际为出发点进行设计，在设计上具有以下特点。

**一、围绕教材主题图创设情境，导入新课**

在导入新课环节，紧扣教材内容，用课件出示教材中的主题图，让学生观察运动场上运动器材的位置关系，把生活情境与数学问题联系起来，直接导入要学习的内容。

**二、紧扣所学知识，分层次展开教学**

在新知识教学过程中，通过学生动手操作、交流展示、讨论探究等教学环节，逐步完成新知识的教学过程，在此基础上分别揭示垂直和平行的概念，这种分环节、按层次安排新知识的教学过程，力求使学生在新知识学习中有所收获。

**三、结合新学内容，安排练习拓展环节**

在新知识教学完成后，专门安排了练习应用环节和拓展延伸的练习内容。从内容安排上看，练习设计能巩固新学的知识，达到加强“四基”、培养“四能”的效果。

课堂教学设计最重要的是教师要吃透教材、理解教材，只有将教材的编排意图把握好了，才有可能设计出有新意、有实效、有特色的教学方案来。

陕西省教育科学研究所　潘　燏

陕西省中小学教学能手优秀教学设计集

# 英语学科

# *Where Do You Live*? 教学设计

延安小学　张春利

## 教材分析

本课内容是陕旅版小学英语四年级上册 Lesson 10 的 Let's listen and read 部分。本课的主要话题是谈论自己和他人的处所。本课在围绕前面所学家庭成员和职业的基础上，在新的语言环境中结合新的话题，开展语言交际活动，帮助学生学习并整理与话题相关的句式："Where do you live?" "I live..." "My father and mother live..." "My grandpa and grandma live..."等。同时本课也为后面的学习奠定了基础。

## 学情分析

本课的教学对象是小学四年级的学生，他们已具备一定的英语基础，大部分学生对英语的学习兴趣浓厚，乐于参与各种课堂活动。通过前面的学习过程，学生已经对李珊的家庭成员及其职业有所了解，教师可在此基础上引导学生进一步了解关于李珊家人的更多信息，并谈论他们的住所。

## 资源利用

1. 单词图片：farm，village，house，flat，Xi'an 与 Yan'an 的图片。
2. 家庭照片：李珊一家的图片，教师的全家福。
3. 音频文件："Goodbye Song"。
4. 视频文件：课文对话。
5. 人物头饰：李珊和她的父母、爷爷奶奶、叔叔和表弟的头饰。

## 教学目标

1. 能够读懂本课的对话，理解掌握句式"Where do you live? I live in/on..."，以及描述家人处所"My grandpa and grandma live in/on..."。

2. 通过阅读学习，将本课所学的句型"Where do you live? I live in/on..."灵活运用到实际生活中；学会描述他人处所并试着写一篇小短文。

3. 培养学生对英语的学习兴趣，激发他们热爱大自然、热爱家乡的美好情感。

## 教学重难点

重点：掌握“Where do you live? I live in/on a...” “Where do they live? They live in/on a...”句型。

难点：掌握介词 in 与 on 的正确表达；能根据实际灵活地表达“I live in/on a...”。

## 教学过程

**Step 1. Pre-reading**

1. Sing an English song.

**【设计意图】**上课开始前，让学生边跳边唱一首节奏感强的英语歌曲，通过歌曲自然而然地把学生引入到英语学习的氛围中，同时又巧妙地复习了家庭成员的单词。

2. Greet with the students. The teacher introduces Li Shan and chats with the students.

**【设计意图】**通过手偶介绍李珊，调动学生学习的积极性。

3. The teacher introduces Li Shan's family to the students and brings up the topic.

**【设计意图】**由李珊的全家照引入话题“Where do you live?”，用和谐的谈话方式引入新内容，既吸引学生的注意力，又激发他们学习的欲望，通过与生活密切相关的话题实现新旧知识的自然过渡。

**Step 2. In-reading**

1. Show the picture of Li Shan and Han Ping.

T：What are they talking about?

Play the video and ask the students to listen and read. Then answer the questions.

T：What picture is it?

**【设计意图】**让学生在观看图片的同时整体感知文本，初步了解对话的内容。

2. Ask the students to listen to the dialogue again，read the dialogue

quickly and try to get the answers.

T：Do they all live in Xi'an?

T：Where do they live?

**【设计意图】**要求学生带着问题阅读，能使他们快速获取相关信息。

3. The students read the dialogue in details and find out the answers.

Questions for reading.

(1) Where do Li Shan's grandparents live?

(2) Where do her uncle and cousin live?

(3) What about Li Shan's family?

**【设计意图】**在阅读教学环节上，环环相扣，层层递进。通过仔细阅读课文对话和细节内容，培养学生获取信息和处理信息的能力。在阅读过程中，指导学生弄清楚不同人物的住所，引导学生用恰当的形容词来描述住所。通过对重点信息的点一点、圈一圈，指导学生寻读。

4. Learn the new words by PPT. (farm，village，flat，house)

T：I live in a lovely house. I am happy everyday. I live happily in it.

**【设计意图】**学生在读的过程中理解新单词和短语，并通过教师的介绍顺利突破难点。

5. Say a rhyme about the new words and phrases.

**【设计意图】**把所学的知识编成一个朗朗上口、节奏欢快的chant，学生边做动作边说，既巩固了主要的词汇和句式，又可以让学生放松，为下一环节的游戏教学做好铺垫。

6. Play a game. Ask the students to stick the characters on the right places.

**【设计意图】**通过一个简单的粘贴游戏，让大多数学生积极踊跃地参与到英语活动中来，四个组的竞赛活动增强了学生的竞争意识，培养了他们的协作精神，也让学生进一步明确了对话中人物各自的住所，了解了对话内容。教师奖励优胜者farm，village，flat，house的简笔画，让学生课后画一画，下节课展示并描述。

7. Listen to the dialogue and try to follow it. Practise the dialogue in groups or in pairs. Then act out the dialogue.

**【设计意图】**练习对话，指导学生朗读，师生、男女生、两人小组分角色朗读并演示对话。让学生抓住用英语的机会，充分感知，积极体验，大胆实践，创设了一个全新的英语情境，更好地激发了学生学习英语的兴趣。

**Step 3. Post-reading**

1. Make up a short passage about Li Shan's family. Then fill in the blanks.

Hi, I'm Li Shan. I am a lovely girl. I have a big family. There are many people in my family. My grandpa and grandma live on a ____. It is not ____ but ____. My uncle and cousin live in a ____. It is small but beautiful. My father, mother and I are in ____. We live in a ____. It is ____. We live happily in it.

**【设计意图】**结合所学对话和板书设计，完成填空练习，以此来检查学生是否真正理解对话内容，检测学生是否能用形容词准确地描述农场、村庄、公寓楼和房子。

2. Practise in groups. Using the key sentences. Choose one to show.

S1：Where do you live? Where do your grandpa and grandma live? Where do your uncle and aunt live? Where do your brothers live?（To S2，S3，S4）

S2：Where do you live/ Where do your... live?

**【设计意图】**英语学习的目的就是要在交际活动中学以致用。这一环节采用小组活动的方式，让学生用尽可能多的句子展开问答练习，既练习了主要句式，并将所学的知识生活化，又增加了学生之间的了解。在学生水平参差不齐的课堂中尝试分层教学，能使每个学生以不同的角色参与到英语学习中来，让水平高的学生尽情发挥，让程度差的学生“有胃口”，有话可说。

3. Encourage the students to be a little reporter.

**【设计意图】**小记者的采访活动为学生提供了一个师生互动、生生互动的语言交际平台，激发了每个学生的学习兴趣和参与意识，让学生带着任务学习，在完成任务的过程中逐渐生成新的知识、形成新的技能。

4. Give introduction. Encourage the students to be a little guide and introduce their own hometown.

T：I live in Yan'an. I live on Shuangyong Road. I live in a lovely house. Yan'an is not big but nice. It is beautiful. I love Yan'an. Welcome to Yan'an!

**【设计意图】**让学生将所学知识进行整合，创造性地使用英语，做到学以致用。这一任务既是对所学知识的巩固强化，又是对所学知识的整合运用。当然，也自然地渗透了对学生热爱家乡、热爱大自然的思想教育。

**Step 4. Homework**

1. Do a survey. Using the main sentences.

Where do you live? Where do they live?

| | |
|---|---|
| Mother，father and I | |
| Grandpa and grandma | |
| Uncle，aunt and cousin | |
| Friends | |

**【设计意图】**这是一项集交际、任务、评价等目标为一体的综合语言活动，学生通过实践、参与等途径，在学习的过程中将操作活动与语言思维活动结合起来，形成一个以学生为主体，自己体验、感悟的过程，体现了语言教学原则“学中用、用中学”。

2. Have a try.

如：Hello! I am a lovely ______ . I have a big family. There are ______ people in my family. My father，mother and I live ______ . My grandpa and grandma live ______ . My uncle and aunt live ______ My friends Lily and Nancy live ______ ...

**【设计意图】**作业具有可选择性和开放性，可满足不同层次学生的需求，通过完成作业也训练了学生获取、处理及输出信息的能力。

**Step 5. Class closing**

Sing an English song to end the class. Say goodbye to Li Shan.

**【设计意图】**在愉悦、轻松的氛围中结束本节课。

## 教学反思

小学英语阅读教学的主要任务是培养学生的阅读兴趣，以及学生获取信息与处理信息的能力。在本课教学中，我根据学生的年龄特点和认知水平，结合教学内容，激发学生的阅读兴趣，渗透阅读策略，引导学生运用所学句式去表达、交流。围绕这一任务，我采取了以下教学策略。

**一、重视语篇教学的整体性**

在听读教学中，本课设计了三个主要环节：

1. 阅读前——激发兴趣，引入文本。我在给学生介绍李珊的同时激活了主题背景，引导学生走进文本。

2. 阅读中——理清脉络，理解文本。由略读到寻读，逐步让学生获取、处理和输出信息，以此带领学生充分熟悉、理解课文内容，深入感知所学语言知识。

3. 阅读后——文本拓展，升华主题。这是基于学生自主、完整阅读之后的巩固、提升和运用，所设计的语言活动目的是让学生敢于表达、乐于交流。

**二、挖掘教材隐性资源促进生成**

基于本课主要句式少又比较浅显，词汇 village，farm 对于在城市生活的学生来说较陌生的状况，我根据实情在自己住所的介绍中加入了 road，street 等与学生日常生活有关的词汇，以及"The village is small but beautiful."“Yan'an is not big but nice.”等句子，并通过发掘教材资源，就文字中留下的空白，鼓励学生发挥创造力和想象力，把空白的内容说出来。这样不仅丰富了教学，培养了能力，而且为新的信息生成预留了空间。

**三、创设真实的情境**

结合新旧知识的链接和文本内容，我设计了李珊来到课堂与大家认识交流这一情境，并配以夸张的动作、表情及适当的解释说明，使学生沉浸在浓厚的英语气氛之中，通过英语交流，提高了学生的阅读理解能力。教学结束时提醒学生和李珊说再见，首尾呼应。

虽然经过我的反复设计和其他教师的精心指导，学生有大量的语言输入和内化的机会，但是备课时考虑还是不够全面，这堂课还有很多不尽如人意的地方：

1. 在朗读技巧的指导及学生语感培养方面还需努力。

2. 学生活动设计还不够有效。

3. 教学方法不够新颖灵活，学生知识的拓展延伸方面设计得不够好。

4. 教学的评价形式单一、笼统而缺少激励性，主要体现在教师的口头表扬上，缺乏组织学生的自我评价和反思。

总之，一路走来，在磨砺中收获的是成长，是感恩。感谢帮助过我、指导过我并关心着我的人！在教学路上，且行且思，且思且行。我会继续努力，不断学习，不断进步。

## 个人简介

张春利，女，现任教于延安市延安小学，小学高级教师。从事英语教学十几年来，先后多次参加区级、市级赛教并获奖，多次做公开课。2009、2010、2011 年均被评为“延安市宝塔区骨干教师”；2012 被评为“延安小学校级学科带头人”“陕西省教学能手”。2010 年完成了省级课题“学科教学中的德育渗透”，目前承担省级课题“211 高效课堂教学模式下的英语听说课的教学研究”的研究。曾教学设计“Different seasons for different clothes”获中国教育学会二等奖，“Jenny's and Danny's pictures”获中国教育学会三等奖；“Let's eat！Let's drink！”课和课件均获陕西省省教育学会三等奖；教学设计“How was your trip?”获延安市教育学会一等奖；论文《幼儿英语教学初探》获延安市教育学会二等奖。

## 专家点评

在本节课的教学中，教师通过情境创设，较成功地完成了本课的教学任务，主要表现在以下几个方面。

**一、目标把握准确**

本课注重听、读输入技能的学习与培养，教师一方面引导学生对对话内容进行理解、学习，并将所学主要句型通过情境灵活运用到实际生活中；另一方面，在学习中关注学生的英语学习兴趣，培养学生的阅读方法和技巧，重视学习策略的指导，做到了重点突出、难点分散。

**二、资源运用恰当**

教师通过自制的单词图片、人物头饰，学生的家庭照片及教材配套的音频、视频资源，达到了激发学生学习兴趣、创设生活情境的目标。特别是在导课中适时恰当地运用了活泼、节奏感强的英语歌曲，一方面营造了愉快、轻松的英语学习氛围，另一方面，巧妙地进行了与家庭成员相关的单词的复习和巩固，为接下来的教学奠定了基础。

**三、注重思维拓展**

本课主要句型较少，单词仅限于农村学生常常接触到的 village，farm 等。教师在认真研究教材后，充分挖掘教材的隐性资源的生成内容，根据城市学生生活实际，加入了 road，street 等单词，灵活地运用教材，丰富了教学资源，拓展了学生的思维空间和知识范围，在实际教学中产生了良好的效果。

**四、体现循序渐进原则**

本课在听、读教学中，教师通过阅读教学的基本思路，设计了“阅读前——激发兴趣，引入文本；阅读中——理清脉络，理解文本；阅读后——文本拓展，升华主题”，环环相扣，层层递进，充分体现了教学的循序渐进原则。

**五、体态语言丰富**

教师运用了大量夸张的表情和生动的肢体语言来组织教学程序、介绍教学内容、评价学生学习状态，拉近了师生之间的距离，为教学创设了良好的学习环境，达到了引起学生学习注意、丰富情境气氛的目的，使学生在欢快、愉悦的氛围中受到了英语的熏陶。

陕西省教育科学研究所　王　辰

# *What Would You Like*？教学设计

汉中市宁强县南街小学　赵　敏

## 教材分析

本课内容是人教版 PEP 教材小学英语四年级上册第五单元 A 部分。本单元主要学习与一日三餐相关的词汇和会话，是贴近学生生活且容易引起学生兴趣的话题。本课是本单元的第二课时，主要学习就餐用语："What would you like for dinner?""I'd like some. . .""What's for dinner?""Wait and see.""Everything's ready."同时引导学生理解合理膳食对身体的好处。

## 学情分析

本课的教学对象是四年级的学生。大多数学生学习兴趣浓厚，表现欲望强烈，参与活动的积极性很高，有一定的语音、语感基础。学生在三年级已经学过部分有关食物的词汇，能简单地运用英语表达自己的意愿。本课结合小学生的年龄特点，以语言激励为主，用多种食物图片、卡片为模拟表演创造条件，从而突破难点，激发学生参与的热情，引导学生输出语言。

## 资源利用

1. 图片与照片：中西餐食物图片，教师本人生活照片一张。
2. 视频文件：本单元歌曲和本课会话，一段关于合理膳食的动画短片。
3. 卡片：各种食物小卡片。
4. 实物：两件围裙。

## 教学目标

1. 能听懂、会说 Let's talk 中的会话。
2. 能在实际情景中运用句型"What would you like for dinner?""I'd like some. . ."。
3. 懂得合理膳食，营养搭配，不挑食。

## 教学重难点

重点：能听懂、会说本课重点句型“What would you like for dinner?”并能回答“I'd like some...”。

难点：能听懂、会说“What's for dinner?”“Wait and see.”“Everything's ready.”

## 教学过程

**Step 1. Warm-up and lead-in**

1. Greetings with the students. Try to know some students' names. Introduce myself to lead-out the topic “food”.

**【设计意图】**通过课前师生问好拉近师生距离，了解学生信息，用电子白板中的魔术笔聚焦需要介绍的图片，引出本单元话题“食物”。

2. Revise the words about “food” and help the students to understand the sentence “I'd like...”. Then lead-out the title “What would you like?”

**【设计意图】**继续用魔术笔聚焦食物图片，复习学过的食物词汇，引导学生初步感知句型“I'd like...”的用法，相机揭示本单元标题，为下一步演唱歌曲做准备。

3. Sing the song “What Would You Like”?

**【设计意图】**师生一起律动演唱本单元歌曲，营造轻松的学习氛围，激活学生的知识储备，为后面重点句型的呈现奠定基础。

**Step 2. Presentation**

1. Present the important sentences.

(1) This evening, at about seven o'clock, I'd like you to come to my home for dinner. But now, you should tell me “What would you like for dinner?”

Show some pictures of the food. Help the students to answer: I'd like...

**【设计意图】**先出示钟表、教师照片、餐桌等图片，再呈现食物和餐桌及本课重点句型，让学生在具体情境中感悟重点句型的用法，为下面的游戏做准备。

(2) Play a game to practise the sentences “What would you like for dinner? I'd like...”.

【设计意图】运用白板中的“魔术表格”，引导学生随意拖动食物图片至表格，激发全体学生的参与热情，使学生学会运用本课重点句型，为后面的会话教学奠定基础。

2. Learn the new dialogue.

(1) Show the question “What would Mike like for dinner?” before the students watch the cartoon. Then help the students guess and try to find out the answer.

【设计意图】播放会话视频，让学生整体感知会话内容，出示针对会话的问题，之后引导学生先猜 Mike 可能会想吃什么，再链接视频并观看，接着再次出示问题并组织学生讨论，最后出示答案。让学生带着问题有目的地理解文本，能够培养学生良好的听说能力。

(2) Repeat the dialogue and answer the question “What would Mike's mother like for dinner?”

【设计意图】播放视频跟读会话，帮助学生进一步听懂、会说、理解会话内容。跟读之前针对文本提出问题，接着链接视频并观看，进一步培养学生的听说能力和良好的学习习惯。

**Step 3. Practice**

1. Play a game to understand the difficult sentences: “What's for dinner?” “Wait and see.” “Everything's ready.”

【设计意图】运用食物转盘游戏帮助学生理解、运用本课难点句型。转动转盘之前先让学生猜：“What's for dinner?” 转转盘的人要说：“Wait and see.” 接着通过肢体语言模拟做饭情景，端上食物图片帮助学生理解 “Everything's ready” 并操练。通过这样的活动有效地突破难点，为后面的情景表演奠定基础。

2. Act the important and difficult sentences with the students.

It is 6: 30p. m. now. Dinner time is coming. I'm cooking dinner in the kitchen now. Maybe you are hungry now. If you are hungry, you can say: Hi, Miss Zhao! I'm hungry. What's for dinner? ...

【设计意图】穿上围裙，端上装有食物图片的盘子，创设情境，引导学生运用会话中的重难点句型，师生、生生模拟表演，有效帮助学生运用语言。

**Step 4. Consolidation and extension**

1. Show a menu. Tell the students: If you have 10￥, what would you

like for lunch/dinner? Let the students talk about their lunch or dinner with their partners.

**【设计意图】**先出示菜单、10 元钱和关键语句，创设情境，让学生根据菜单选择自己想买的食物，再将其图片拖动到餐桌上的盘子里。拓展运用句型“What would you like for...”来表达自己想吃的食物，为下一步的情感教育做准备。

2. If I have 20￥，I'd like some soup，two hamburgers，two hot dogs，and so on. Ask the students：Can I eat so many food? Then Let the students watch the cartoon to understand the Moral education.

**【设计意图】**提出暴饮暴食不可行，再引导学生观看动画短片，帮助学生理解合理膳食的重要性，结合肢体语言解释并出示情感教育内容。

**Step 5. Homework**

Finish the survey and fill in table.

**【设计意图】**让学生做调查，完成课本第二部分的表格，帮助学生内化整理本课的语言项目。

## 板书设计

Unit 5　What would you like?

## 教学反思

《义务教育英语课程标准》强调学生“用英语做事情的能力”，旨在培养学生的综合语言运用能力。在教学中，语言知识的呈现与学习都应从语言使用的角度出发，创设接近学生生活实际的各种语境，引导学生循序渐进地感悟、理解、运用语言。本课我运用情境法、游戏法、交际法、表演法，让学生在一系列任务活动中习得语言。

**一、创设贴近生活实际的情境，激发学生内在的兴趣**

直观形象的食物图片，生动活泼的视频、歌曲，加上教师的肢体语言，让学生在情境中产生了表达的欲望。师生戴上围裙共同模拟用餐情景，可以更好地调动学生的学习积极性，在学中用，在用中学，提升学生“用英语做事情的能力”。

**二、运用游戏突出重点，突破难点，达成教学目标**

在呈现本课重点句型时，运用游戏帮助学生掌握“What would you like for dinner?”“I'd like...”句型。学生兴趣高涨，争先恐后；在操练环节，运用“食物转盘”巧妙地突破难点，让学生在愉快的游戏中能够听懂、会说、理解本课难点语句“What's for dinner?”“Wait and see.”“Everything's ready.”，有效达成了教学目标。

**三、紧扣学生心弦进行拓展，巧妙呈现情感教育内容**

抓住学生心弦，结合学生心理特点设计“自由支配10元钱买食物”的活动，唤醒了学生的内驱力，为学生语言输出创造了条件，并由此巧妙地过渡到情感教育的层面，播放一则动画短片让情感教育更具体、更有说服力。

本课不足之处在于：评价方式主要运用了教师语言激励评价和小卡片，评价形式有点单一，若在教学中融入生生评价，教学效果可能会更好。

## 个人简介

赵敏，女，小学一级教师，现任教于汉中市宁强县南街小学。从教11年来，爱岗敬业、刻苦钻研，积极更新教育理念，用知识引导学生，用母爱关心学生，用人格感召学生，用耐心转化学生。2012年荣获“陕西省教学能手”“巾帼建功标兵”等荣誉称号；被聘为“‘国培计划（2012）’——陕西省农村中小学教师‘课程标准教育教学能力’”远程培训学科辅导教师；参与省级课题“运用信息技术优化小学英语口语教学”的研究；多篇论文和教学设计等在省、市、县获奖；多次承担观摩课教学任务。

## 专家点评

这是一节清晰、自然的小学英语对话课。授课教师设计和采用的教学活动具有多样性和层次性，并且十分注意调动学生的学习积极性，切实关注课堂教学的实效性。

**一、设计巧妙，激活课堂**

本节课看似平淡，却处处体现出教师的巧妙用心。比如，在热身复习环节，教师借助多媒体课件引导学生猜测教师本人的生活习惯和爱好，快速地复习了旧知。又如，通过让学生看食物图片，巧妙引出本课新句型“What would you like?”进而创设情境引出课文主句型“What would you like for dinner?”教学环节过渡自然，学生学得既有趣又有效。

**二、学生为主，开拓思维**

在教学中，教师是引导者，学生是课堂真正的主人。因此，一切教学活动都应该以学生为中心，以培养学生的各种能力为教学目的。本节课在复习导入环节中，教师让学生边观看图片边说句子，既复习了旧知，又培养了学生的观察能力。在学习新会话时，通过听对话与看视频，让学生既了解了会话的主要内容，又培养了学生的听力理解能力。在练习环节，教师通过让学生自己调查小组同学的饮食习惯并做出汇报，在运用所学语言的同时很好地培养了学生的记忆力与表达力。

**三、创设语境，互动自然**

授课教师灵活使用多媒体辅助教学，大大拓宽了教学空间，增加了教学容量，活跃了课堂气氛，为学生提供了轻松愉快的语言学习氛围。教师在教学中通过创设各种语言环境，恰当地使用任务型教学法，注重小组合作学习，通过采访调查、角色扮演、设计菜单等多种形式把英语教学过程变成语言真实交流的过程，让学生在活动中学、在活动中用，调动了学生的学习积极性与主动性。

**四、循序渐进，扎实有效**

教学中从 Warming-up 到 Summary，每个步骤环环相扣，授课教师十分明确每个步骤的设计目的，明白每一步要求学生掌握的知识与程度。学生的学习过程符合年龄特点和认知规律，特别是能够结合教学内容自然地渗透情感态度与价值观，帮助学生形成良好的饮食习惯。整个教学过程一气呵成，循序渐进，扎实有效。

当然，本节课也有一些需要改进的地方。比如，有些教学活动未落到实处，特别是没有能提供足够的时间让学生充分操练所学语言知识。在今后的教学中，如果教师能为学生提供更多的自主学习与思考的空间，并结合学生实际进行分层教学，将有利于更多的学生展示自我、体验学习成功的喜悦。

西安市碑林教师进修学校　赵　琦

# *Meet My Family*. 教学设计

汉中市实验小学　尹春红

## 教材分析

本课内容是人教版 PEP 教材小学英语四年级上册第六单元 A 部分的 Let's talk。本单元话题是介绍自己的家庭及成员情况。通过本单元的学习，增强学生对自己家人的热爱之情。本课时所要谈论的主要内容是询问家中有几个人的句型，涉及询问数量的词句和家庭成员的称谓。

## 学情分析

本课时的教学对象是四年级学生。他们对英语学习的认识还停留在表面阶段，通常注意力持续时间不长，他们对任何事物的兴趣都是短时的，容易被事物的表面所吸引。在三年级，学生学习过关于 How many 询问数量的句子，所以学生有一定的交流经验，并且学生对自己家庭成员的情况很熟悉，也储备了一些关于家庭成员称呼的单词。在此基础上，学生有能力学习本课时的句型。

## 资源利用

1. 人物头饰：Amy 和 Chen Jie。
2. 视频文件：课文对话和其他图片。
3. 其他准备：学生调查需要的表格。

## 教学目标

1. 能听、说、认读句型“How many people are there in your family?”并能在操练活动中做替换练习。
2. 能听懂、会说本课对话，并能在实际情景中运用。
3. 乐于向他人介绍自己的家庭情况，热爱家人。

## 教学重难点

重点：熟练掌握“How many... are there?”的用法。

难点：能听懂、理解“My family has seven members.” “Who are they?” “But that's only six.”

## 教学过程

**Step 1. Warming-up**

1. The teacher introduces with students and divide the students into 2 teams.

**【设计意图】**通过教师和学生的互相介绍，消除陌生感，并在此基础上迅速划分小组，为以下的学习和评价做好铺垫。

2. Chant with the students.

**【设计意图】**通过让学生边读歌谣边做手指操，既调动了学生学习的积极性，吸引了学生的注意力，还复习了数字单词，为下一环节对数量的复习打好基础。

**Step 2. Review**

Review the sentence “How many ____s are there?” with PPT.

**【设计意图】**在英语语言的习得中，知识都是滚动出现的，新知的学习也应是对旧知的一种巩固和延伸。学生对于How many句型的学习是从三年级“数一数”开始的，这节课我也通过让学生数一数自己感兴趣的小动物，来降低教学难度。

**Step 3. Presentation**

1. Lead in.

The teacher shows the picture about her family with PPT.

T：How many people are there in my family?

The students answer the question.

T：My family has seven members.

Show the PPT and teach：seven members.

**【设计意图】**“My family has seven members.”这不是重点句型，却是难点。特别是members这个单词学生从来没见过，读音和含义都有难度。通过课件的引导，能够降低学生理解和认读的难度。

2. Show them the sentences：How many people are there in your family? Who are they?

【设计意图】从数一数小动物有几只，转换到家庭成员有几个，学习难度跨越不大。在学生容易出现错误的地方，如 people 和 are there，教师都用其他颜色的笔标出，让学生能区分对其他数量单词的提问与对人数的提问的方法，并利用语境，突破难点。

3. Listen to the dialogue with PPT and answer the question：How many people are there in Chen Jie's family?

【设计意图】通过学生的整体感知，学生对对话内容会有初步的了解。

4. Listen to the dialogue and try to follow. Understand "parents" and "That's only six."

【设计意图】只有在真实的语境中，学生才能理解、学习语言。通过创设真实的语境让学生认知难点句型"That's only six."在音频媒介的帮助下，学生饶有兴趣地朗读对话，有意识地模仿语音语调，听力得到了训练。

5. Act the dialogue with PPT.

【设计意图】学生在正确的语音、语调的引导下，尝试给对话中的两个人物配音，在潜移默化中习得语言。

**Step 4. Consolidation and extension**

Students survey with the chart.

1. The teacher gives the students a model.

2. The students practice.

3. Show the result.

【设计意图】语言学习的最终目的在于运用。通过调查表，学生在运用语言的过程中使学习得到了内化。

**Step 5. Summary**

1. The students share their knowledge they have learned from this lesson.

2. Summary and evaluation.

| name | how many | grandfather | grandmother | father | mother | sister | brother | aunt | uncle | other members |
|---|---|---|---|---|---|---|---|---|---|---|
| | | | | | | | | | | |
| | | | | | | | | | | |
| | | | | | | | | | | |

【设计意图】通过小结，加深学生对知识的印象。

**Step 6. Homework**

Choose one and have a try：

1. Follow the tape and act the dialogue.

2. Draw a picture about your family tree. Then talk about it with your partner.

【设计意图】学生的学习能力是有区别的，学习效果也有差异。在分层完成作业的过程中，使每位学生都能体会到成功的快乐。

## 板书设计

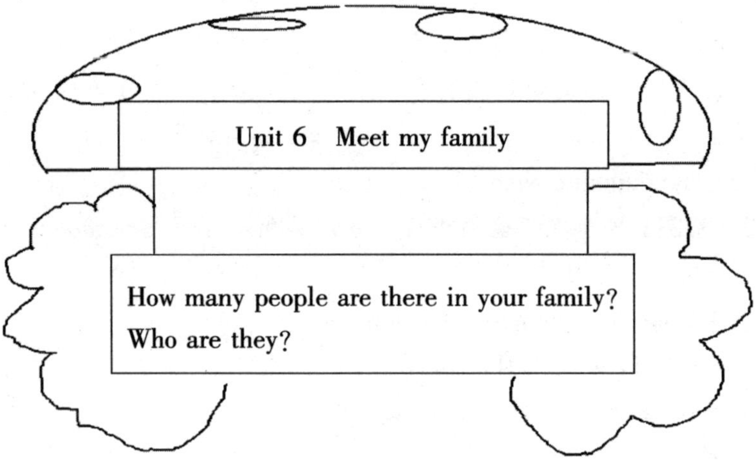


## 教学反思

英语教学以教材为本，备课一开始，我就反复深入地研究文本。基于英语文本少而精的特点，我设计的教学环节主要是结合实际生活和学生已有的经验，在学生掌握重点句型的基础上适当向课外拓展，实现对教材的超越，体现变“教教材”为“用教材教”的新课改理念，留给学生更宽、更广的空间。

本节课的导入部分，我先通过互相介绍拉近师生距离，接着用边读歌谣边做手指操的方式导入，使得学生兴趣盎然，课堂气氛融洽，在调动学生的积极性、激发学生的兴趣方面取得了一定的成效。

本课教学过程环环相扣，层层递进，过渡自然。从数小动物开始，转换到数家庭成员，填写调查表，一步步由易到难，使学生顺其自然地掌握重点句型，并能够应用重点句型进行问答。

通过本节课，我深深地体会到，教师需要改变教学观念，需要提高个人素质。教学需要艺术，需要创新，需要有学科综合意识。只有这样，才能适应英语新课标的要求。

## 个人简介

尹春红，女，小学一级教师，汉中市实验小学英语教师，汉中市外语研究会会员。连续3年被聘为汉中市“阳光师训”讲师团成员，曾在多个县区进行教师培训和研讨交流活动，培训教师上千人次，得到领导和与会教师的好评。撰写的教学论文和教学设计多次在省、市、区级教学活动中获奖，多次承担市级、区级示范课。其中，课堂实录“My Friends”在2010年度“全国首届中小学英语有效课堂教学选展”活动中被评为三等奖；教学论文《关注英语教学中的细节，促进学生全面发展》在陕西省农村初等教育教学成果评审活动中获一等奖，并被遴选为优秀教学成果进行交流研讨。

## 专家点评

本节课授课教师注重联系学生生活实际，通过设计一系列丰富的教学活动为学生提供了拓展与交流的空间，同时让学生在真实的语言环境中运用所学语言，达到了“在学中用、为用而学、学了就用”的目的。

**一、注重知识的衔接性**

建构主义理论认为，学生的学习过程是在已有知识的基础上进行重新建构，并形成新的知识体系的过程。因此，教师要尊重并利用学生已有的知识，以旧引新，注重新旧知识的衔接。在本节课中，教师巧妙地利用学生在三年级学过的句型“How many...”与本节新知识之间的联系，帮助学生较好地理解和掌握重点句型。

**二、注重活动的层次性**

本节课中，授课教师遵循了由浅入深、循序渐进的认知规律，教学活动的内容和形式体现了层次性与梯度性。在复习环节“看一看、说一说”中，教师让学生看图片复习句型“How many... are there?”，为后面的学习做好铺垫。在练习环节中，教师让学生运用所学句型互相问答，起到了巩固提高的效果。在应用环节中，教师引导学生介绍自己的家庭成员，完成了语言的真实交流与运用。

**三、注重学生的主体性**

本着一切从学生生活实际出发、体现教学服务于学生的原则，教师在教学环节和活动设计上强调了趣味化和生活化。比如，在上课一开始，教师带领全班学生一起练习歌谣"One and one，that's great. Two and two，that's a rabbit..."使学生通过愉快的说唱活动很快进入英语学习的氛围，感受英语课堂的快乐。又如，在应用环节，教师让学生介绍自己的家庭成员，强调了语言学习的生活化，使学生切实感到身边有英语，用英语能解决生活中的实际问题。

**四、注重评价的有效性**

新课标强调过程性评价，这非常符合语言学习的规律。本节课，教师通过采用男、女生竞赛的方式，极大地调动了学生学习的积极性，特别是巧妙地结合本节重点句型"How many... are there?"来总结竞赛结果并体现在板书设计中，使评价有始有终，给人留下耳目一新的感觉和深刻的印象。

本节课的教学设计是比较成功的，但是，由于在有限的时间内，教学容量过大，因而，个别教学环节不够扎实，特别是没能提供足够的时间让学生充分操练所学内容。在今后的教学设计中，教师应根据学生的实际能力加工教材内容，合理组织教学过程，确保学生人人参与学习的过程。

西安市碑林教师进修学校　赵　琦

# 体育学科

# “快速跑”教学设计

西安市灞桥区庆华小学　王晓娥

## 教材分析

本课所选的教材是义务教育课程标准实验教科书体育 3～4 年级教师用书。本课教学内容“快速跑”是水平二教学第五章的内容，它是在水平一“走和跑”的基础上发展而来的。本课内容具有生活化的特点，是学生最基本的技能之一，也是锻炼身体的最佳方法之一，符合学生的生理、心理特点，是学生最喜爱的一项体育活动。本课通过多种方式的练习，使学生能积极参与快速跑活动，有意识地运用快速跑的方法锻炼身体，初步掌握快速跑的动作技能，发展速度、力量、灵敏度和协调性等身体素质，体验运动的乐趣，培养竞争意识和团队协作精神。

## 学情分析

本课授课对象为四年级学生，属于水平二学段。这个学段的学生对于快速跑已经有了一定的认识，但由于每个学生的身体素质不同，对这个项目的感受及掌握情况也会有所不同。

由于学生身体机能和神经系统正处于发育阶段，可能会出现动作不规范的问题，以及步幅小、力量不够、步频慢、摆臂等问题。

## 资源利用

体操棒，篮球，报纸。

## 教学目标

1. 通过学习，能积极参与快速跑活动，有意识地运用快速跑的方法锻炼身体。

2. 初步掌握快速跑的动作方法，能结合自身情况提高快速跑能力。

3. 发展速度、力量、灵敏度和协调性等身体素质。

## 教学重难点

重点：规范跑时的身体姿势，提高奔跑能力。

难点：找到提高自己快速跑的适合方法。

## 教学过程

| 课程顺序 | 教学内容 | 学生活动 | 教师活动 | 组织活动 |
|---|---|---|---|---|
| 开始部分（3分钟） | 课堂常规：<br>1. 体育委员整队，检查人数、服装。<br>2. 师生相互问好。<br>3. 宣布本课内容和目标。<br>4. 安排见习生。 | 体育委员整队报告人数。<br>师生相互问好。<br>认真听教师宣布本课内容及目标。<br>要求：快速、整齐、安静、听指挥。 | 教师宣布本课的内容、目标，做好运动前的动员，激发学生的兴趣，调动学生参与的积极性。 | [图示1]<br>△△△△△△△△<br>△△△△△△△△<br>○○○○○○○○<br>○○○○○○○○<br>☆<br>（图示中符号代表的意义：<br>☆教师<br>○男生<br>△女生） |
| 准备部分（6分钟） | 1. 做“快乐列车”游戏。<br>2. 做“大鱼网”游戏。 | 随音乐变化模仿、自创动作练习。<br>在教师的引导启发下，将各种肢体活动融入活动。<br>要求：朝气蓬勃；注意安全，防止受伤。<br>在教师设置的“鱼塘”里进行各种奔跑躲闪练习。<br>要求：遵守规则。 | 教师语言启发引导，以游戏形式把学生带入课堂教学。<br>教师肢体语言引导，及时表扬、激励学生。<br>师生互动热身、体验、感受乐趣。 | 结合音乐进行动作变化，在划定的场地内练习。<br>在指定的场地内散点练习。<br>[图示2]<br>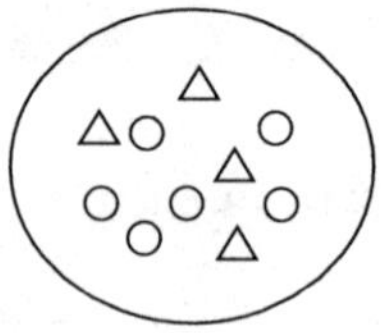 |

（续表）

| 课程顺序 | 教学内容 | 学生活动 | 教师活动 | 组织活动 |
| --- | --- | --- | --- | --- |
| 基本部分（27分钟） | 1. 新知学习：快速跑。 | 学生尝试快速跑20米，练习1次。<br>抱头体验快速跑20米，练习1次。<br>单臂叉腰快速跑20米，练习1次。 | 学生尝试后，教师点拨，让学生体验谁的动作好、哪些动作有偏差。<br>针对学生的情况提问：如何解决步幅小、步频慢、摆臂不好等问题。 | 在划定的场地内按要求练习。 |
| | | 练习后，围绕教师提出的问题分小组探讨解决办法。 | 与学生交流，语言提示，结合示范。 | |
| | | 按课前分好的4个学习小组进行。<br>第1小组：探讨解决步幅的问题。<br>第2小组：探讨解决步频的问题。<br>第3小组：探讨解决摆臂的问题。<br>第4小组：找优秀学生，大家交流对照。<br>互相纠偏，学习交流探求新知的感受。<br>各组再练习1～2次。 | 以学习小组为单位再练习，重点解决摆臂、步幅、步频等问题，并分组体验。<br>共性问题集体纠偏方法如下：<br>双人配合练摆臂，左右横跨练步频，弓步前行练步幅，报纸感受快与慢。<br>教师巡回指导、提示：在身体累了的情况下，如何进行快速跑？及时肯定学生的表现，与生互动游戏。 | 分四个小组进行练习。<br>各组在指定位置探讨交流3～4分钟。<br>穿插到趣味活动中进行。 |
| | 2. 辅助趣味游戏活动“协同跑”。 | 学生使用教师提供的器材练习1～2次。 | 教师创设学习环境，与生进行学习交流、评价，及时给予学生肯定和鼓励。 | 利用体操棒、篮球，3人组合，分4个小组。 |

（续表）

| 课程顺序 | 教学内容 | 学生活动 | 教师活动 | 组织活动 |
|---|---|---|---|---|
| 结束部分（4分钟） | 活动设置：<br>1. 做游戏“风中草”。<br>2. 自评和互评，小结本课教学。 | 学生放松身心，体验乐趣，延伸乐趣。<br>学生畅谈学习感受。<br>学生对自己、同伴、教师进行大胆评价。<br>收拾器材。 | 教师介绍游戏方法，和学生一起互动放松练习。<br>小结本课情况。<br>激发学生下次课的学习热情。 | 集体放松。<br>分小组放松。<br>交流感受放松。 |

## 教学反思

快速跑是小学生发展跑的最基本内容，主要是让学生了解快速跑的正确姿势，掌握基本的动作技能，能结合自身情况有意识地运用掌握的方法锻炼身体，提高快速跑的能力。

在本课教学设计的构建中，我着力突出教学设计和学法的构建。在设计上，着力体现“以学生为主体，教师为主导”的教学理念，遵循以身体练习为主要手段的体育教学原则，使学生在愉快的体验中获得知识和技能。在学法上，我完全打破以往以教师为主线的教学设计模式，将重点放在积极发挥学生的主动学习能力、培养学生的主体学习意识、给予学生主体探索的时间和空间上，重点突出三种教与学的方法，使他们在学习的过程中形成“尝试—体验—观察—发现—纠偏—实践—成功”这样一条学习途径，发掘了每个学生的潜能，通过大家的“互助改进”，以及分组探究、合作交流，实现了成果共享。在教学结构上，我以快速跑为主，趣味游戏为辅创设教学情境，激发学生兴趣。在评价方式上，我把学生的自评、互评与教师的点评相结合，使学生的鉴别能力得以发展。在能力培养方面，通过锻炼小组互助学习和小组竞赛等形式，培养学生的协作能力和主动锻炼身体的习惯，发展学生终身体育的意识。这节课有以下几个特点：

1. 以学生身体练习为主，以促进学生身体健康为目的，让学生在运动体验的过程中，通过身体的练习实现教学目标。

2. 发展学生的主动学习能力，培养学生的主体学习意识。在整个教学过程中，教学内容切合学生的认知特征，分层递进，达到了运动参与的目标。

3. 以小组为学习单位，教师巡回辅导、指引、点拨、总结，改变了以往大组集中学习不易全面照顾的弊病，充分发挥了学生的主体作用，使每一个学生都成为教师的助手。

4. 教学目标以教师提出的目标为基础，学生通过探讨、交流、合作，把自己的发现、体验、进步、成果等与同伴共享。体质弱、接受新知慢的学生在大家的帮助下，不断地得到动作上的改进，从而收到了更好的学习效果。而且，在同伴的关心与帮助下，他们一点一滴的变化让同伴倍受鼓舞，所有人都分享到了他们微小的进步，这比单纯地学会一两个动作，其意义要深远得多。

5. 这节课的逆向推进学习途径设置较好，学生在体验动作后，分组探讨环节更突出，学生获得的体验更具体，用他们自己商讨的办法解决问题，更易让他们接受，这一点在以后的教学中值得借鉴。

这节课还存在一些问题：

1. 室外大课教学，声音不够洪亮，精气神略显不足，课堂感染力不够强，个性也不够张扬。

2. 课堂的主体地位让给了学生，我与学生打成一片，总结小组经验时，在共性问题的处理上忽略了教师所处的位置。

3. 学生发现问题后，我的处理办法不够有特色，体验距离稍长，减少了趣味性。

在以后的教学中，我会力求从学生的实际出发，满足学生求新、求异、求变的心理特征，在教学创新上下功夫，力求能形成个人特色，积极探索，不断总结，使每一个学生都能感受到体育的快乐和成功的喜悦。

## 个人简介

王晓娥，女，毕业于陕西师范大学体育系，国家二级篮球裁判员，国家二级田径裁判员，小学高级教师，现任职于西安市灞桥区庆华小学。多次被评为灞桥区优秀教练员、灞桥区骨干教师，2010 年被评为“西安市教学能手”，2012 年被评为“陕西省教学能手”。曾参与国家级课题“学生主动探究习惯的培养与研究”的研究工作。先后有 10 篇教学论文获全国、省、市、区教学论文一、二等奖，《让体育课真正吸引学生》《浅析如何实施成功体育教学》《体育教学中定力习惯的培养》3 篇论文公开发表在国家级刊物《教育学》杂志上。

**专家点评**

王晓娥老师根据小学生的身心特点，结合学生自身的运动水平，设计了一系列的教学活动。在教学中以学生为主体，注重学生自身的体验，通过合作学习使学生掌握了技术技能。教学过程中既有学生的个体活动，也有分组活动，通过这些练习，不仅让学生掌握了基本技能，也让他们学会了思考与合作，这是本节课最大的亮点。

这节课还有一些有待改进的地方。首先，教师在教态方面要全面彰显自己的魅力，在教学方法上也需要做得更完善一些。其次，如果该设计能突出学生发现问题、探究问题、理解问题的过程，把学生探索学习重点环节凸显出来，效果会更好一些，特色会更鲜明一些。

陕西省教育研究科学所　王　霞

# “快速跑”教学设计

汉中市洋县南街小学　史红梅

## 教材分析

快速跑是田径运动中的一个重要项目，是人们在日常生活中常用的一项技能。它能锻炼学生的速度、力量和协调性，培养学生团结协作的意识和不怕苦、不怕累的精神。但是，快速跑的教学较为单调、乏味，不是学生喜闻乐见的游戏项目。本节课以发展学生快速反应、启动能力为主，教学中的每一个环节力求出现一个亮点，使学生在教师的引导下始终保持高涨的学习热情。

## 学情分析

小学生对体育活动很感兴趣，爱玩、爱活动是他们的天性。他们的想象思维较弱，直观模仿能力较强，愿意在教师的带领下参加集体活动。我采用音乐游戏进课堂的手段来丰富本课内容，使教材简单化、游戏化，既能促进学生智力的发展，又能培养他们手脑并用的能力，满足他们好玩、好动的心理要求，提高他们的形体美、协调性等素质，增强他们体育学习的兴趣。

## 资源利用

自制纸棒，白纸若干，篮球四个，红领巾四条，音响一台。

## 教学目标

1. 让学生掌握快速跑的动作方法，激发他们的学习兴趣。

2. 发展学生快速奔跑的能力，提高他们腿部力量及快速反应能力，锻炼学生上下肢的协调性。

3. 培养学生不怕苦、不怕累的精神和团结协作的品质。

## 教学重难点

重点：掌握快速跑的动作方法，体会如何快速蹬地、积极摆臂的技能。

难点：激发学生的学习兴趣，感受成功的乐趣。

## 教学过程

### 一、准备部分

1. 集合整队，师生问好。

2. 导语：同学们，听说今天森林里有一场特殊的表演，我很想去看看，你们愿意和我一起去吗？

**【设计意图】**根据学生的心理特点创设动物运动会的情境，激发学生学习的兴趣。

3. 师：那我们就整队出发啦，比一比哪个小组队列最整齐、动作最规范。

队列队形练习，稍息、立正、向右看齐。

**【设计意图】**对学生进行良好的课堂常规习惯的培养。

4. 师：下面我们向森林里进发。哇，有好多好多的兔子！和老师一起跳兔子舞，好吗？

**【设计意图】**通过跳兔子舞达到热身的目的。

5. 做拍手操。

**【设计意图】**创设为动物朋友们表演的情境，师生共同练习。生动活泼、节奏鲜明的拍手操能调动学生练习的积极性，在身心愉悦的氛围中达到热身的目的。

### 二、基本部分

1. 导入：同学们，在 2004 年雅典奥运会上出现了一名中国“飞人”，你们知道他是谁吗？（刘翔）对，他就是刘翔，他为我国田径队 110 米跨栏项目争得了一枚可贵的金牌，在我国体育史上写下了辉煌的一页。你们想当“小刘翔”吗？那么，我们从现在开始出发吧！

**【设计意图】**激情导入，激发学生的求知欲望，使学生快速进入角色，主动投入教学活动。

2. 抢点游戏。规则：第一遍，两生一组，距离 20 米相向站立，教师发出口令后，两人迅速交换位置，先到达对方位置者为胜。第二遍游戏增加难度，教师将自制的纸棒分给学生，听到口令后，两人迅速交换位置，看谁能先到达对方的位置并以最快的速度接住对方的纸棒。

**【设计意图】**尊重学生原有的认知基础，给他们自由练习的空间，进行动作体验，同时也掌握了快速跑起跑的动作方法，为之后的教学做好铺垫。

3. 贴纸跑游戏。规则：每人一张纸，贴在胸前跑，保证纸不掉下来。将纸对折再跑，保证纸不掉下来。

**【设计意图】**教师用启发式教学引导学生在活动中体验跑的动作，让学生自己尝试总结方法，并在反复练习中巩固动作要领，突破本课的教学重难点。

4. 托球接力赛。规则：将学生分成 4 个小组，听到教师口令后，同时起跑，在跑动的过程中，球不离手。

**【设计意图】**逐渐增加难度，激发学生的探究欲望，培养学生的创新意识、小组合作能力和集体主义观念，并通过比赛巩固本节课的内容。

**三、结束部分**

1. 师生共舞《小小竹排》。

**【设计意图】**在美妙的音乐声中进行放松练习，师生共舞，陶冶学生美的情操，达到身体放松的目的。

2. 教师朗诵放松词：我静静地躺在柔软的草地上，天空蓝蓝的，空气很清新，我的双手和我的双腿正在慢慢地放松下来，我感到很舒服。

**【设计意图】**在舒缓的音乐和教师语言的引导下，学生的身心得到充分的放松。

3. 小结本节课的内容，教师提出希望和要求。

**【设计意图】**帮助学生树立自信心，鼓励他们学会关注生活中的点点滴滴。

## 教学反思

本次课结合四年级学生的年龄特点和认知规律选择教学内容。从心理特点看，小学四年级学生已经初步形成了一定的团队观念和团队荣誉感，但缺少沟通和合作的技巧，因此，需要教师对学生进行及时的引导和教育；从生理方面看，学生的可塑性大，学习动作快，容易建立动作定型，因此，在教学中可采取多种形式加强练习，巩固所学的知识和技能。

教师运用了几个游戏来调动学生的积极性，特别是在快速跑教学中采用的贴纸跑游戏，让他们自己体会怎样跑纸才不会掉下来，让学生自己感受快速摆臂和用力蹬地的动作，突破了本节课的教学重难点，教师精心的设计引起了学生的共鸣。

课堂教学中还存在一些值得注意和改进的地方，如教师在课堂评价上语言不够简练，教学内容的深度上还有待完善，还应进一步培养学生的合作精神。

## 个人简介

史红梅，女，1999 年毕业于汉中体育运动学校，2001 年毕业于陕西理工学院体育系，小学二级教师，在汉中市洋县南街小学任教。新课程改革以来，一直担任体育新课程实验工作；承担省、市、县级观摩研讨公开课 50 余节，同时坚持送教下乡；2009、2011、2012 年连续获得“洋县教学能手”称号，2009、2011 年获得“汉中市教学能手”称号，2012 年获得“陕西省教学能手”称号；所撰写的论文《浅谈怎样上好体育课》在《现代教育探索》发表，论文《常见的十种体育教学法》在陕西省教科研论文评选活动中获三等奖。



## 专家点评

史红梅老师的“快速跑”一课，一开课就给人一种耳目一新的感觉，教学过程中的一些问题都处理得非常好。

1. 在本节课中非常注重问题情境的创设，关注学生的情感体验。采用音乐游戏进课堂的方式，充分调动了学生学习的积极性。同时，针对学生的心理、生理特点，创设了一种轻松、愉悦的、符合学生的身心特点的体育课堂氛围，满足了学生好玩、好动的心理要求，促进了学生的健康发展。

2. 注重多样化的练习设计，增强了学生学习的有效性。在练习环节上，该设计注重多样化的教学设计意图，在练习内容上方法新颖独特，有利于增强学生学习的有效性。

3. 注重知识的探究过程，突出了学生自主学练的教学特点。在教学中，教师重视探究过程，通过自主、合作探究，循序渐进地引导学生学习，突出了学生自主学练的特点。

如果该设计能把学练结合体现得再具体到位一些，就会使学生更进一步掌握技能，提升学习能力，教师也会受到更多的启发。

陕西省教育研究科学所　王　霞

# “趣味小篮球”教学设计

渭南市临渭区南塘小学　郭　锐

## 教材分析

本课教学内容是人教版体育与健康教材水平二的“小篮球”板块，是在水平一“原地拍球比多”的基础上进一步掌握的小篮球技术。本课选取篮球运动的基本技术运球为主要教授内容，符合四年级学生的心理、生理特征，是学生喜爱的体育项目。

## 学情分析

本课的授课对象是四年级学生，他们中的大多数参与过或观看过篮球比赛，对篮球运动已有初步的认识。但由于年龄小，力量差，部分学生动作形成不是很规范，在教学中，教师要通过模仿、纠错、强化，逐步让他们形成较为规范的动作。

## 资源利用

篮球，标志筒，音箱。

## 教学目标

1. 通过学习，使全体学生知道篮球运动的一些术语，能积极参与到运动之中，为学生的终身体育打好基础。

2. 通过多种形式的练习，发展全体学生的速度、力量、协调等素质，促进学生身体素质的全面发展。通过本节课的学习，使所有学生都能原地运球，70％的学生能初步掌握行进间运球的技术。

3. 在学习活动中，努力培养学生的创新、合作精神，增强竞争意识、团队精神、表现意识。

## 教学重难点

重点：掌握正确的运球动作。

难点：提高控制球的能力。

## 教学过程

| 课程顺序 | 教学内容 | 教学措施及组织 | 时间分配 |
| --- | --- | --- | --- |
| 开始部分<br>——<br>要求纪律，导入教学 | 1. 整队，师生问好。<br>2. 宣布本课的内容。<br>3. 课前检查。<br>4. 安全提醒。 | 1. 教师宣布本课的内容。<br>2. 课堂常规。<br>(1) 安全要求；<br>(2) 纪律要求。<br>3. 确定小组，定组长，定队名。<br><br>组织队形：四排横队。<br>××××××××<br>××××××××<br>○○○○○○○○<br>○○○○○○○○<br>△<br>(图示中符号代表的意义：<br>△老师<br>○女生<br>×男生) | 3分钟 |
| 准备部分<br>——<br>寻找感觉，熟悉球性 | 1. 教师领着学生玩篮球。<br>2. 学生用自己的方法玩篮球。 | 1. 教师示范。(搓球—双手抛接—单手抛接—胯下绕环)<br>2. 学生模仿。<br>3. 启发引导。(除了教师所用的上述的方法外，你还能想到哪些玩球方法?)<br><br>组织队形：体操队散开。<br>× × × × × × × ×<br>× × × × × × × ×<br>○ ○ ○ ○ ○ ○ ○ ○<br>○ ○ ○ ○ ○ ○ ○ ○<br>△ | 5分钟 |

（续表）

| 课程顺序 | 教学内容 | 教学措施及组织 | 时间分配 |
| --- | --- | --- | --- |
| | 1. 原地高运球—原地低运球—原地高低结合运球。<br>2. 体前左右手交换运球练习。<br>3. 前后运球练习。<br>4. “一心多用”运球练习。（儿歌：几只小蜜蜂呀！飞到花丛中呀！左飞飞……） | 1. 教师标准示范。<br>2. 教师强调运球重点。<br>3. 学生模仿正确动作练习。<br>4. 教学提示与指导。<br>5. 教学要求：按照教师手势移动；保护好运的篮球；小心碰撞。<br>组织队形：<br>× × × × × × × ×<br>× × × × × × × ×<br>○ ○ ○ ○ ○ ○ ○ ○<br>○ ○ ○ ○ ○ ○ ○ ○<br>△ | 5 分钟<br>3 分钟<br>3 分钟<br>3 分钟 |
| 基本部分<br>—<br>趣味练习，自主探究 | 5. 行进间运球练习。 | 1. 直线运球。<br>2. 增加障碍运球。<br>组织队形：<br>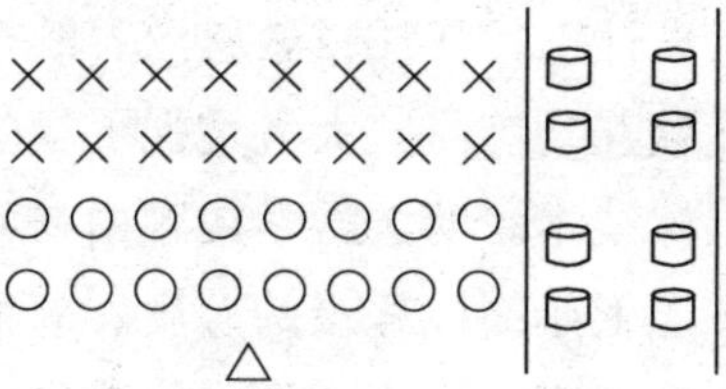 | 5 分钟 |
| | 6. 运球比赛。 | 1. 教师宣布比赛规则。<br>2. 教师示范比赛路线。<br>3. 学生比赛。<br>4. 教师讲评比赛。<br>组织队形：<br>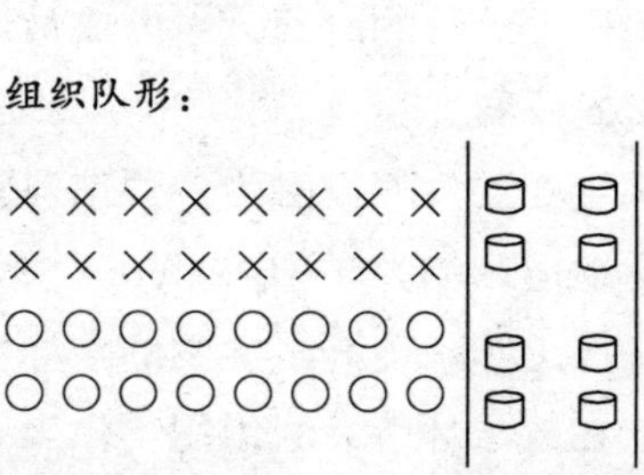 | 8～10 分钟 |

体育学科

(续表)

| 课程顺序 | 教学内容 | 教学措施及组织 | 时间分配 |
| --- | --- | --- | --- |
| 结束部分<br>——<br>意境渲染，放松身心 | 1. 放松练习。<br>音乐《梁祝》<br>2. 小结本课。<br>3. 整理归还器材。 | 1. 教师示范动作。<br>2. 学生模仿动作，引导学生放松身心。<br>3. 同伴交流：在这节课里学到了什么动作？在比赛中懂得了什么道理？<br>组织队形：面向教师围坐。<br> | 4 分钟 |

## 教学反思

课后，我回顾上课的情形，回味和学生的心灵碰撞，对本课反思如下。

**一、教材搭配，由易到难，促进学生有效地掌握动作**

在教学设计上，我注重教材内容的搭配，将枯燥的内容趣味化。通过节奏练习、儿歌互动练习，大大增强了学生的学练积极性，使学生在玩中掌握小篮球的运球技术。所选教学内容由易到难，层层深入，诱导学生不断挑战新目标，在课上始终以积极的态度、高涨的情绪参与到小篮球运动之中。

**二、自主探究，小组合作，培养学生的社会交际能力**

课的准备部分，我先领着学生玩球，让学生感知篮球，熟悉球性，活动身体各关节，预防运动损伤。以问题“你还可以怎样玩”激发学生的思考，留给学生自主探究的空间，引出本课的学习内容——运球。教学过程中，留给学生小组自主练习的时间，组内成员互相指导，共同提高，练好技术，准备为本组增光添彩。

**三、师生互动，气氛融洽，营造课堂的和谐氛围**

我在原地运球的教学中，采用变换节奏教学、儿歌互动教学，避免了教材内容的枯燥乏味，提高了学生的学练兴趣，使原地运球的动作在和谐的氛围中形成。在放松环节，我组织学生坐在我周围，进一步拉近了师生之间的距离，在舒缓的音乐声中，通过“模仿—创编”优美的玩球动作，达到放松身心的目的。

回顾整节课，学生始终能以积极的态度、高涨的情绪参与到小篮球运动之中。课的各环节过渡自然，练习密度大，运动强度适中，德育渗透、意识培养、关注个体差异都体现在教学之中。同时我也发现了不少不足和遗憾之处。比如，在体前换手运球时，主要让学生改变运球方向，强调动作要领太书面化，学生不易接受，如果能发挥学生的模仿能力，进行直观的示范，更便于学生去掌握动作。

收获—思考—探索—前行，在以后的教学之路上我会尽力完善自己，在思索中前行！

## 个人简介

郭锐，男，小学一级教师。先后荣获“渭南市教学能手”“陕西省教学能手”等称号，渭南市科技辅导员。先后参加过“中国西部中小学体育骨干教师”国家培训、“中小学教育技术能力网络课程”省级骨干培训。承担全国教育科学“九五”规划课题“素质教育与学校体育模式”，“十五”规划课题“素质教育与学校整体改革”，市级课题“幼儿游戏教学研究”，省级课题“小学校园普及篮球运动的方法研究”。论文《创设情境　打造魅力体育课堂》在陕西教研网发表；论文《沐浴和谐　课堂健康快乐成长》在渭南教研网发表。

## 专家点评

本课准确体现了新课程“健康第一”的指导思想和“以学生发展为中心”的课程理念，教学内容与教学方式设计丰富多彩，有效地促进了学生轻松愉快地掌握知识技能，从而落实本课的教学目标。

**一、趣味**

本课教学设计突出的特点是“趣味”，符合水平二学段学生的生理及心理的发展。开课伊始，教师带领学生玩球，大大激发了学生的学练积极性，使学生能投入地、认真地对待所学内容，提高学生的控球能力；在教学中，教师运用变换节奏、儿歌互动的练习方法，提高了学生的兴趣；运球比赛给学生提供了一个展示的平台，增强了学生的团队意识，使学生在整节课的学习过程中始终处于亢奋的状态。

**二、和谐**

在本节课中，师生活动凸显“和谐”。开始部分的情境创设，让学生很快地进入角色；课中，师生、生生互动，内容环节紧扣，过渡自然，体现课堂教学的和谐。郭老师在这节课创设了平等和谐的学习氛围，让学生在玩中学、玩中乐、玩中悟，感受篮球运动的魅力，在和谐中快乐成长。

**三、合理**

郭老师将器材在每个教学环节中合理地利用起来，最大限度地发挥了器材的作用，使课的练习密度、运动强度达到了预设。“结识篮球—热身玩球—原地运球—行进中运球—运球接力—整理放松”，整个课堂教学环环紧扣，过渡自然。在整节课中，学生都以高涨的情绪参与到篮球运动中，锻炼了身体，陶冶了情操。

渭南市教育科学研究所　储启明

# 音乐学科

# 《山谷静悄悄》教学设计

西安市育英小学　胡　静

## 教材分析

《山谷静悄悄》是人民音乐出版社小学音乐四年级上册第七课中的表演内容之一。这是一首描绘大自然美丽景色的艺术歌曲，为一段体结构的分节歌。虽然四段歌词都配同样的旋律（第四段旋律稍作变化），但由于歌词在形象、意境上有丰富细腻的变化和发展，学生很容易就能联想到山谷中的美丽景色。

## 学情分析

四年级学生好奇心重，想象力丰富，已具备初步的乐理知识，能有感情地演唱歌曲；在音乐欣赏中能用自己的语言表达对音乐的理解；在各种音乐活动中能积极参与，并用自己的方式表现。但对不感兴趣的知识点，他们的注意力容易分散，因此需要教师在教学设计中采用新颖、生动的教学手段激发学生学习音乐的兴趣，鼓励学生在音乐实践活动中积极探索、实践，加深对音乐的理解。

## 资源利用

教学光盘，钢琴，舒伯特的《小夜曲》，打击乐器。

## 教学目标

1. 能有感情地演唱歌曲，体会山谷的美丽、宁静。

2. 认识渐弱力度记号，体会力度记号在歌曲中的作用。

3. 能在对比、体验、实践、创作的基础上，以多种不同的、有趣的方式来表现歌曲。

## 教学重难点

重点：以不同的方式演唱歌曲。

难点：知道歌曲最后一个乐句中的四分休止符和力度记号的唱法。

## 教学过程

**一、导入新课**

以舒伯特的《小夜曲》为背景音乐，教师有感情地朗读歌词，导入新课教学。

**【设计意图】**歌曲的词如诗一般美妙，在背景音乐的渲染下，更体现了山谷的奇妙、美丽和宁静，使学生很快就能进入歌词所描绘的意境之中。

**二、欣赏歌曲**

1. 初听歌曲，感受歌曲的情绪和节拍。

2. 复听歌曲，体验$\frac{4}{4}$拍的指挥图示和强弱规律。

**【设计意图】**音乐是聆听的艺术，在欣赏中让学生感受歌曲美妙的旋律和动人的歌词，加深学生对歌曲的整体感受，为学生学唱歌曲打好基础。

**三、学唱歌曲**

1. 哼唱旋律。

要求：

（1）唱准1、2小节中的八分休止符。

（2）唱够3、7小节中的附点四分音符的时值。

（3）唱好5、6小节中的切分节奏。

**【设计意图】**通过哼唱歌曲旋律，既能练习科学的发声方法，又能为学唱歌曲作铺垫。由于四段歌词的旋律基本相同，看似很长的歌曲经过旋律的提炼，歌曲就显得短小而简单，学起来也很容易。

2. 填唱歌词。

要求：

（1）引导学生唱会各段歌词。

（2）用圆润的音色和饱满的热情朗读歌词。

（3）用高位置的发声方法演唱歌曲。

**【设计意图】**在平时的教学中，应注重引导学生用科学的方法演唱歌曲，使学生养成良好的歌唱习惯，在歌声中感受音乐的美。

3. 解决难点。在教师指导下用五个步骤解决难点。

4/4　0 3 1 1 5 0 | 0 5 3 3 1 0 | 0 6 5 – | 5 0 5 1 0 ‖

（1）用“空”读出四分休止符时值。

（2）张嘴不出声读出四分休止符时值。

（3）在心里读出四分休止符时值。

（4）区分三种力度记号在这一乐句中的唱法。

（5）完整演唱这一乐句，表现出地质队叔叔小铁锤的“叮咚”声由近及远、渐渐消失在山谷中的感人场景。

**【设计意图】** 在这一乐句中，既有四分休止符，又有三种不同的力度记号，学生在这里大多会出现问题，所以要用方法巧妙地解决，还要唱出感人的意境。

4. 创编引子。教师引导学生将歌曲1、2小节的旋律稍作变化，创作出四小节的引子，让学生唱出多声部，以表现山谷的悠远、宁静和美丽。

4/4　30　10　5̣ – | 50　30　1 – ‖ 变成引子

4/4　3　1　5̣ – | 5̣ – – – | 5　3　1 – | 1 – – – ‖

5. 模仿演唱。学生仔细聆听教师加入的伴唱形式，并模仿表现出来，达到简单、有趣、好听的合唱效果。

**【设计意图】** 模仿是创作的必经之路，小学生的创作主要是以模仿为主。通过模仿来演唱表现歌曲，会使歌曲听起来很丰富。这样做既能提高学生音乐合作学习的能力，又能培养学生的创新意识。

6. 变词演唱。教师将歌曲《山谷静悄悄》的题目改成《山谷真奇妙》，请学生大胆地将2、3段歌词中的“静悄悄”稍作改变，同时用不同的速度和力度来表现歌曲，在改变中体会不同的歌曲意境，并尝试创编简单的肢体动作。

（1）第一段用弱的力度和慢的速度表现山谷里的宁静和缥缈。

（2）第二段用中强的力度和稍快的速度表现山谷里花儿开放的闪耀和奇妙。

（3）第三段用强的力度和快的速度表现山谷里小溪流水和动物蹦跳的热闹场面。

（4）第四段学生自己讨论并尝试设计不同的速度和力度表现地质队叔叔工作时的情景。

**【设计意图】** 鼓励学生展开想象大胆尝试，在探索、体验的过程中享受创作的乐趣，将创新的精神贯穿于整个教学中。

**四、课堂小结**

师：今天老师和同学们共同欣赏、演唱、表现了歌曲《山谷静悄悄》。在唱熟歌曲之后，我们共同创编了引子，在引子中又唱出了多个声部。我们还用了多种方式表现歌曲，使歌曲听起来更加美妙动听、丰富而有层次感。老师希望同学们在今后的音乐学习中积极开动脑筋、勇于创作。

## 教学反思

《山谷静悄悄》是一首轻柔、优美、动听的歌曲。当我唱起这首歌时，我被歌曲的旋律打动了，更让我感到惊讶的是歌词太美妙了，它就像一首小诗一样萦绕在我的心间，让我久久不能平静。于是一个奇思妙想诞生了，我要打破以往教学的导课方式，用歌词来导课。在舒伯特《小夜曲》悠扬的背景音乐下，如诗般的歌词沁入了学生的心田，把他们带到了宁静、美丽、神奇的山谷之中……

俗话说，良好的开端是成功的一半。学生的心一下被抓住了，我带领着学生畅游在音乐的海洋中，开始了本节课的教学活动。

先要引导学生聆听歌曲，因为音乐是听觉的艺术，只有在听的过程中才能感受到美。每一次聆听我都会提出不同的问题，让学生带着问题听，这样他们才不会茫然，才能为学唱歌曲做好充分的准备。

在学唱歌曲的过程中，我巧妙地运用了五个步骤解决难点，使学生在不知不觉中轻松愉快地唱会了歌曲的最后一个乐句。学生不仅唱会了这一乐句，而且能区分乐句中三个不同力度记号的唱法，并能准确表达四分休止符在这一乐句中的运用。

在唱会歌曲之后，为了充分调动学生学习的主动性和积极性，我又运用多种手段和教学方法引导学生投入音乐活动中。首先，歌曲 1、2 小节的旋律保持不变，但时值延长，创编出了歌曲的引子。在演唱引子的过程中，我又巧妙地引导学生唱出了简单的四个声部，效果和意境非同一般。其次，创编的衬词和变化的唱法更为歌曲增添了色彩，使歌曲在听觉上更丰富、更完美，学生早已融入了山谷中，感受着它的魅力。

在歌曲教学的过程中，虽有创意和收获，但也存在着遗憾和不足。由于时间有限，某些想法还没来得及尝试就匆匆下课了，不知道这些想法会产生怎样的教学效果，学生是否容易接受；自己在课堂中的亲和力还不够；学生的个性还没有充分挖掘出来；某些环节的处理还不够细腻、深入。我一定会继续努力尝试、反复修改，在教学中形成自己的风格，让音乐走进每个学生的心间。

## 个人简介

胡静，女，小学高级教师，西安市新城区兼职教研员，陕西省合唱协会会员，现任西安市育英小学音乐教师。撰写的论文、教学案例、教学设计多次获全国、省级、市级奖项。课例《小雨沙沙沙》在中国教育学会年会上获优秀课例一等奖；录像课《牧场上的家》在陕西省中小学薄弱学科优秀录像课评比中荣获一等奖；教学设计《雪花》在全国中小学教学设计评选中荣获三等奖；论文《如何在音乐课堂中培养学生的音乐个性》在全国第一届中小学生艺术展演活动论文评选中获三等奖和陕西省第一届艺术教育科学论文评比二等奖。所辅导的学校合唱队在全国、省、市、区各类艺术展演活动中多次获奖。个人多次被评为西安市新城区优秀教师、西安市新城区青年岗位能手、西安市骨干教师、陕西省教学能手。个人事迹曾在陕西省《音乐天地》杂志上刊登。

## 专家点评

胡静老师执教的《山谷静悄悄》这堂音乐课充满激情且富有创造性，她打破了以往传统的教学模式，用别出心裁的风格进行大胆尝试，为学生提供了创造性和趣味性的音乐学习情境，激发了学生对歌曲的好奇心，使学生轻松愉快地进入音乐学习中。这是一节成功的音乐课，教师在教学中主要体现了以下几个教学理念。

**一、把握歌曲情绪，以音乐审美为核心进行课堂教学**

音乐是聆听的艺术，只有通过聆听才能感受到歌曲的情绪，更好地表现歌曲。这堂课，教师通过朗读歌词引导学生感受歌词的美，通过肢体的律动感受歌曲旋律的美，学生在教师的引导下尽情地感受歌曲情绪、表达歌曲意境，达到了寓教于乐的效果。

**二、饱含激情地面向全体学生进行课堂教学**

教师在教学过程中能面向全体学生，用亲切、自然和富有创造性的语言与每一个学生进行心灵沟通，鼓励学生用不同的方式感知、体验和表现歌曲，让学生在轻松愉悦、和谐互动的气氛中主动参与学习，最大限度地发挥每个学生的学习潜能和学习热情，发展学生的想象力、创造力和音乐综合表现力。

**三、开拓思路，运用多种方式进行课堂教学**

教师为了避免传统音乐教学中单纯唱歌形式的出现，在教学过程中积极运用多种感受音乐的形式，把各种音乐活动整合起来，层层深入，展开教学，形成一个内容丰富的教学整体。尤其是在演唱过程中各种形式的变化更体现了教学活动的多样化。例如，学生在唱好歌曲的基础上，通过模仿教师的演唱，巧妙地使歌曲演唱变成了二声部的合唱形式，提高了学生的学习兴趣。

**四、勇于实践，运用创新的思维进行课堂教学**

教师注重音乐实践中的探究性练习和创造性活动。在实践与探索中，教师善于用新观点、新方法引导学生去探索、创造，培养学生的创新精神和创造能力。比如，用师生共同创编引子、改变歌词、改变速度力度等形式尝试表现歌曲，这种用实践活动巩固所学知识并通过实践活动培养学生实践探究与创造能力的方法，值得提倡。

总之，一堂好课是在变化着的课堂教学中不断改进完成的，正所谓“教无定法，学无定法”，它既需要理论的支撑，也需要不断积累教学经验。教师不应该在课堂中套用固定模式，也不应将自己认为好的东西都往课堂上堆，强加给学生，而应以学生现实的发展水平、接受能力、兴趣爱好为出发点，结合音乐体验，感受音乐、学习音乐，成为学习音乐的主人。

陕西省教育科学研究所　王　霞

# 《杨柳青》教学设计

宝鸡实验小学　赵云丽

## 教材分析

《杨柳青》是一首在江苏地区广为流传的民间小调，它以衬词“杨啊杨柳青”而得名。歌曲通过对党的赞颂，抒发了美好生活所带来的喜悦之情和对家乡的热爱。歌曲欢快、活泼、热情、风趣，衬词在歌曲中占有十分重要的地位，是扩充乐句的重要手段。第一、二两个乐句均为6小节，其中末两节均为衬词，第三、四乐句则全由具有浓郁的地方风格的衬词构成，创造了一种诙谐的情趣，突出了江苏民歌的风格特点。

## 学情分析

四年级的学生在经过一至三年级的音乐学习后，已经形成了良好的音乐学习习惯，对音乐知识有了初步的认识和积累。对他们而言，音乐的学习是在好奇、好动的过程中发展起来的，属于小学音乐学习的第二个阶段。学生对音乐的学习已由初步的了解、认识升华到更进一步地探知音乐领域的调式、曲式，尝试合唱，掌握一定的音乐学具的演奏等。对此，作为音乐教师，有责任和义务引导学生走进音乐世界，为他们打开学习音乐知识的大门，帮助学生学习音乐、了解音乐，从而喜欢音乐。

## 资源利用

钢琴，教学光盘，多媒体课件。

## 教学目标

1. 体验、探究江苏民歌的风格特点，并能用扬州方言演唱歌曲。
2. 掌握附点八分节奏，能用轻快、活泼的声音演唱歌曲。

## 教学重难点

重点：用轻快、活泼的声音演唱歌曲。

难点：能用扬州方言演唱歌曲，准确运用附点八分节奏表现歌曲。

## 教学过程

### 一、谈话导入，激发兴趣

1. 师：同学们，很高兴今天能和咱们班的同学一起上音乐课。我姓赵，同学们可以叫我赵老师。第一次见面，老师要送同学们一份礼物，是什么呢？一起来听！

2. 教师范唱歌曲《杨柳青》，学生聆听，感受歌曲的情绪和风格。

3. 师：歌曲给你什么样的感受？和我们平常学习的歌曲一样吗？（生答，略）

4. 师：同学们，你们真是让老师刮目相看，聆听音乐的习惯非常好！我们中国有好多好多的民歌，因为地域的不同，又是各地的方言，所以就产生了不同风格特点的民歌。今天就让我们一起来学习一首江苏扬州民歌《杨柳青》。

5. 师：《杨柳青》是江苏扬州地区最富代表性的民歌之一，歌曲因衬词“杨呀杨柳青”而得名。

**【设计意图】**教师送礼物，引起学生的好奇，紧接着教师的范唱，更是让学生对江苏民歌有了探究的欲望。

### 二、聆听作品，整体感知，突破难点

1. 聆听，了解歌曲的内容。

师：再次听这首歌曲，你有什么感受？情绪是怎么样的？

小结：江苏是鱼米之乡，生活在这里的人民是勤劳的，这首歌曲轻松、活泼，充满活力，表现的是当地老百姓下田耕地劳作的情景，表达了劳动人民过上幸福生活后愉快的心情。

2. 复听歌曲，感知歌曲的节拍、节奏。

师：《杨柳青》表现的是扬州人民下田耕地劳作的场景。这首歌曲是几拍子的作品呢？歌曲的节奏又有哪些特点呢？让我们在歌曲中寻找答案吧！

（1）解决附点八分节奏。

（2）对加衬词末尾的节奏做处理，在此处加拍手动作。

3. 对照歌谱，再次聆听歌曲，找出歌曲中的音乐知识，师生、生生合作解决。（一字多音的演唱）

师：同学们，歌曲中还有哪些乐理知识是你不懂的，哪个乐句是你认为比较难唱的，找出来让老师和同学帮助你。

4. 再次聆听歌曲，学生可小声跟唱歌曲。

师：聆听后，老师发现有一部分同学已经会唱歌曲旋律了。好吧！给你们一个展示的机会，一起小声跟唱一遍歌曲旋律吧！

**【设计意图】**《义务教育音乐课程标准》（以下简称音乐新课标）提出，完整而充分地聆听音乐作品，在对音乐的体验与感受中，享受音乐审美过程的愉悦，体验与理解音乐的感性特征与精神内涵。基于这样的理解，在学生一遍一遍地聆听中，突破歌曲的难点“附点八分节奏”、拍号，以及八分休止等乐理知识，学生学得轻松、愉快。

**三、完整演唱歌曲，体会歌曲的情感**

1. 学生有节奏地读歌词。

师：同学们在读歌词过程中发现了什么？（歌曲的衬词太多）

师（小结）：同学们太厉害了！是啊，有太多的衬词，你觉得有意义吗？能去掉吗？衬词没有实际意义，但这首歌曲是民歌，有它的地域特点，衬词起着烘托气氛、抒发情感的作用，要轻唱。

2. 学生再次有节奏地读歌词。

师：同学们，歌词读得真好，要是再注意一下情绪，会更好！比如，嗬嗬依嗬嗬，农民伯伯下地，看到露水充足，麦苗有水喝，是高兴呢？还是……

3. 学生有感情地读歌词。

师：不错，字正腔圆，提出表扬。同学们，能唱吗？

4. 学生跟钢琴伴奏轻声演唱歌曲。

师：同学们，轻声演唱歌曲，音高位置不变，力度弱一些，音量小一些，能做到吗？

5. 教师和学生接龙接唱。

6. 男女生接龙接唱。

7. 学生齐唱歌曲。

8. 我们一起来设计。（出示课件）

情绪：欢快活泼

速度：中速稍快

声音：明亮轻快

师：轻快跳跃，衬词要轻。

9. 学生完整演唱歌曲。

**【设计意图】**这首歌曲有多处难点，学生掌握起来有困难。通过读、师生接龙、对比等方法，教师引导学生掌握歌曲歌词衬词多的特点及一字多音的演唱方法。不失时机地评价让学生有主动学习的动力，激发了学生的学习兴趣，也让学生体会到歌曲活泼欢快的情绪。学生在与教师、同学的互动中感受到音乐学习可以是自主的，也可以是和同学合作的，更可以是师生合作的。音乐学习充满快乐、活力和无穷的魅力，学生就会有始终学下去的愿望！

**四、方言演唱歌曲，感受民歌的地域特点**

1. 师：你们真是乖乖龙地咚！大家一定很奇怪，“乖乖龙地咚”是哪儿的话？是什么意思？这是江苏扬州话，很好、很棒的意思，我们来学一学。给自己加油！

2. 师：扬州话说起来比较柔，细声细语的，人们又把它叫“吴侬软语”，前鼻音较多，发音的位置相对靠前，翘舌音要读成平舌音。

3. 指导学生读歌曲的衬词。

4. 学生和教师接龙读歌词，感受扬州方言的特点。

师：同学们读得很地道，那咱们用方言唱起来吧！

5. 尝试用方言演唱歌曲。

6. 学生自己评价。

**五、课堂小结**

师：这节课很快就要结束了，同学们，你们有什么收获呢？大家一起来说说！

师：真是一方水土养一方人，江苏民歌也和江苏人民一样温婉细腻。请将我们的民族音乐好好珍藏，好好发扬光大！今天的课就上到这里，谢谢大家。

## 教学反思

《杨柳青》一课的教学目标设计是让学生在唱会歌曲后能用方言演唱歌曲，并能主动参与到音乐实践活动中，体现了新课改的教育理念。本课设计，我从教材入手，从学生的实际出发，设计教法，突破教学重难点，让学生在轻松愉快的氛围中学习音乐知识、技能、技巧，并鼓励学生大胆地进行音乐实践活动，真正让音乐课成为学生愉悦性情、陶冶情操、形成品性的殿堂。

在整个歌曲教学环节中，我始终关注学生学习音乐的兴趣。以送学生礼物为开端，让学生的视线始终围绕在我身上，然后以声情并茂的演唱打动学生、感染学生，学生听得投入、认真，思考、回答问题很踊跃。以多次聆听和解决问题的教学，使学生的注意力集中在歌曲中、在问题答案中。由于多次聆听的铺垫和问题的生成、解决，学生对歌曲已经能达到哼唱的程度。通过有节奏地读歌词、再次有节奏地读歌词、有情绪地读歌词，一遍一遍地反复实践，使学生熟练掌握歌曲，然后教师再不失时机地点拨、鼓励，使学生情绪高涨，对歌曲的学习如行云流水，既顺利又完整。在学生演唱熟练的基础上，我又以扬州方言的范唱，再次激起学生学唱民歌的浓厚兴趣，以个别字用方言发音开始，学生学得起劲，教师教得轻松，学生在愉快、和谐的歌曲演唱中提升了音乐审美能力。学生了解了民歌是以地方方言为基础，老百姓自发创作的，增强了学生对民族音乐一直学下去的兴趣，激发了学生学好民族音乐的信心。

**一、准确地确立教学目标很重要**

在确立教学目标时，教师要根据学生的特点，既重视音乐知识技能的训练，又要培养学生健康的情感，同时还要激发学生积极参与音乐实践活动的兴趣，培养学生的音乐审美能力。因此，《杨柳青》的教学目标设定为：体验、探究江苏民歌的风格特点，并能用扬州方言演唱歌曲；掌握附点八分节奏，能用轻松、活泼的声音演唱歌曲。

**二、以听觉为先，突破教学重难点**

音乐是听觉的艺术，音乐以审美为中心。在本课教学中，我从学生对音乐的感受入手，以情动人，以美育人，让学生在反复聆听中，掌握歌曲的“一字多音”的演唱。为了突破这一难点，我首先根据学生喜爱模仿的特点，先让学生听辨教师的范唱，体会音乐所表达的情感，再让学生试唱、模唱，从而达到教学目的。学生学习音乐的畏难情绪没有了，更多的是自信、轻松。

整节音乐课，可以说十分流畅、完整。学生在多次的聆听中，完成了对教学重难点、知识点的学习，体现了音乐是听觉艺术这一特点。但这节音乐课也存在一些不足，如教学环节的衔接不够紧密，学生参与音乐的方式过于单一，应该放开手脚，相信学生的能力，设计一些活泼的方式让学生参与音乐实践。在今后的教学中，要多加注意。

## 个人简介

赵云丽，女，小学二级教师，宝鸡实验小学音乐教师，音乐教研组长，宝鸡市音乐教研员。先后获得“宝鸡市青年教师教学能力市级达标者”“金台区教学能手”“宝鸡市教学能手”“陕西省教学能手”等荣誉称号。多篇论文、教学设计在《宝鸡教育》杂志上发表，同时在陕西省教育学会优秀教学设计评选、陕西省课改实验与教研征文大赛、陕西省“十一五”校本教研成果评选、陕西省基础教育教学成果论文类评选中获奖，课堂教学实录在陕西省中小学薄弱学科优质教学录像课评比中获一等奖。

## 专家点评

本课的执教者赵云丽老师在教学设计中全面贯彻新课标理念，在研读教材和分析学情的基础上创造性地使用了教材，对教学内容进行了大胆重组和拓展。在教学过程中，赵老师以学生为本、以音乐审美为核心，紧紧抓住民歌的特点，用开放的教学模式，激发学生的学习兴趣，让学生在音乐实践活动中积极参与体验音乐教学的全过程。整堂课，教师充分发挥声乐特长，围绕音乐新课标中“弘扬民族音乐，理解音乐文化多样性”这一理念，通过设置不同的情境，为学生介绍了江苏民歌的风格特点，并通过听赏结合、实践探索、合作表演等方式开展教学，充分发挥了教师的主导作用和学生的主体地位。

**一、方法灵活，激发兴趣**

本课教学经历了教学准备—导入—展开—拓展—总结这一过程，思路清晰，环环相扣，步步深入。教学设计的全过程体现了新课程理念，以调动学生的学习积极性、引导学生体验音乐情感与内容、发展学生音乐能力为出发点，紧紧抓住江苏民歌的地域与方言的特点，让学生在高效的音乐实践中，比较、理解、掌握江苏民歌《杨柳青》的旋律特点、节奏特征等，把音乐教学的主要内容落实在揭示音乐要素上，使得学生不仅学会了一首歌曲，更重要的是还认识了民歌的地域特色，喜欢民歌、爱唱民歌了。整个设计和教学过程充分体现了音乐学科的特点，关注音乐本体，巧妙地将知识与技能贯穿于整个教学环节之中，体现了“教师为主导，学生为主体，创造参与为手段、为目的”的教学理念。

**二、落实“四基”，提升能力**

音乐新课程提出，应培养学生对音乐的持久兴趣，发展学生音乐听觉与欣赏能力、表现能力和创造能力，形成基本的音乐素养。聆听是学习音乐的前提，只有让学生熟悉旋律才能顺畅达到唱会旋律、唱会歌曲的目的。本节课，教师在歌曲学习的开始环节，始终让学生带着问题聆听音乐，通过多次聆听，学生熟悉了歌曲的内容、节拍、情绪、风格特点、难点乐句等，而这些都是教师精心设计，在学生与学生的互动、互帮中完成的，学生自主学习的能力得到了充分锻炼。

**三、潜移默化，教会方法**

实践是学生学习音乐技能技巧的最好手段，在这个过程中教师教会学生两种技能技巧。(1) 读歌词的技巧：有声音位置地、音高不变地、有节奏地朗读歌词，为培养学生歌唱的状态和良好的歌唱习惯打下基础。(2) 轻声演唱方法。轻声演唱是运用较小的音量，有良好的气息支持，声音集中而具有丰富表现力的歌唱方法，可以培养学生正确的歌唱方法和歌唱习惯。整个教学过程中，执教老师一直在示范以上两种技巧，并且运用了对比的方法，让学生在眼睛看、耳朵听的双重作用下，及时地掌握。

**四、教师主导，促进发展**

作为一名音乐教师，扎实的音乐基本功是上好一堂音乐课的重要因素。赵云丽老师的教学基本功非常扎实，这也是本节课的一大亮点。课堂要教授的民歌《杨柳青》，她能用普通话和扬州方言来准确地范唱，使学生“听得见、看得到”，这种最直观的教学手段是真实的、鲜活的。教师以饱满的热情演绎民歌《杨柳青》，能充分激起学生的共鸣，对学生的情感投入产生潜移默化的影响，让学生最直观地体验音乐的美、发现民歌的美，拉近了学生与歌曲的距离，给学生营造了融洽、和谐的学习氛围。

纵观本课，师生歌声美、课件美、音乐美，充分体现了以“音乐审美为核心”的教学理念。

陕西省教育科学研究所　王　霞

# 《打花巴掌》教学设计

西安市碑林区东羊市小学　李　娟

## 教材分析

《打花巴掌》是人民音乐出版社小学音乐二年级上册的教学内容。这是一首说唱风格的北京儿歌，歌曲为2/4拍、一段体、五声商调式，旋律欢快、流畅，有着浓郁的河北民歌的音调。打花巴掌是北京地区的一种传统的儿童游戏，游戏规则为两人一组，边拍手边按季节数着花的名字，念说着合辙押韵的顺口溜。对于这样的游戏，学生特别喜欢。

## 学情分析

小学二年级学生的好奇心强，活泼好动，善于模仿，但有意注意的持续时间较短。根据学生的年龄特点，结合本课教学内容，在教学方法的选择上主要采用游戏的形式，营造愉悦、欢快的学习氛围，运用多种活动增强学生参与的广度和深度，使他们在亲身体验中有效地学习，激发他们的学习欲望和兴趣，从而提高学习效果。

## 资源利用

钢琴，多媒体课件，教学挂图。

## 教学目标

1. 用活泼而有弹性的声音演唱歌曲《打花巴掌》，在学唱过程中，对北京民歌的说唱风格有初步的了解。

2. 能在音乐实践中编创适当的歌词，愿意参与地方童谣的说唱表演，能够体验童谣音乐带来的快乐。

3. 在“说童谣，唱儿歌”的活动中对具有地方特色的传统音乐文化产生兴趣。

## 教学重难点

重点：用活泼而有弹性的声音演唱歌曲。

难点：准确地按节奏拍击，边唱歌边做拍手游戏；能在音乐实践中编创适当的歌词。

## 教学过程

**一、组织教学**

1. 师生问好。

2. 师生共同律动，做各种拍手动作。

**【设计意图】**教师用音乐的语言向学生问好，拉近了师生之间的距离，配合本课歌曲进行的律动表演，一下子把学生从音乐课堂带入到了游戏的愉快场景中，在教学伊始就营造了一个其乐融融、轻松愉悦的教学氛围。

3. 节奏游戏。从拍手游戏节奏一步步过渡到歌曲的难点节奏：

××××　× | ××　× | ×.×　×× | × ×　× |

**【设计意图】**根据学生的年龄特点，利用其已有的知识经验，从学生感兴趣、熟悉的拍手游戏进入本课学习，有效地突破了难点节奏。

**二、学唱歌曲**

1. 谈话法导入本课歌曲《打花巴掌》。

2. 初听歌曲，感受歌曲的情绪、速度。了解打花巴掌游戏的玩法。

3. 再听歌曲，熟悉歌词内容，初步了解北京民歌的说唱风格。

4. 三听歌曲，教师范唱，引导学生关注歌曲咬字吐字的特点，感受北京民歌的京腔京韵。

**【设计意图】**音乐是聆听的艺术，在上一环节营造的轻松愉悦氛围中，本环节要求学生带着问题反复聆听歌曲，感受歌曲表现的情绪内容，了解歌曲的说唱风格，关注歌曲在咬字吐字方面的地域特点，激发学生对传统音乐文化的热爱。

5. 学习歌曲。

（1）指导学生用北京方言按节奏朗读歌词的第一部分。

（2）用“LU”哼唱歌曲旋律。

（3）师生接龙演唱整首歌曲。

（4）完整演唱歌曲。

(5) 边玩拍手游戏边完整演唱歌曲，引导学生有感情地表现歌曲。

**【设计意图】** 在学习歌曲的过程中，教师始终以学生游戏伙伴的身份与学生们共同参与。通过用方言朗诵歌词、师生接龙演唱等多种方式，使教学过程充满童趣，自然流畅，让学生在游戏中快乐地掌握知识。

6. 引导学生创编5～8段歌词，要求歌词合辙押韵。

7. 用游戏的方式引导学生学习曲谱。

8. 多种形式完整表现歌曲。

**【设计意图】** 拍手游戏配合歌曲演唱将本课推向高潮，教师抓住学生的兴奋点适时引导其为歌曲创编歌词，通过分组表演的形式激发学生的创编兴趣，发挥了学生“我要学”的主人翁意识。

**三、拓展延伸**

教师出示陕西地方童谣《猜字童谣》，引导学生关注本土童谣，在拍击童谣的过程中激发学生对传统音乐文化的热爱。

猜字童谣

× × × × | × o | × × × × | × o |
一 点 飞 上 天， 黄 河 两 道 弯，
× × × × | × o | × × × × | × o |
八 字 大 张 口， 言 字 行 进 走，
× × × o | × × × o | × × × o | × × × o |
你 一 扭， 我 一 扭， 你 也 长， 我 也 长
× × × × | × × × | × × × o | × × | × o |
中 间 坐 个 马 大 王， 心 字 底， 月 字 旁，
× × × × | × × × | ×. × | × × | × × × |
画 个 勾 搭 挂 麻 糖， 推 个 车 子 游 咸 阳。
×. × × × | × × | × — |
推 个 车 子 游 咸 阳。

**【设计意图】** 引导学生关注本土音乐文化，培养学生的民族自豪感。

**四、课堂小结**

师：同学们，今天这节音乐课我们学习了一首说唱风格的北京儿歌《打花巴掌》，还用陕西方言朗诵了一首本土童谣《猜字童谣》，童谣丰富了我们的音乐课堂，让我们的童年时光充满乐趣。我们国家还有很多地方的童谣都非常好听，十分有趣，如果你有兴趣不妨搜集一些，下节课我们一起来分

享，让地方童谣为我们的童年留下美好的回忆。同学们，再见。

## 板书设计

打花巴掌

×××× × | ×× × | ×.× ×× | × × × |

创 编

歌 词

## 教学反思

《打花巴掌》是一首具有说唱风格的传统北京儿歌，二年级的学生对传统的民间歌曲了解甚少，却又充满了好奇，因此，我根据学生好奇心强、活泼好动的特点，抓住“童趣”这个主题，创设情境，将游戏贯穿本科教学的始终，让学生在玩中体验、玩中创造、玩中感受童年的乐趣。

**一、巧设导入，提高参与兴趣**

教学伊始，我设计了课间游戏的律动表演，通过和学生共同做各种拍手动作，营造了愉悦、欢快的学习氛围，一下子把学生从音乐课堂带入到了游戏的愉快场景中，拉近了师生之间的距离。

**二、拍手游戏，轻松突破难点**

教学中，如何让学生准确地拍击节奏、清晰地朗读歌词是唱好这首歌曲的关键。为了使学生轻松地突破难点，我从学生感兴趣、熟悉的拍手游戏入手，利用他们已有的知识经验，不断变化游戏方法，一步步过渡到歌曲的难点节奏，让学生在游戏比拼中感受体验，在轻松愉悦的氛围中掌握知识。

**三、创编歌词，激发创作激情**

学生做着拍手游戏，开心地演唱童谣，将本课教学推向高潮，不知不觉中歌曲演唱结束了，同学们还沉浸在游戏的愉悦氛围中意犹未尽。我抓住学生的兴奋点，适时指导他们为歌曲创编新的歌词，并通过分组表演竞赛的形式把各组创编的结果展示给大家，这一举动极大地激发了学生的参与热情和创作激情，让学生在团队合作中获得了成功的体验。

**四、本土童谣，提升民族自豪感**

这一环节的设计是本课的一大亮点，我在富有地方特色的秦腔曲牌的伴奏下，用陕西方言朗诵本土童谣。朗诵结束时，学生异口同声地说出了谜底。用家乡话朗诵本土童谣，极大地提升了学生的民族自豪感，为本课画上了一个完美的句号。

当然，教学中也有一些不足之处，主要是本课在内容安排上容量有些大，在今后的教学中我会根据不同学生的实际情况对教学设计有所删减，给学生一个消化的空间。

## 个人简介

李娟，女，小学一级教师，现任职于西安市碑林区东羊市小学，碑林区兼职教研员。先后获得“陕西省教学能手”“西安市教学能手”“碑林区教学新秀”等荣誉称号。长期在音乐教学一线工作，多次代表学校参加全国、省、市、区各级教学比赛，经常为同行教师做示范课。参加 2012 中国教育电视优秀教学课例评选活动荣获二等奖，参加第六届全国中小学音乐课评比荣获三等奖，参加陕西省中小学薄弱学科优秀录像课比赛荣获一等奖，参加西安市义务教育新课程优质课评选活动荣获一等奖。论文《巧用歌曲，轻松开启戏曲教学大门》在国家级刊物《新课程·教师》杂志发表，并荣获优秀论文一等奖。

## 专家点评

李娟老师执教的《打花巴掌》一课，从学生的年龄特点出发，结合新课标理念，将游戏教学贯穿教学的始终，让学生在听、唱、演中轻松地掌握了知识；在丰富多彩的游戏中，感受体验到了音乐的美；在编创活动中，培养了学生的创造能力和团队意识；在本土文化的熏陶下，提升了学生的民族自豪感。纵观本课教学，我认为有以下特点。

**一、游戏激趣**

教学设计以游戏为主线，选取的游戏活动都是与本课内容息息相关的，有趣味性。愉悦的游戏氛围让课堂充满快乐，让知识的获取过程变得轻松，让学生的自主能力得到了进一步提升。

**二、示范动情**

本节课，教师的示范引领准确到位，充满激情。从歌曲演唱的情绪、音色的选择到动作的表演、眼神的传递，都说明教师具有扎实的基本功，以及对作品准确的把握和对学生浓厚的爱。我们常说，没有“情”的音乐课是枯燥、无味、没有生命力的。李老师用自己对音乐的热爱、对学生的喜爱成功完成了本节课的教学任务，点燃了学生心中对音乐的爱。

**三、拓展激情**

本课的拓展环节教师设计了诵读陕西地方童谣，配合秦腔曲牌的乐曲，教师用陕西方言激情地朗诵《猜字童谣》，亲切的乡音，如层层涟漪激起了学生对本土文化的热爱，激发了学生心中浓浓的民族自豪感，也在无形中培养了学生传承民族音乐文化的责任感。一节音乐课在传授音乐知识的同时能开启学生的创新思维，叩击学生情感的大门，使他们终身受益无疑是成功的。

当然，在本课的教学中还有一些细节教师需要注意。比如，在给予学生评价时语言应再准确些，丰富些；教学内容的选择上再精炼些，教学的效果可能会更好。

陕西省教育研究科学所　王　霞

# 《小鸟请到这里来》教学设计

西安市莲湖区西关一小　钱　瑛

## 教材分析

《小鸟请到这里来》是人教版小学音乐四年级下册的一首歌曲。歌曲展示了一幅山清水秀的图景："树木长成排""草地像绿海""清泉为你流""鲜花为你开"，只有在这样的环境中小鸟们才能自由飞翔，尽情歌唱。歌曲的主题是"我们愿听你歌唱，一起生活多愉快"，而"画外音"是我们将创造和保持这样的环境，直到永远。歌曲抒发了少年儿童要与小鸟和谐相处的美好愿望。

歌曲的旋律亲切动人，有两个乐段，第一乐段较简单，学生易学易记，第二乐段是二部合唱，自由飞翔的景象。

## 学情分析

四年级的学生已经系统掌握了一些最基本的音乐知识，具备一定的演唱能力、欣赏能力和表现、分析作品的能力。他们学习了很多内容健康、旋律优美、动听的儿童歌曲，感受音乐美的同时也具备了一定的创编能力，但还需要进一步系统学习来获得更多的音乐知识，加深对音乐的了解。

## 资源利用

钢琴，多媒体课件。

## 教学目标

1. 学唱歌曲《小鸟请到这里来》第一乐段和第二乐段一声部。

2. 能明亮、轻快、活泼地演唱歌曲，并能用律动表现歌曲。

3. 知道应该为保护环境做什么，知道环境与小鸟的关系，激发热爱鸟类、热爱森林、热爱大自然的情感。

## 教学重难点

重点：学唱歌曲，演唱时声情并茂。

难点：附点音符与弱起小节唱准确。

## 教学过程

**一、呼唤绿色**

1. 导入：我们来看一只小鸟的经历吧。

2. 播放课件：我是一只快乐的小鸟，无忧无虑地生活在大森林里，突然有一天，人类进入了这片森林，使我们的生活发生了翻天覆地的变化……

3. 讨论：小鸟经历了什么？什么原因造成的？

4. 谈话：没有了绿色就没有了生命，没有了家园。今天让我们一同来呼唤绿色吧。

**【设计意图】**通过观看小鸟的经历，让学生对因环境变化而造成的影响有一个直观的认识，引起学生的共鸣，激发学生呼唤绿色的热情。

**二、寻找绿色**

1. 导入：绿色在哪儿？让我们和小鸟一起来寻找绿色家园吧。

2. 播放课件：画面是美丽的森林，音乐是《绿色的歌谣》。

3. 交流：绿色是什么？森林对人类有什么益处？

4. 学生自由回答。

**【设计意图】**让学生在情境中感受音乐所表现的绿色。

**三、绿色呼唤**

导入：绿色是生命的旗号，绿色是春天的梦想和微笑，你看绿色世界是多么得美好！（播放课件“树木长成排，草地像绿海，请小鸟到这里来吧！”）

1. 呼唤小鸟——初听歌曲第一乐段。

（1）学唱歌曲第一乐段：听教师范唱，听绿色向小鸟发出的呼唤。

（2）歌曲的情绪是怎样的？你们觉得小鸟听到绿色热情的呼唤会来吗？

（3）分乐句学唱第一乐段。（听唱法）

处理难点：

学生容易都唱成带有附点节奏的旋律，要个别纠正，乐曲中的“这里”要唱准确。

| 6·6 6 1 | 2 3 4 0 ‖
这里树木 长成排，

5 6 5 4 | 3 2 1 | 2 5· | 5 0 ‖
这里草地 像 绿 海。

2. 为小鸟领路——处理第一乐段。

(1) 比较下面两句旋律，哪句的情绪更亲切？为什么？

3 4 5 | 2 3 4 3 1 | 5 - ‖
小鸟，请到这里 来。

3 4 5 | 6 3· | 2 3 4 3 1 | 5 - ‖
小 鸟 小鸟， 请到这里 来。

师：对！第二句增强了一小节，将“小鸟”重复了一次，使人觉得更恳切和亲切，不像第一句那样生硬。

(2) “这里树木长成排”“这里清泉为你流”这两句旋律一字一音，要注意吐字的清晰，要像一粒粒珍珠在滚动一样。

“这里草地像绿海”“这里鲜花为你开”这两句旋律，句尾要开阔，要把对大自然美景的赞美之情尽情地抒发出来。

(3) 请同学们再唱一唱。(要求声情并茂)

3. 与小鸟共舞——学唱歌曲第二乐段。

(1) 听教师范唱：体会情绪，与第一乐段相比较，音乐发展了，旋律和力度上有什么变化？

生：旋律高了，情绪波动了，力度强了。

(2) 分乐句学唱。

处理难点：先体会弱起小节。

1 | 1 1 4 5 | 6 6 ‖
尽 情 地 唱 吧

(3) 过渡：两个相同的乐句过后又回到我们熟悉的开始部分。

(4) 指导学生完整地演唱一遍第二乐段。

(5) 律动：模仿小鸟飞翔的样子。

4. 邀请小鸟——声情并茂地完整演唱歌曲。

(1) 聆听：童声合唱《小鸟请到这里来》。

教师：每个乐句句尾的字“来、排、海、开”要归韵。应该用什么样的语气、什么样的表情来邀请小鸟呢？大家分组练习。

(2) 小组展示。

第一组展示第二组评价。

第二组展示第三组评价。

第三组展示第一组评价。

(3) 教师总结归纳，对学生的演唱进行评价，并指导学生完整演唱歌曲。

**【设计意图】** 在学唱过程中安排了四个环节，设计教学情境，引导学生了解歌曲的特点，分析、解决歌曲的重难点，使学生的学习自主轻松。

**四、呼唤人们**

1. 播放课件。听到小鸟的声音：“绿色世界真好！绿色是我们共同的家园，亲爱的人们，让我们行动起来吧，一起保护绿色，保护我们的家园！请你们用歌声将我们的同伴都邀请来吧！”

2. 师：让我们再一次热情地邀请小鸟们吧！

3. 学生与屏幕中的小鸟一起自由地边舞边唱！

**五、教师小结**

师：我相信，有了你们这些环保小卫士，地球的明天会更美好！

## 教学反思

传统的课堂教学注重知识的传授，一首优美动听的音乐在单纯强调知识技能的传授方法下，会显得枯燥乏味，使学生失去对音乐课的兴趣。

如今，新的课程理念让我得以解惑。新的课程目标强调学生的情感态度、学习方式和学习过程，并把情感态度放在了首位。上课伊始，我播放了一段自己制作的动画短片，短片展示了小鸟的家园——森林被人们砍伐，小鸟流离失所的凄惨画面，激起了学生保护环境、建设家园的迫切愿望，很好地达成了情感教育目标。在教学过程中，我引导学生在小组协作的互动学习中，通过聆听和试唱找到每个乐句的结束音，使学生很快熟悉了旋律，大大降低了学习歌曲的难度。在表现歌曲这一环节，我鼓励学生大胆创新，经过几分钟的酝酿之后，他们用歌声展示了自己对歌曲的理解。不足之处是学生的声乐演唱方法还需要进一步训练和提高，以免有高音唱不上去或破音的现象出现。

课堂实践使我认识到，激起学生的学习兴趣，让学生变被动为主动接受知识，会使课堂变得充盈而活泼。

## 个人简介

钱瑛，西安市莲湖区西关一小教师。2010 年荣获“西安市教学能手”称号，2011 年 10～12 月担任国培辅导教师，2011 年担任莲湖区青年教师基本功大赛评委，2013 年荣获“陕西省教学能手”称号。

## 专家点评

《小鸟请到这里来》是一节以唱歌为主的综合课。本节课打破了我们以往的学习歌曲的模式，即“导课—发声练习—范唱、学谱—唱词—情感处理……”呈现在我们面前的这节课已经看不到这些痕迹了。本节课教学以听觉领先，让学生在音乐实践活动中学会歌曲、唱好歌曲，是一节成功的音乐课。

### 一、始终把培养学生有感情的歌唱放在首位

教师引导学生从开口的第一个音，到读的每一个字、唱的每一乐句都要有感情地进行，突破了以往等唱歌技术成熟之后才进行艺术歌曲处理的教学模式。教学由浅入深、由表及里、由形到声。在学唱歌曲过程中，教师通过声情并茂的范唱打动学生，再借助多媒体图像的配合，使学生不仅有听觉的感受，还有视觉的感受，身临其境，拉近了学生与音乐的距离，使学生能更深入地理解歌曲，挖掘歌曲的内涵，达到有感情地歌唱，完成了本课的教学目标。

### 二、让学生唱好歌、会唱歌

本节课的教学设计以“小鸟”为主要人物，安排了“呼唤绿色”“寻找绿色”“绿色呼唤”“呼唤人们”四个教学环节，将情境教学法充分运用于课堂教学之中，通过学生的听、唱、看、想等实践活动，引导学生主动地参与表现，让学生学会在歌曲中表达感情，展示音乐风格。可见，教师对唱歌教学的重要性有了新的认识和理解，对唱歌教学的内容和方法进行了针对性的

实践探索。教师始终把学生的声音掌控在自己的手里，通过对声音的巧妙点拨、对细节的范唱引导，使学生在活动中和音乐对话，真正享受音乐的内涵美，最终使学生不但唱好歌，而且会唱歌。

**三、引导学生发现美、共同感受美、尽情表现美**

这节课中，教师充分挖掘歌曲所蕴含的音乐美，用自己对音乐的感悟激发学生的情感共鸣，用自己的歌声、琴声、语言将音乐的美传达给学生，最后再让学生演唱，使他们在艺术的氛围中获得美的愉悦，做到了以美感人、以美育人，有效提高了学生的音乐审美能力。教师十分重视歌曲处理环节，采用了对比、模仿等手段处理歌曲中的重难点，使学生掌握附点和弱气的唱法，并且以"小鸟"这条主线进行德育教育，使学生领悟到歌曲所表达的情感，进而用真情去演唱，从而达到音乐情感的升华！

教师高超的教学艺术可以使学生学得既扎实又灵活，既轻松又深入，给学生一种艺术的享受和难忘的幸福回忆，也给学生的人生带来了有益的影响。而高超的教学艺术来源于教师自身专业素养的不断提高和不懈追求。

陕西省教育科学研究所　王　霞

陕西省中小学教学能手优秀教学设计集

# 美术学科

# “绿色呼唤”教学设计

汉中市宁强县南街小学　沈洁琼

## 教材分析

森林为人类的生存和发展做出了巨大的贡献。本课围绕“画树”这一活动，让学生了解美术与人类生存环境之间的关系，主要的学习内容是画树。树的外形是由树干、树枝、树叶三个部分组成的。虽然树千姿百态，但都可以用近似的几何形体，如锥形或圆球形来表示。树枝长在树干上，前、后、左、右相互穿插，绘画时一定要注意其形态变化。树叶一般分为针叶、阔叶两大类，有向上、向下、向左、向右的生长规律。在色彩处理上，要把握水分、用笔、调色三大要点。（1）水分。不同湿度的色彩连接，效果不同；笔上的含水量不同，效果不同；不同时间的色彩连接，效果不同；纸张的质地不同，效果不同。（2）用笔。笔的形状、软硬不同，效果不同；用笔方法不同，效果不同；用笔的方向不同，效果不同；用笔的力度和速度不同，效果不同。（3）调色。加水能使一种颜色变浅，给一种颜色混合少许黑色、灰色或互补色能使色彩饱和度降低。教师应适当让学生掌握调出更多色彩的方法，在了解浓淡色的基础上，发现色彩的深浅变化情况，如教学定位是画一片树林，应突出前面的树，再逐层推远。作画步骤为先勾线，再涂上较淡的色彩，也可复勾。我把本节课定位于“造型·表现”学习领域。

## 学情分析

小学四年级的学生对美术课的兴趣比较浓厚，有一定的绘画基础和独立的绘画思维，大部分学生能够大胆发挥想象，较好地表现平面形象。他们的作品内容丰富、富有情趣，他们有将自己的想法用绘画形式表现出来的积极愿望，但在用绘画的形式概括事物的外形特征以及表现事物前后空间感方面，还有待提高。

## 资源利用

多媒体课件，自制教具，水彩笔，绘画纸。

## 教学目标

1. 了解树的结构及其特征，并能用流畅的线条勾画其动势，层次要分明。

2. 通过引导使学生在探究中发现用线条画树的基本方法和要领。

3. 激发学生热爱自然、保护环境的情感。

## 教学重难点

重点：了解树的结构及其特征，用流畅的线条表现自己心目中的一棵或几棵大树。

难点：运用线条变化表现出大树的特征、动势和层次。

## 教学过程

**一、创设情境**

1. 由“卫生筷”引出树木及环保话题。

教师出示画有树木图案的卫生筷，迅速掰开，请学生观察这一过程中图案的变化。

**【设计意图】** 引导学生观察树木图案，想到树木全部被折断的现象，引出乱砍滥伐现象。

2. 播放配乐课件，引导学生了解乱砍滥伐行为造成的严重后果。

**【设计意图】** 引导学生在视听感受中认识乱砍滥伐行为造成的严重后果，激发学生的环保意识。

3. 对比两种不同颜色的地球图片，激发学生的环保行为。

**【设计意图】** 通过对比，使学生明白种树可以改变地球环境，引出本课课题。

4. 出示课题：绿色呼唤。

**二、探究新知**

1. 分析树的结构和外形。

(1) 学生尝试用线条画自己心目中的大树。

**【设计意图】** 通过让学生画自己心目中的大树，了解全体学生的绘画基础及存在的与本节课学习相关的问题，全面了解学生知识水平的现状。

(2) 挑选有代表性的作品进行简要展评，发现树木的结构特点和不同树木的外形特点。

**【设计意图】**通过展评，对学生的绘画环节加以简要小结，并引导学生在自己的作品中发现不同树木的外形特点。

（3）教师引导学生总结树的外形特点：树虽然千姿百态，但可以用近似的几何形体，如锥形、圆球形来表示。

**【设计意图】**让学生在教师的引导下对树木的结构和外形特点有一个整体、概括的认识，为下一个环节的教学做铺垫。

2. 观察对比，发现树叶的表现方法。

（1）利用范画，引导学生感受线条曲直的变化可以表现不同叶子的特征。

**【设计意图】**引导学生通过观察范画中的不同线条，发现线条曲直的变化会影响树叶的特征和质感。

（2）利用范画，引导学生发现线条的方向可以表现树和树叶的生长方向。

**【设计意图】**使学生在观察对比中发现线条的不同方向决定着树以及树叶的生长方向。

3. 对比发现：树叶层次的表现要素——前后、遮挡。

**【设计意图】**通过图画中有层次和无层次画面的对比，引出树叶层次的表现要素。

4. 根据范画自学作画步骤。

**【设计意图】**利用三幅步骤图，放手让学生自己观察作画的步骤，并通过与同学讨论明确作画步骤。

5. 分析问题作品。

**【设计意图】**通过引导学生观察、分析问题作品，说出解决办法，能有效避免学生作画过程中可能出现的一些问题。

6. 回忆生活中给你留下深刻印象的树，并说一说它的外形特点。

**【设计意图】**引导学生回忆自己现实生活中见过的树，拉近生活与创作的距离，使学生感受到艺术来源于生活。

7. 欣赏同龄小朋友的画。

**【设计意图】**拓宽学生的创作思路，激发学生的创作欲望。

**三、大胆创作**

1. 课件出示创作内容和要求。

**【设计意图】**在创作之前明确创作内容和要求，避免创作的随意性和可能出现的问题。

2. 播放轻音乐，学生进行创作。

【设计意图】为学生创设一个轻松的创作环境，促使学生展开想象的翅膀。

3. 教师巡视指导。

【设计意图】教师在学生创作时进行巡视指导，有助于发现问题并及时纠正问题，促使学生完善自己的作品。

四、展示评价

1. 展示作品，师生共同欣赏。

【设计意图】通过展示和欣赏学生的作品，使学生体验到创作的成功和快乐，并使学生集中注意力，为评价环节做准备。

2. 你喜欢谁的作品？说说理由。

【设计意图】通过欣赏、评价同学的作品，引导学生发现他人创作的成功之处，学会取长避短。

3. 教师总结评价。

【设计意图】对本节课的知识点进行回顾，对本节课中学生的学习表现进行总结，使学生明确知识点，认识自己的优点和缺点。

五、拓展延伸

1. 建议学生以实际行动传播环保理念。

【设计意图】对学生进行环保教育，总结本课，点明本课主题，升华学习情感。

2. 思考：怎样给我们笔下的树涂上丰富而统一的色彩呢？

【设计意图】为下一阶段的学习做铺垫，激发学生继续学习的欲望。

## 教学反思

本课的学习内容是画树，主要解决美术学科中以线造型的问题。教学实践之后，我认为有如下值得反思之处。

兴趣是最好的老师，所以在教学一开始我便利用画有树木的卫生筷来吸引学生的注意力，在快速掰开卫生筷的过程中，让学生看到树木图片全部被毁坏的情景，紧接着利用课件在视听感受中激发学生爱护树木的环保意识，从而恰到好处地进入本课主题。

教学中，在引导学生创作之前，我出示了创作内容和创作要求，指引学生在符合要求的前提下，大胆创作，保证创作的效果。同时我给学生设计了一个开放的、有选择性的创作要求，既能满足能力强的学生对更高要求的渴求，又能避免能力较弱的学生因达不到要求而失去信心。同时，我在学生创作过程中播放轻松的音乐，为学生创设良好的创作环境。

在评价环节，我做到了多元、多维评价。例如，我让学生用词语来形容“多少棵树木才能让地球变成绿色”时，学生的回答有“成千上万”“不计其数”等，这时我没有用笼统的“不错”“很好”这样的评价，而是从语文学科的积累方面来评价学生，这样不仅能激发学生的学习兴趣，而且能使学生感受到学科之间的相通性，提高学生学好各门学科的积极性。

由于与学生不熟悉，所以我对学生的学习现状不是很了解。在教学树叶层次表现要素时，我本来计划在引导学生细致观察后再做讲解，但是从学生的回答和表现中我感觉学生已经掌握了这一知识点，因此由精讲变为点到为止，使教学在灵活、轻松、快乐的氛围中有的放矢地进行。

通过本节课教学，我感受到了该小学学生扎实的美术基础知识和良好的学习习惯。同时，在王霞老师精心、热情的指导下，我认识到自己的课还有许多需要改进的地方。首先，在导课环节中，虽然设计得很好，但因借班上课，稍微有点紧张，使得教学有点脱节，虽然我很快就调整过来了，但还是显得有点美中不足。其次，在学生创作之前，为了拓宽学生的创作思路，我请学生讨论并描述了自己心目中的大树形象，欣赏了同龄小朋友的画，之后让学生进入绘画创作。其实想象容易虚拟化，有的学生并不能将自己的想象具体地表现出来，我应该再给学生欣赏一些大树的图片，引导学生在此基础上展开想象，这样学生的创作思维可能会更丰富。

反思是为了更好地教学，我希望自己能在不断的反思中成长。

## 个人简介

沈洁琼，小学一级教师，曾获得“陕西省教学能手”称号，并被评为汉中市第六届名师、汉中市小学美术学科带头人、汉中市“名师大篷车”辅导专家、宁强县教研室兼职教研员。任教期间，课堂实录、教学设计、教学随笔等多次获奖。论文《浅谈新时期的小学美术教育》获汉中市第二届中小学艺术教育科学论文三等奖；《寻找美术教学金钥匙，打开美术教育百叶窗》在陕西省第三届中小学校艺术教育成果展演中获陕西省中小学艺术教育科研论文二等奖，并发表于《阳光报》2013 年 11 月版；《把握课改核心理念，实施有效美术教学》在汉中市第四届中小学艺术教育成果展评活动中获艺术教育论文类一等奖，并发表于《新课程·小学》2012年第4期第1版。科研论文《美术学科“造型·表现”领域课堂教学有效模式研究报告》在陕西省第十一次优秀教科研论文与成果交流评选中荣获三等奖。在陕西省“十一五”课题“小学艺术教育有效模式研究”中承担主要研究工作。在市县组织的“阳光师训”“名师大篷车”“送教下乡”等活动中多次承担示范课教学及专题讲座任务。

## 专家点评

本节课是湘教版小学美术四年级下册的内容，执教老师基于“学生是学习的主体”这一原则，在设计本节课时充分考虑到学生的心理特点和认知规律，通过创设情境、尝试体验、示范引导、发现方法、归纳方法等教学活动，引导学生主动探究，在体验中学习，从而体会到学习和创作的快乐。这是一节较有新意且实用的美术课。

**一、在情境中激发兴趣**

沈老师开课时抓住小学生具有强烈的好奇心这一特点，将学生熟悉的卫生筷带入课堂，并在上面画了图案，使学生在观察中不知不觉进入了学习状态。这样的导课既神秘又不失新意，能够很好地激发学生的学习兴趣，将学生带入课堂。

**二、在引导中突破重点**

教师应是学生学习的引导者，而不是灌输者。从实际教学中可以看出，沈老师在备课时就找准了教学的重难点，并通过适时引导学生在对比中进行观察和感受，很到位地解决了本节课的教学重点——树叶的表现方法、树叶层次的表现要素。教学过程中环环相扣的几个教学环节，由易到难地进行阶梯式教学，为学习目标设置了一个坡度，实现了由“扶”到“放”的教学思路，使学生在循序渐进中掌握了知识要点。

**三、在要求中有的放矢**

“不以规矩，不成方圆。”在学生创作时，沈老师并没有将新课程中相关的理念偏执地理解为随意创作、随心所欲、乱画一气，而是在创作之前先让学生明确“我要做什么”“我要怎么做”“怎样做才适合我”，有效地避免了创作的随意性和无目的性。同时，沈老师并没有提出统一的要求，而是尽可能照顾全体学生的能力和水平，将“面向全体学生”的理念落到了实处。

**四、在评价中增强自信**

沈老师在课堂上对学生的评价应该说是比较丰富、到位的。摸摸头、握握手、敬个礼……尤其是评价语言中听不到“不错”“真棒”之类含糊的、流于形式的赞美，而是针对具体的一个点进行评价，使学生一听就明白自己哪里做得好。这样的评价才能给学生一个明确的努力方向，这样的评价才落到了实处，而落到实处的评价才更有意义。

总的来说，这节课是一节较有创意、真实而实用的美术课，我课下将教学前后学生的作业进行了对比，惊奇地发现了学生作品的变化。我为学生感到欣慰，也为这位来自山区县城的美术教师感到欣慰。

教学是一门遗憾的艺术，我认为如果稍加改进，这节课会更加精彩。在创作之前，拓展学生创作思路时，不要仅限于让学生想象和欣赏成品的绘画作品，因为对于小学四年级的学生来说，他们的想象可能会脱离实际生活，欣赏成品的绘画作品又容易造成部分学生一味模仿。如果教师能在这个环节展示一些自然界中树木的自然形态的图片，我想会更有利于学生将自己的创造表现出来。

陕西省教育科学研究所　王　霞

# “猜猜我是谁”教学设计

西安市高新第一小学　侯栋伟

## 教材分析

本课是人美版小学美术四年级上册第六课的内容，属于“造型·表现”学习领域。这一课是线条练习课，旨在引导学生通过背面人物头部写生，发现背面人物头部的美感，在观察、分析人物背面发型、头饰、服装的特征后，运用线描的技法进行描绘，进一步了解线条的表现手法，提高观察能力和线造型能力。

## 学情分析

小学四年级学生有一定的造型表现基础，通过几年的学习，他们的形象思维能力进一步加强，开始尝试学习写实的技能与技巧，但是方法还比较简单，这个阶段被称为“写实萌芽期”。线条的表现手法是学生较为熟悉的，通过本节课的学习再结合以前的训练基础，他们会在观察能力、线造型技艺和情绪表达等方面得到发展。

## 资源利用

1. 利用多媒体课件直观展示静态背面人物，有利于学生的观察和分析。

2. 欣赏唐寅的《孟蜀宫伎图》、叶浅予的《春到边塞》、贺友直的连环画《李双双》、王晓明的《未来世界》、安德鲁·怀斯的《克里斯蒂娜的世界》等作品，感受背面人物头部的美感，学习线描的方法。

## 教学目标

1. 使学生通过学习，发现和表现背面人物头部的美感，进一步学习写生及线造型的方法，使观察能力、线造型能力及画面的组织能力得到发展。

2. 引导学生欣赏并感受经典美术作品中人物背面的造型美。

3. 通过教学活动，使学生的探究学习、合作学习的能力得到提高；引导学生观察生活，使学生体会生活的美好。

## 教学重难点

重点：学会捕捉背面人物头部的特征，并能用线描写生的方法表现出来。

难点：如何用线表现人物头部的特征。

## 教学过程

**一、组织教学**

师：谁能在课堂上保持良好的坐姿，谁就能给自己身后的同学留下优美的背影！比比看，谁的坐姿最正确。

**【设计意图】**学生在四年的小学学习过程中已经形成了较强的竞赛意识，创造性地利用这一点来组织教学，能够激发学生的学习兴趣。

**二、激发兴趣，情境导入**

1. 做游戏：猜猜我是谁。展示几位本班学生的背面头像，请其他学生仔细观察，找准特征，猜猜是谁？

学生通过背影猜出同学的名字。

2. 板书课题。

**【设计意图】**学生在集体中生活，对自己的同学是最熟悉的，这个游戏隐含了“美从生活中来”的意思，同时有助于激发学生的学习热情，活跃课堂气氛。

**三、指导观察，探索发现**

1. 提问：你是怎么猜出刚才的几位同学的？

学生思考后发言。

2. 教师总结学生发言后板书。

**【设计意图】**通过问题引出本节课的学习重点，让学生在思考中进行知识整理，将日常积累的美术知识和思维方法、观察方式表达出来。

**四、讨论交流，欣赏评述**

1. 引导学生赏析《克里斯蒂娜的世界》《未来世界》。

提问：油画《未来世界》中的小朋友在干什么？

学生感悟画家是如何通过人物的背面形象来传达内心情感的。

**【设计意图】**这一环节的安排旨在发挥名画欣赏的审美教育功能，使学生感到“我与大师如此接近，艺术离我并不遥远”，增强学生的自信心，提升学生对美的感知力与创造力，又为后面的创作活动埋下伏笔；体会到人物画创作中不仅可以用人物正面的五官、姿势表达感情，而且可以用背影表达情感，并且有时候背影更加传神！

2. 教师请一位女同学到前面做模特，师生共同观察并分析其头型、发型、头饰、服装、体型、头发的走向等特点。教师示范如何用线写生。（重点：分组表现头发，线条的组合、方向、质感）

学生用口头语言和肢体语言表达自己所观察到的各类特征，随后观察教师的范画，学习如何画人物背面的头部形象。

3. 研究：发型中，头发的线条是如何组织排列的？以小组为单位，选一个发型特点突出的同学，对他的头部背面特征进行讨论。

(1) 他的头型是什么样的？

(2) 他的发型有什么特点？头发的走向是怎样的？上面有什么样的线条？

(3) 头饰和服装分别有什么特点？

教师根据学生的回答板书。

学生选择发型特点突出的同学，一起就他的发型特点进行讨论。

**【设计意图】** 培养学生的观察能力和理解能力，提高学生的小组合作能力和分析、解决问题的能力。

**五、展开想象，能力反馈**

1. 引导学生欣赏教材中的作品。提问：你喜欢哪幅作品？为什么？

学生思考并回答。

2. 学生自由选择一名同学为模特进行绘画。作业：观察一位同学的头部外形，抓住其发型特征和头发的走向，用线条细致地画出来。

教师辅导学生作画，及时表扬画得好的学生，避免初学者线描画时“平”“简”的弊端。

3. 创编小故事：学生将画好的人物沿轮廓剪下来，贴在教师事先准备好的以线条为主的风景画或者照片上，并创编一个小故事。（注意将画面中的人物与背景进行合理、美观的组合）之后，教师邀请学生再次“猜猜我是谁”，说一说“从哪几个方面可以猜到画中表现的是哪位同学”，并谈一谈自己对集体创作的这幅作品有何感想。

学生将人物背影与背景进行组合，创编小故事。

**【设计意图】** 解决难点，训练学生的画面组织能力。

**六、个性发展，课堂延伸**

1. 组织活动。

组织学生展示自己的作品，其他同学来猜，并交流感受。

组织学生小结，谈想法和感受。

2. 拓展本课内容。

试着为家人画一幅背面人物的全身像。

**【设计意图】**发展个性，拓展课堂。

## 板书设计

猜猜我是谁

学生作品展示区　　教师示范画

特点：头型　发型　头饰　服装

线条：走向　曲直　疏密

## 教学反思

生活即课堂，生活即美。美术是视觉艺术，教师要注重学生的视觉观察和对生活的体验，引导学生观察生活中的环境和事物，丰富他们的感性经验和审美情趣，激发他们表现美和创造美的情感。本课教学是遵循美术教学中发现美、探索美、了解美、表现美、创作美、展示美、应用美的学习规律来进行设计和实施的。

**一、思效**

教学设计和课堂效果的关系非常密切，它对课堂实践起着指导和保障作用。

1. 巧用教学方法，激发学习兴趣。

我在本课教学中组合运用了多种教学方法，以激发学生的学习兴趣。

（1）用谈话法引导并激趣。学生在四年的小学学习过程中已经形成了较强的竞赛意识，我创新性地利用这一点，让学生比坐姿，并表扬坐姿好的同学，为下一步的观察比较做铺垫。

（2）用观察比较法提高学生的分析、判断和表现能力。通过做“猜猜我是谁”的游戏，培养学生观察和记忆形象的能力。学生在这一过程中表现出了极大的兴趣。

(3) 用发现法促进学生发现问题、认识问题、解决问题。我有效地开发利用班级资源，请一位学生做模特，让其他学生观察其特征，形成造型抓特点的概念。在这一环节中，学生积极主动参与活动，相互交流，培养了合作意识和探究意识。

(4) 用演示法使学生获得知识和技法。在演示时，我十分注意提醒学生正确使用线条来表现人物特征。学生在画脖子和肩膀时，常常不注意观察，往往把脖子画得直直的、细细的，肩膀画得很窄，因此教学中我十分注意引导学生进行观察、对比。

(5) 用讲授法有效传递美术信息。欣赏《未来世界》和《克里斯蒂娜的世界》时，我介绍画作的时代背景、作者等信息，并指导学生从多个角度欣赏画作。这一环节的安排能发挥名画欣赏的审美教育功能，使学生感到“我与大师如此接近，艺术离我并不遥远”，从而增强学生的自信心，提升学生对美的感知力与创造力。

(6) 电化教学贯穿课堂。美术是一门视觉艺术，丰富的色彩、美妙的造型伴随着优美的音乐，更能激发学生的学习兴趣。

2. 指导方法有效，提高了课堂效率。

(1) 观摩法和欣赏法的应用，扩大了学生的美术认识领域，有助于学生接受美术技法。当指导学生有效感知到《未来世界》和《克里斯蒂娜的世界》两幅画作的美感时，便激起了学生的学习需求，等于在学生心里安装了马力强大的内在驱动，使他们在自觉的情况下，想方设法地获取表现所需的美术技法。

(2) 写生法的应用，培养了学生的观察能力和表现能力。

(3) 练习法的应用，使学生掌握了更多的美术创作方法。

本课最终的创作点定位在为所画角色自由添画背景，这既考查了学生的构图能力和想象能力，又渗透了美术创作的方法指导。

3. 明确发展目标，循序分步实施。

本课的三维目标是以促使学生“立体就近发展”为原则制订的，并通过“激发兴趣，情境导入—指导观察，探索发现—讨论交流，欣赏评述—展开想象，能力反馈—个性发展，课堂延伸”这五步逐渐实现课堂教学效果。

**二、思得**

在教学过程中，我时刻关注学生的课堂生成，提高了自身的应变能力。

1. 关注学生的需求。

写实正是小学四年级学生所想掌握的绘画技巧。因此，我在本课教学中立足学生主体本位，尽可能地将写生绘画中的观察方法、线描技法指导贯穿于学生学习过程的始末。

2. 减少对学生的控制。

各抒己见在美术课堂上是极其重要的，当导课中竞答游戏出现时，学生就进入了一种自主探究、自由抒发已见的学习状态中。本来课中观察重点在于发型、头型、服装、头饰四类，但是在思维自由发散的过程中，学生居然丰富了第五种答案，即针对体型的观察，着实令我感到——只要给学生一个自由展现的舞台，学生会还给你一份惊喜的道理。

3. 真正有效地评价学生。

在教学中，我特别注重对学生的综合评价。在理解知识时，学生的表现参差不齐，为了挖掘每一个学生的潜力，我因材施教，根据学生个性及作品造型特点的不同，分别进行鼓励和引导，评价以肯定性内容为主，教师评价和学生互评、自评有机结合，保护了学生的学习积极性，使每一个学生的个性得以张扬。例如，在欣赏《克里斯蒂娜的世界》时，有一个学生心生怜悯之情，对画中主角的心理描述与其他同学的不太相同——感觉到被生活磨砺后的主角有一种幽怨情绪。这是我所没想到的，我及时评价说："每个人的生活经历不同，因此想法会不尽相同，只因有了大家丰富的联想，才造就了绘画作品的丰富性。"

4. 和谐课堂，民主氛围。

本课是一节背面头部写生课，学生能用学到的知识从另一个侧面去表现自己的同学，在这节课上，学生是快乐的、自由的，他们是课堂的主人！正是本着这种"愉快教学"的思想，我在美术教学中也始终是快乐的。

**三、思失**

经过认真反思，我发现这节课的教学设计存在着一些不足之处。

在教学时间的把握上，新授课环节时间较长，后期学生创作和评价环节的时间较短，所以未能对全班学生的作品进行更详细的评价。

教师示范时，如果采用与学生同一观察角度进行写生，可能会取得更好的课堂效果。

**四、思变**

课堂实践之后，我及时思考与总结，反观教学设计的优点与不足，进而提高自身的教学设计能力和掌控课堂的能力，有效提高课堂效率。

1. 调整环节设计，侧重点集中在学习过程。

可以将作品欣赏放在导课中，激起学生的创作兴趣，然后再进行技法部分的互动交流，这样更能体现素质教育中学生是学习主体的理念。

2. 增加互动环节，提高学生的活动参与度。

在欣赏两幅名画时，可以让组内学生亲身演绎，并交流自己的感受，这样学生就更能感悟到人物背影存在着不同的美感。

在教师演示部分可采取互动的方式，通过询问、鼓励等帮助学生回忆线条的多样性和不同的表现力。

3. 丰富作品效果，促进学习成就感。

本课教学中还可进行多学科的整合，如为所画作品配上表现不同情感的小诗或短文，并组织学生进行现场表演等。

总之，教学是一门充满遗憾的艺术，但是在不断地学习、实践和深刻反思中，每一次的遗憾都会减少，进而实现课堂的高效。

## 个人简介

侯栋伟，小学高级教师，曾获“陕西省教学能手”荣誉称号。曾在第三届全国中小学美术教师基本功比赛中获得一等奖；出版了《全国高等教育自学考试指定教材义务教育专业——小学美术教育》一书，并参与“全国艺术教材”“陕西省小学美术教材”等多部教材的编写工作；2012 年以来一直担任“教育部全国中小学教师继续教育网”的辅导教师；参加国家级“十一五”“十二五”课题的实践研究，撰写的论文、案例多次荣获国家级、省级一等奖；曾代表陕西省在首届全国少儿美术教育学术展中上公开示范课。在教学中一直奉行“爱，才是教育的起点，有了爱的教育，才能孕育出懂得爱的学生”的教育理念。

## 专家点评

本教学设计体现了“以生为本”的教学理念，教学方法灵活多样，教学氛围开放活泼、民主和谐，是一节较为成功的美术课。

**一、构思巧妙**

教师紧紧抓住“猜猜我是谁”这条主线，引导学生参与不同层次的“猜猜我是谁”的教学活动，从导课到评价，通过层层递进式的明确观察目标、探索分析方式、掌握表现方法、进行个性审美评述等活动，将发现美、观察美、认识美、表现美、表述美的能力培养尽显于教学之中。

**二、教学方法灵活、有趣**

教师采用个体写生与集体创作相结合的方式进行教学，丰富了本课教学内容。教师首先让学生通过游戏、欣赏等方式自主探索，学习本课重难点；然后让学生在集体合作中进行交流、讨论、评述、创作，最终达成本课预设的教学三维目标。

**三、重视多元评价**

教师注重评价与教学的协调统一，通过独特的集体创作和创编小故事等方式，使学生感知到线条的表现力及人物背部的形象表达力，强化了形成性评价。此外，教师还关注到学生掌握美术知识、绘画技能的情况，重视对学生美术学习能力、学习态度、情感态度与价值观等方面的评价。

陕西省教育科学研究所　王　霞

# “画人像”教学设计

西安市高新第二小学　张敏仓

## 教材分析

本课是人美版小学美术五年级上册第二课的内容。

这节课是在四年级“猜猜我是谁”之后的又一个人物写生教学内容，目的是通过对正面人物的写生，引导学生学习如何抓住正面人物的特征和神态，培养学生的观察习惯，进一步提高学生的观察能力和用线进行人物造型的能力。

人的面部表情是非常丰富的，而且通过五官的变化可以看到人的内心世界。本课通过引导学生观察人的面部表情与脸型特征，培养学生的观察力和感知力，让学生通过观察与思考、绘画与制作、游戏与表演等艺术活动，在体验中感受美术带来的乐趣。

## 学情分析

五年级是小学的高年级阶段，学生的绘画方法正向写实方向发展，而且已具备了一定的造型能力。这节课正是利用学生的这种特点，调动他们的观察力、感知力和求知欲，发挥他们好奇、好动、思维活跃、善于发现、善于观察的特点，使他们在快乐中学习，在学习中感受快乐。

## 资源利用

表情卡片，人物漫画，课件，镜子。

## 教学目标

1. 通过观察、思考、表演等活动，理解人的内心活动与表情的关系，了解人物的面部表情和脸型特征，运用夸张的方法画人像。

2. 充分调动学生主动参与学习活动的积极性，提高学生的观察能力和感知力；采用自主学习与合作学习的方式，制作一张全班集体照，培养学生的集体观念和集体荣誉感。

3. 激发学生的学习热情，使学生体验人物绘画、造型活动带来的快乐，在体验中感受美术学科的乐趣，培养健康的审美观。

## 教学重难点

重点：抓住人物五官的表情和脸型特征，运用夸张的方法画人像。

难点：观察、发现人物表情的丰富与美感。

## 教学过程

### 一、创设情境——启迪美

1. 课前准备，播放歌曲。

2. 谈话：法国雕塑家罗丹说过："生活中不是没有美，而是缺少发现美的眼睛。"你知道这句话的意思吗？

总结：这句话告诉我们，在生活中要善于观察。

3. 导入新课，板书课题。

师：会观察才会发现美，这节课请带上你们发现美的眼睛共同来学习"画人像"。

**【设计意图】**创设艺术情境，引出本节课的主要活动——观察，激发学生的学习兴趣。理解罗丹的名言，渗透相关的美术知识，诠释美术所追求的人文性。

### 二、赏析感受——理解美

1. 游戏——照镜子。

问题：在这个游戏中，注意观察人的五官发生了哪些变化。五官都包括什么？

（眉毛、眼睛、鼻子、嘴巴、耳朵）

**【设计意图】**引导学生了解人物五官的组成，初步感受人物面部表情的丰富变化。

2. 游戏——猜表情。

问题：他们的表情是怎样变化的？带着这个问题，我们再做一个游戏。

请六名学生上台，根据卡片上的提示做表情，其他学生猜。要求学生在猜的过程中细心观察眉毛、眼睛、嘴巴的变化。（卡片提示为：面无表情、微笑、狂笑、痛苦、发怒、哭）

总结：人的面部表情大体上可以分为喜、怒、哀、乐四种。

喜：眉开、眼弯、嘴角翘。

怒：眉立、眼瞪、牙紧咬。

哀：眉垂、眼掉、嘴角落。

乐：眉弯、眼眯、嘴大张。

**【设计意图】**引导学生细心观察喜、怒、哀、乐四种表情的特点，总结五官的表情规律，解决本课的教学难点。

3. 对号入座。

人的面部表情是最丰富的，通过五官的变化可以看到人的内心世界。除了五官有变化外，我们每个人的脸型也不一样。

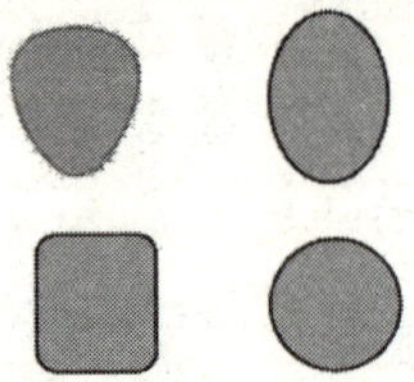

谁的脸型像“甲”字，谁的脸型像“申”字，谁的脸型像“国”字，谁的脸型比较圆。

“甲”字脸上圆下尖。

“申”字脸上下圆中间大。

“国”字脸比较方正。

圆形脸比较圆。

设问：互相观察一下，看一看自己的脸型属于哪种类型。

教师请四名学生上台，要求他们把自己认为相像的脸型对号入座。

**【设计意图】**了解人物脸型的特征，提高学生的观察能力和分析能力。

4. 欣赏漫画。

师：正因为脸型和五官不一样，才有了我们不同的长相。接下来我们来欣赏一幅漫画作品（见右图），你能猜出他是谁吗？

提问：为什么你能一眼就认出他？

总结：主要是抓住了他的脸部特征，然后把特征夸张地表现出来。

提问：怎么样夸张地表现呢？

总结：抓住主要特征，大的变得更大，小的变得更小，长的变得更长，短的变得更短，胖的变得更胖，瘦的变得更瘦。

**【设计意图】**指导学生以绘画的眼光进行观察，分析人物的特点。

5. 教师自画像。

师：现在请你们观察一下张老师。我喜欢笑，我做一个笑的表情，然后请大家说说我的五官有什么特征？

（教师示范自画像。）

【设计意图】增加课堂的愉悦性，引导学生学习人物写生的方法，培养学生的线造型能力和观察能力。

6. 画前欣赏。

师：画之前，可以先选择一个自己喜欢的表情。现在我们来欣赏几张咱们班同学的大头贴和绘画作品，看谁的表情最可爱。

【设计意图】激发学生的学习欲望，引导学生进行写生前的构思。

**三、个性发挥——创造美**

1. 创作要求：做一个自己喜欢的表情（喜、怒、哀、乐、鬼脸等），抓住人物五官的主要特征，夸张地表现出来，画好后剪下来，贴在相框中。

2. 教师指导学生创作，及时帮助学生解决创作中遇到的问题。

设计理念：培养学生的造型能力、观察能力。

**四、展示作品——评价美**

1. 猜猜我是谁。

集体照制作好之后，让学生猜猜画像里的人是谁。

指导学生展示、欣赏、评价自己和其他同学的作品。

2. 总结："生活中不是没有美，而是缺少发现美的眼睛。"回家观察一下爷爷、奶奶、爸爸、妈妈，想想怎样表现不同年龄的人的面部特征，画一张全家福。

设问：这节课你开心吗，用你的表情告诉我。

设计理念：调动学生主动参与的积极性，培养学生的评价能力，使学生认识到生活才是艺术创作的源泉。

## 板书设计

| | | |
|---|---|---|
| 画人像 | 眉开　眼弯　嘴角翘 | 甲 |
| | 眉立　眼瞪　牙紧咬 | 申 |
| | 眉垂　眼掉　嘴角落 | 国 |
| | 眉弯　眼眯　嘴大张 | 圆 |

## 教学反思

新课程理念下的小学美术教育不再是一种单纯的技能技巧训练，而是一种文化学习，更注重培养学生的人文素养与美术素养，因为在整个人类社会历史中，美术本来就是一种重要的文化行为，是在情感、思想的表达与交流中产生并发展起来的。基于上述理念，反思自己的教学，有以下几点体会。

**一、阅读教材，纵横思考**

画要有感而画，对于小学五年级的学生来说，画的意义不再是涂鸦，他们渴求获得更多知识。作为教师，功夫要下在课前，因此课前我对本课的教材进行了仔细分析，并结合课改的新理念，认真钻研教材，以求达到美育的真正目标。在教学过程中，我以学生发展为本，注重培养学生的审美、感知、想象、表现等方面的能力，注重培养学生的创新精神，注重学生的个性发展和全面发展；我积极真诚地充当鼓励者、引导者的角色，与学生平等对话，营造了师生共同探究的良好氛围。

**二、情境教学，让学生乐学**

我采用情境教学法，充分调动了学生主动参与教学活动的积极性。课前我将学生的照片做成课件，一下子拉近了生活与课堂学习的距离。在“照镜子”游戏中，我用语言引导学生进入情境，使学生感受到五官的丰富变化；在“猜表情”活动中，我引导学生观察喜、怒、哀、乐的表情特点；在认识脸型的活动中，我用直观的演示帮助学生理解、比较抽象的脸型特征。在学生创作前，我用给自己画像做示范，拉近了师生间的距离，使学生愉快地活动，高兴地学习。整节课学生的笑声不断，学生在愉快的氛围中，感受到了艺术带来的快乐，在愉悦的合作中，表现人物表情的变化，体验造型活动的乐趣。在快乐中学习，在学习中快乐，这是这节课的亮点之一。

**三、注重培养学生良好的观察习惯和探究习惯**

在具体的教学中不要过早地用技法技能去规范学生，而应合理地启发、引导学生，培养学生良好的探究习惯和观察习惯。“生活中不是没有美，而是缺少发现美的眼睛。”只有发现美，才能表现美。因此，我的教学思想是让学生学会发现美。针对本课的教学内容——画人像，我引导学生进行不同层次的观察，观察自己表情的变化，观察喜、怒、哀、乐时五官的变化，观察同学表演猜表情时五官的变化，引导学生通过有意识的观察去发现、去探究。

**四、注重培养学生的发散思维和丰富的想象力**

想象力和创造性思维的培养与开发是现代美术教育最主要的目标之一。我在让学生创作自画像时，启发学生大胆想象。想象的过程就是思维的过程，儿童心目中的天空五彩缤纷，如果让他们自由驰骋，他们会带给我们更多的惊喜。所以，我引导学生大胆对自己的五官、表情进行夸张表现，大胆用颜色来表现自己的心情。

**五、融情于感，启迪智慧**

在整个教学过程中，我总是以满腔的热情投入其中，与学生真诚交流，以心换心，并通过语言、姿态、眼神来相互理解。我了解到了学生对知识和技能的理解程度，观察到了学生需要教师更多的肯定，因而在作品展示时，给予了学生更充分的展示机会。那些捕捉特征准确的作品孕育而生，他们在用心表现，他们在用情创作，这正是我所希望的。融入真情实感的作品，才是真正的好作品，这才是美所要表现的真谛。

**六、需要改进的地方**

在评价方面，我认为我还需要在及时评价和美术本体评价上下功夫，尤其是课堂中瞬间生成的一些智慧火花，我没有及时抓住，使学生失去了学习的机会。同时，我觉得自己以后应多听听名师的课，多读文学著作、美术著作等，以提高自己的文学修养和美术修养。

## 个人简介

张敏仓，小学高级教师，陕西教育学会美术教学专业委员会理事，西安市青年美术家协会会员。曾获得“陕西省教学能手”“西安市教学能手”等称号；多次荣获全国、省、市级评优课（赛教）一等奖；多次参加陕西省西安市“名师大篷车”送教下乡活动。

## 专家点评

本节课采用快乐教学模式，以引导学生观察为主线，以创设游戏情境为切入点，以多媒体演示为手段，以“自主、合作、探究”为主要学习方式，使学生在愉悦的氛围中，感受艺术带来的快乐，体验造型活动的乐趣。尤其突出的是对学生观察方法的训练，从整体到局部再到整体，层层深入，一步一个脚印地让学生理解观察的方法，为学生以后的美术学习奠定了很好的基础。

美术课上，一定需要教师的示范，但是示范要恰到好处。在本节课教学中，教师对表情的示范和演示，让学生很清楚地看到了面部表情的变化，让学生观察怎样构图，怎样用笔，直观地教给学生一种绘画方法，非常值得借鉴。

陕西省教育科学研究所　王　霞

# “连环画”教学设计

咸阳市杨凌高新小学　张海鹰

## 教材分析

本课是人美版小学美术三年级上册的内容，属于“造型·表现”领域。

连环画是学生喜闻乐见的一种艺术形式，连环画中有趣的故事、动人的形象、丰富的色彩深深地吸引着他们。因此，这节课的内容很容易激发学生的学习兴趣。教材中呈现出不同风格的连环画作品，有传统的连环画，也有学生自编的连环画故事；这些作品在表现形式上有线描，有色彩，也有线色结合的，这为师生学习提供了一定的资源。

本节课我将和学生一起研究连环画有什么特点，一幅完整的连环画分别由哪几个部分组成，连环画的表现方法有哪些等三方面的内容，并引导学生进行探究性的学习，达到教学目标。

## 学情分析

小学中年级的学生对学习美术有着极高的热情，都愿意积极参与并动手绘制图画，针对学生的这一特点，我在本课教学中以实例为线索，充分利用图画，采用欣赏、启发、探讨、交流、归纳相结合的教学方法进行教学。

## 资源利用

连环画作品，多媒体课件。

## 教学目标

1. 使学生通过观察、分析、创作连环画作品，了解连环画的特点，学习创作连环画的方法。

2. 锻炼和提高学生的想象能力、连环画创作能力、语言表达能力及综合学习能力。

3. 培养学生在学习和生活中与他人友好合作的意识。

## 教学重难点

重点：了解连环画的特点及其创作方法。
难点：体会故事中典型情节的画面表现。

## 教学过程

### 一、激趣导入

1. 同学们喜欢看连环画吗?
2. 你最喜欢看的连环画有哪些呢?
3. 今天老师就带同学们进入连环画的世界。(引出课题并板书课题)

**【设计意图】**通过提问，勾起学生的生活回忆，激发学生的学习兴趣，顺势导入新课。

### 二、探究式学习

1. 学生分小组欣赏课本中提供的连环画资料《哪吒闹海》和学生作品《快乐的一天》，小组成员合作学习、研究。

(1) 连环画和我们以前学过的画有什么不同?

(2) 一幅完整的连环画由哪几个部分组成?

**【设计意图】**直接切入主题，让学生观察和分析连环画的特点，锻炼学生的观察能力和概括能力。

2. 反馈交流：小组代表向全班同学介绍研究情况。

**【设计意图】**锻炼学生的语言组织能力和表达能力。

3. 师生共同总结并板书。

(1) 连环画的特点：画面内容具有连续性，图文并茂，表现形式丰富。

(2) 连环画的组成：封面设计、图画、文字。

4. 提问：对于封面设计，你觉得应该注意些什么呢?

教师引领学生欣赏《蜗牛比赛》和《我的美梦》两幅作品的封面设计。

(连环画的封面设计包括连环画的题目、典型形象、作者名字、色彩等。注意：封面的题目应该突出而醒目。)

**【设计意图】**提供资料，让学生自主合作交流，培养学生分析问题和合作解决问题的能力。

5. 教师示范，学习连环画的绘制方法。(以《龟兔赛跑》为例)

(1) 确定连环画的表现内容。

（2）分割故事情节并在作业本上分割出相应的画面空间。

（3）直接以铅笔或水彩笔用自己最熟悉的表现方法开始绘制，并配以简洁的文字。

（4）修改、涂色，完成。

**【设计意图】**让学生直观地感受到连环画的创作过程和创作方法。

6. 欣赏不同表现形式的连环画作品。

（教师出示提前收集的连环画作品。）

**【设计意图】**拓展学生的视野，鼓励学生以不同手段和方法进行创作。

**三、动手实践，创作连环画作品**

1. 出示学习任务：小组分工合作，将自编或已准备好的小故事创作成连环画。

（学生合作交流，确定表现内容和表现方法。）

**【设计意图】**小组成员一起讨论，共同构思，分工合作，培养学生合作学习的能力和连环画的创作能力。

2. 学生开始作业，教师巡回辅导。

3. 学生在小组内相互介绍自己的作品，进行自我评价和相互评价。

**【设计意图】**培养学生的自我评价能力和欣赏他人的意识。

**四、小结**

教师小结本节课学习内容，鼓励学生以连环画的形式表现自己学习或生活中有趣的事情，与大家分享。

## 板书设计

连环画

连环画的特点：内容连续　图文并茂（教师示范作品）

连环画的组成：封面设计　图画　文字

## 教学反思

“连环画”是小学美术三年级上册的教学内容，属于“造型·表现”领域。连环画是学生喜闻乐见的一种艺术表现形式，本节课通过对连环画创作方法、表现形式等的学习，使学生体验连环画的创作过程，锻炼他们的想象力和造型表现能力。

在本课的教学中，我首先通过提问和引领学生欣赏连环画进行导入。我让学生以小组为单位，结合书中内容讨论连环画有哪些特点，连环画主要由几部分组成，然后引导学生得出结论。接下来我和学生一起分析连环画的封面特点和组成，以及连环画的创作方法，并让学生根据自己熟悉和喜欢的故事创作一幅连环画作品。为了让学生更直观地感受连环画的创作过程，我以《龟兔赛跑》为例，在黑板上给学生进行示范。在学生进行创作前，我对学生提出了要求，要求小组成员积极合作，以此使学生体验合作的乐趣。在小结环节，我也很注重对学生的合作意识、学习状态、画面组织等方面进行评价，增强了学生的自信心。

在本节课的活动中，学生兴致很高，思维活跃，学习效果显著。但由于课堂知识容量较大，时间安排上略显紧张，留给学生自主表现的时间有些少。

## 个人简介

张海鹰，男，咸阳市杨凌高新小学美术教师，曾获得“杨凌示范区教学能手”“陕西省教学能手”等称号。工作以来，在教学上刻苦钻研，锐意进取。录像课《吃虫草》荣获省级录像课比赛一等奖，国家级录像课比赛二等奖；教学案例《泡泡乐》荣获陕西省薄弱学科教育教学比赛一等奖。

## 专家点评

本节课教学目标明确，教学重难点突出，教学方法可操作性强，较好地体现了新课改的理念。张老师在教学中以提升全体学生的艺术素养为目标，采用小组合作交流的学习方法，让学生在学习中体验快乐，取得了较好的教学效果。

“实实在在”是本课的一个特色。在本节课中，张老师设计的教学环节简洁明了，没有过多的花样，直接进入主题。本节课的课堂结构严谨，教学思路清晰，并能在教学过程中充分调动学生的学习积极性，体现出了“以教师为主导，学生为主体”的教学理念。

在本节课的教学过程中，张老师灵活处理教材，把连环画的创作过程提炼为四步，可操作性强，减少了学生在创作活动中的随意性和盲目性。

张老师为学生进行课堂示范，体现出了他扎实的专业基本功。小学三年级的学生主要以形象思维为主，而张老师的示范能让学生真切地感受到连环画的创作方法和过程。需要注意的是，张老师在课堂上示范时间过长，这样会占用学生自主学习的时间，建议张老师在以后的教学中采用课件进行播放示范，既直观又能节省教学时间。

陕西省教育科学研究所　王　霞

陕西省中小学教学能手优秀教学设计集

# 信息技术学科

# “艺术字儿添活力”教学设计

陕西师范大学附属小学　寇拥军

## 教材分析

本课是西安交通大学出版社小学信息技术四年级下册第二单元的内容。本单元主要学习文字处理软件 Word 的使用和编辑，侧重于让学生体验对简单信息的创造及利用过程，是小学信息技术课程基础模块“信息加工与表达”中的内容。

## 学情分析

小学四年级学生已经掌握了键盘的输入方法，能够通过中文输入法输入汉字并进行编辑。本单元主要是训练学生在 Word 文字处理软件中使用图片、艺术字、文本框与表格，编辑多种媒体信息，并根据学习和生活的实际需要，利用信息进行简单表达，从而实现有效交流。本课通过引导学生学习插入和编辑艺术字的具体操作方法，进一步提高学生使用 Word 文字处理软件的能力，结合具体任务，锻炼学生运用所学知识解决生活中的实际问题的能力，加深学生对信息技术和信息文化的体验和感悟。

## 资源利用

电脑，学生活动时的照片。

## 教学目标

1. 知道什么是艺术字，能够在 Word 文档中使用和编辑艺术字。

2. 通过学习插入和编辑艺术字的具体操作方法，掌握插入艺术字和对艺术字进行多种设置的方法。

3. 通过感受艺术字的形式美，提高学生的审美情趣，培养学生主动美化作品的意识。

4. 通过创作以“安全”为主题的宣传画，增强学生的安全保护意识。

## 教学重难点

重点：插入艺术字并进行编辑。

难点：利用艺术字工具栏对插入的艺术字进行编辑。

## 教学过程

### 一、活动激趣，复习旧知

1. 教师展示学生进行游泳、划船、爬山等活动时的照片，和学生共同欣赏，回忆欢乐的时光，然后围绕照片反映的内容，引导学生为照片配上一句有意义的话，及时总结学生交流的优美语句。

**【设计意图】**展示学生活动时的照片，激发学生参与学习的热情，同时提高学生看图写话的能力。

2. 教师共享照片，学生新建Word文档，插入自己最感兴趣的照片，并配上自己写的一句话。教师巡视过程中，及时对文字输入水平较高和语句有创意的学生提出表扬，并鼓励操作较快的学生通过修改文字的属性（字体、字号和颜色）来初步美化作品。

**【设计意图】**复习和巩固上节课学习的在文档中插入图片的内容，提高学生的文字输入水平，并引出用文字属性来美化作品的内容，为学生提供不同层次的学习任务。

### 二、情境导入，明确任务

1. 通过欣赏学生作品，激发学生畅谈：暑假即将到来，假期中你最想参加什么活动或运动项目？面对丰富多彩的活动，我们怎样才能度过一个健康、安全的假期？学生讨论，创作以“安全”为主题的宣传画。教师展示学生创作的宣传画，介绍宣传画的简单知识，引导学生说说关于宣传安全的语句、口号。如“不能独自到河边玩水”“划船真好玩，蹦跳要不得”“保护自己，远离危险”等宣传语。（板书：宣传画）

**【设计意图】**引导学生在生活中选择健康、安全的娱乐活动和运动方式，培养学生的安全意识；通过思考宣传画标语，训练学生的文字归纳能力；总结安全标语和口号，为接下来的学习打下基础。

2. 教师展示标题有艺术字的宣传画作品，学生欣赏并交流，引出本课学习内容“艺术字”。教师鼓励部分计算机水平高的学生探索插入艺术字的方法，并将学生的操作过程进行展示。教师启发学生分析艺术字，体会艺术字

的图片属性（可随意缩放、拖动）的优点，以及造型多样的形式美。（板书课题：艺术字儿添活力）

**【设计意图】**引导学生欣赏宣传画中的艺术字，明确本课的学习任务；通过部分学生尝试插入艺术字的成功体验，激发全体学生的探索欲望。

**三、详尽演示，自主探究**

1. 教师详细讲解并演示插入艺术字的操作过程，学生观察操作过程并学习操作方法。学生利用前一环节的练习文档，根据文字内容，自由选择艺术字样式进行创作。教师巡视，对能使用艺术字八个控制点进行大小缩放、旋转操作的学生及时给予肯定，对构思恰当的作品进行表扬。（板书：插入艺术字——美观）

**【设计意图】**通过具体详细的讲解和演示，教给学生正确、合理和高效使用软件的方法，让学生感受到制作过程的简单和快捷，消除学生的畏惧心理；不规定具体的形式和内容，让学生自由创作，激发学生的创意灵感。

2. 教师挑选部分有代表性的作品，提出“如何移动艺术字”的问题，学生自主探究。学生分析、讨论如何对现有形式的艺术字进行移动、旋转，以及如何进行形状、色彩的改造。

**【设计意图】**采用自主探究的学习方式，适度引导学生思考、探究、理解信息技术，培养学生主动学习的意识。

**四、同伴互助，综合应用**

1. 展示部分优秀作品，邀请使用艺术字工具栏对艺术字进行深入编辑的学生进行过程演示。引导学生分小组交流艺术字不同的编辑方法，和同伴共同讨论自己的宣传画将选择何种艺术字样式、哪些编辑方法和最后想达到什么样的效果。（板书：编辑艺术字——独特）

**【设计意图】**开展同伴互助活动，让学生中的“小老师”发挥作用，引出本课学习重点——艺术字工具栏的使用；通过共同讨论，强调创作艺术字作品前创意构思的重要性。

2. 教师提供练习素材，学生根据自己创作的宣传语，选择较合适的图片，利用艺术字工具栏和图片工具栏创作宣传画，构思并编辑不同形式和风格的宣传画。教师对不同层次的学生提出不同的设计要求，随时评价，对学生的闪光点及时给予肯定。

**【设计意图】**练习素材针对不同层次的学生，任务要求分水平，以适应学生的个体差异；通过随机评价，鼓励学生自主实践、勇于创新。

**五、多样评价，总结提升**

1. 教师展示形式和内容较完美的作品，师生共同分析图片和艺术字的组合关系（文字叠加于图片之上）。学生完善作品，自由选择普通文字或艺术字形式，在作品的合适位置署上自己的名字。（板书：快乐的假期属于你！）

2. 学生互相欣赏具有独特风格的宣传画，小组评选出优秀作品并在全班进行展示。教师引导学生进行自评和互评，教师评价有特色的作品。

**【设计意图】** 让学生感受无处不在的美和创造美的快乐，获得成就感。

## 板书设计

艺术字儿添活力

宣传画
插入艺术字——美观
编辑艺术字——独特

快乐的假期属于你！

## 教学反思

本课教学设计动手操作环节较多，教学素材和资源准备较多，对教师的教学水平提出了较高的要求。对于小学四年级的学生而言，设计制作宣传画是一项相对复杂的任务，为保持学生学习信息技术的兴趣，使他们获得成就感，我将整个教学内容活动化，教学过程模块化。本课通过一条贯穿始终的主线将所有教学环节连为一体，让学生体验信息技术与语文、美术学科的整合，感受成功的喜悦，最终以体验宣传画的制作过程来学习、巩固艺术字的操作和编辑方法。由于操作技能的提高隐含在制作活动中，所以我把对学生和作品的评价重点放在了使用艺术字的创新效果方面。

## 个人简介

寇拥军，男，小学高级教师，现任陕西师范大学绿地浐灞小学副校长、陕西师范大学附属小学校长助理。在陕西师范大学附属小学主要负责学校信息技术学科的教学和教育技术研究的工作。近年来，先后主持和负责了学校“十五”和“十一五”全国教育技术研究专项课题、陕西省基础教育“十一五”资源建设与应用专项课题、中央电教馆与美国 World Links 组织合作项目“信息技术与课程整合”课题。2006 年被陕西省教育厅评为陕西省中小学现代教育技术课题研究优秀个人。在教研方面，有多篇论文在《中国教育信息化》《陕西教育》《教育教学论坛》《中小学电脑报（教研版）》等报纸杂志上发表。

## 专家点评

小学信息技术课程是一门应用性课程，培养学生应用信息技术解决实际问题的能力是课程教学的核心目标。本课教学设计以教师为主导，学生为主体，让学生在轻松愉快的氛围中完成了学习任务，学生学得愉快，教师教得轻松。

学生通过宣传画的制作，掌握了艺术字的插入、编辑和操作技巧，感受到成功的喜悦。整个教学过程以培养学生的动手实践能力为核心，同时注重培养学生的语言表达能力和团结协作精神，较好地完成了教学目标，达到了信息技术课应有的教学效果。

在教学方法上，本课中知识和技能的传授以“任务驱动”为主，注重学生解决问题能力的培养。整个教学从完成制作宣传画各环节的具体任务着手，让学生在做中学，在应用中提高，在具体的任务中获取信息，在处理信息的过程中进行实践和锻炼，培养了学生的自主学习能力和探索精神。学生围绕制作以“安全”为主题的宣传画，不断地探究学习，这不但激发了学生的探索热情，也使教学内容与生活实际较为紧密地联系起来。这种寓教于乐的形式，可以给学生留下非常深刻的印象。

陕西省教育科学研究所　白　珍

# 幼教学科

# “让谁先吃好呢”教学设计

陕西师范大学幼儿园　刘江艳

## 教材分析

此次活动选材于优秀的数学绘本故事《让谁先吃好呢》。故事中，动物们发现了一个诱人的桃子，为了决定让谁先吃而展开了一系列的测量、比较和排序活动。这一绘本最大的魔力是把乏味的“排序”完美地蕴藏在美妙的故事里，故事内容与数学知识结合得非常好。

这一绘本故事中隐藏着两条线索，第一条线索是“让谁先吃好呢”，这就像一个谜，始终贯穿于故事之中，深深地吸引着幼儿；第二条线索是动物们按某一特征进行排序。在活动中，教师可以把握两条主线，以故事情境为切入口，利用故事情境推动幼儿对排序经验、比重经验的建构，自然无痕地渗入排序方法的介绍，融入称重游戏、符号的实际运用等。

## 学情分析

大班的幼儿已经有了比较丰富的知识储备，喜欢具有挑战性的学习活动。本次活动以《让谁先吃好呢》这样一个幽默生动、结尾出人意料的绘本故事为切入点，借助有趣的故事情境，激发幼儿的探究兴趣，采用灵活多样的学习形式凸显数学的本质，让幼儿在观察、比较、发现等一系列探索活动中学习排序方面的数学知识，促进幼儿数学思维能力的提高。

## 资源利用

记录卡，多媒体课件。

## 教学目标

1. 尝试根据物体的高矮、轻重等不同特征进行排序。
2. 能运用简单符号记录排序结果。
3. 体验帮助他人所带来的快乐与成功感。

## 教学重难点

重点：按动物个子高矮、嘴巴大小、耳朵长短、尾巴长短、体重的轻重进行正向、逆向排序，理解逆向排序。

难点：运用简单符号记录排序结果。

## 教学过程

**一、开始部分**

1. 以“桃子”导入，引出故事。(播放课件)

师：咦，这是什么呢？(桃子)

师：看看，这个桃子长得怎么样？

师：哇，这样一个诱人的大桃子，你们想吃吗？

**【设计意图】**以诱人的桃子导入活动，引发幼儿的兴趣，激起幼儿品尝桃子的欲望，为他们理解动物看到桃子后急于品尝的心境做好铺垫。

2. 了解几种动物的主要特征。

师：诱人的大桃子引来了一群小动物，你们看，它们都是谁？数一数，一共有几位朋友？(有猴子、长颈鹿、兔子、犀牛、鳄鱼、毛毛虫，共六位朋友)

师：每种动物都有一个最大的特征，你能把它的特征和它的名字一块儿说出来吗？(长耳朵小兔、大嘴巴鳄鱼、高个子长颈鹿、长尾巴猴子、大肚皮犀牛、小小的毛毛虫)

**【设计意图】**让幼儿把动物的最大特征和动物的名字完整讲述出来，既发展了幼儿细致描述的能力，又使幼儿对这六种动物的主要特征有了清晰的认识，为接下来的“按动物的不同特征进行排序”做了有效铺垫。

3. 设疑激趣，导入主题。

师：这群动物都想先吃这个桃子，可让谁先吃好呢？你有什么好办法？

**【设计意图】**通过提问，巧妙地引出本次活动的一条暗藏线索“让谁先吃好呢”；让幼儿自由讨论，能激发起他们参与活动的浓厚兴趣。

**二、基本部分**

1. 启发幼儿按照动物个子的高矮进行排序。

(1) 播放课件，引出根据动物个子高矮进行排序的方法。

长颈鹿说：“我们按个子的高矮来排序，谁最高谁先吃。”

（2）引导幼儿尝试用目测的方法进行高矮排序。

师：请你按照动物个子的高矮，给它们排排队。

（3）观看课件，通过比较，引导幼儿说出测量高矮的正确方法。

师：我们来看看动物们是怎样比的。（播放课件）

师：你觉得鳄鱼的方法对吗？（不对，测量的时候要站在一样高的地方，要站直了，不能把尾巴算上，踮起脚来也不行）

（4）引导幼儿尝试用简单的符号记录排序结果。

师：动物们整整齐齐地站好了，从高到矮排序，谁最高？第二、第三高的是谁？接下来轮到谁？第五高的是谁？最矮的一个是谁？

师：我们来记录一下比赛的结果吧，用什么样的符号可以表示从高到矮呢？

**【设计意图】**按动物个子的高矮排序时，问题深入浅出地有效推进，使幼儿掌握了高矮比较中参照对象的统一性，从而为引出幼儿自主根据动物的不同特征进行排序的环节做好准备。

2. 自主探索，动手操作——按动物身上的不同特征进行排序。

（1）引导幼儿讨论多种排序方法。

师：如果你是其他动物，你愿意以这样的顺序来吃桃子吗？有什么好的办法能让你喜欢的动物当第一名？你会用几种办法给动物排序？

（2）幼儿自主排序，尝试在记录卡上记录操作结果。

**【设计意图】**此环节中，并不呈现故事中其他动物排序的情节，而是鼓励幼儿展开联想，自主尝试根据动物的不同特征进行排序，并尝试用自己设计的简单符号记录排序的结果，充分体现了幼儿的主体性。

3. 集体讨论多种排序方法。

师：你是怎样给动物排序的，为什么这样排？动物们也是这样排序的吗？

（1）按照动物耳朵、尾巴的长短以及嘴巴的大小等特征排序，让幼儿集体进行讲述。

（2）按照体重排序，引导幼儿观看课件，运用大于号、小于号、等号等记录操作结果。

① 回忆玩跷跷板的经验，帮助幼儿按体重给动物排序。

师：体重得怎么称啊？犀牛用了什么办法呢？（跷跷板）

师：你们玩过跷跷板吗？跷跷板是怎么玩的？想一想，跷得高的一头表示重还是轻呢？跷得低的呢？如果跷跷板是平的，又说明了什么呢？

师：怎么用跷跷板称出动物们的重量，比出谁重、谁轻呢？（跷跷板的一端坐动物，一端放上石头，数一数石头的数量就可以了）

**【设计意图】**故事中用跷跷板称体重的情节，幼儿不易理解，因此利用启发式提问，联系生活中玩跷跷板的经验，为幼儿搭建了思维的平台。

② 幼儿数石头，教师观察指导。

师：请小朋友帮助动物们数数每个跷跷板上的石头，数完后把石头的数量记在记录卡上。

③ 幼儿交流结果，教师记录。

师：谁的跷跷板上石头最少？毛毛虫连一块石头的重量都没有，我们应该怎样记录呢？

师：猴子与石头的比较情况，应该怎样记录呢？

**【设计意图】**引导幼儿运用合适的符号记录操作结果，既是对动物与石头比重结果的科学表示，又增长了幼儿对大于号、小于号、等号实际运用的经验，实现了幼儿数学知识的有效整合。

4. 再次探索，动手操作——尝试逆向思维的排序。

（1）播放课件，呈现故事结尾。

师：动物们想了各种办法来排列顺序，可是，最后大桃子却被毛毛虫先吃了，为什么会这样呢？

（2）幼儿再次探索，尝试逆向思维的排序。

师：毛毛虫怎样才能使自己排第一呢？

小结：故事的最后是弱小的毛毛虫排在了第一，毛毛虫是以智取胜的，因为它运用了与其他动物不同的逆向排序的方式，它不仅是个子最矮的第一名，还是体重最轻、嘴巴最小、耳朵最小的第一名，由此获得了胜利。我们要通过这个故事学会一个道理：不要小看自己，要学会相信自己。

**【设计意图】**因为前面幼儿都沉浸在从最高、最大、最重的动物起排的排序方法中，这时出乎意料的故事结尾的呈现，引发了幼儿的疑问，在发现问题、解决问题的过程中，让幼儿再次通过自己的探究解开谜底，最终主动获得逆向思维排序及多维角度排序的经验。

**三、结束部分：小组讨论，合作探索**

1. 每组幼儿按自己组内幼儿的特征进行多角度、正向和逆向排序并进行记录。

2. 交流不同的排序方法。

小结：刚才我们用了各种不同的方法来排队，你们真棒！在平时的生活和学习活动中，我们也要相信自己，我们是最棒的！在我们的生活中，有许多的比较方法，只要你认真观察，就会找到许许多多的排列方式。

**【设计意图】**这个环节旨在引导幼儿学以致用，从故事回到生活，迁移经验，不断探索，对后续学习产生积极的影响。

## 教学反思

布鲁纳说过："学习最好的刺激是对所学的教材感兴趣。"教师如果能通过创设教学情境，将所学内容寓于其中，使幼儿所学的知识有情、有境，就能引起他们极大的学习兴趣。因而在此次活动的设计中，我将《让谁先吃好呢》这样一个幽默生动、贴近幼儿生活的绘本故事转化为数学活动，创造性地设计了教学环节。在教学中，我以探究为主线，引发冲突，力求通过多方猜测、积极验证、练习巩固等环节，让幼儿对原本乏味的排序活动产生兴趣，重新建构排序的经验，促进幼儿良好数学思维品质的形成。

**一、教学过程生动有趣，自然流畅地完成教学目标**

本次活动借助故事中隐藏着的两条线索展开，第一条是"让谁先吃好呢"，第二条是动物们按某一特征进行排序。在活动中，我以《让谁先吃好呢》中的情境为切入口，利用故事情境促进幼儿对排序经验、比重经验的不断建构。整个教学过程生动有趣，两条主线并驾齐驱、相互交织，使教学目标在过程中自然展现、层层铺展、一一达成。

**二、注重启发式提问，激活幼儿思维**

培养数学思维品质比获得数学知识更为重要。因此，我在活动中注重有效地运用设疑、插问、推问等方式，不断帮助幼儿迁移生活经验、游戏经验、知识经验，以激发幼儿对作品内容的好奇心与探究欲，激活幼儿的思维。可以说，有效的提问使整个活动结构严谨、自然流畅。

**三、突出尝试与猜想的过程，关注幼儿的自主探索**

《让谁先吃好呢》这个有趣的故事除了蕴含着排序的元素外，还要让幼儿懂得看事情不能只从一个角度看，换一个角度看问题会有更多的发现。因此，我在活动中注重突出幼儿尝试与猜想的过程，当引出"谁先吃"的问题时，我让幼儿尝试将自己喜欢的动物排第一，以此引导幼儿大胆猜想，简单记录。这一自主探索环节，培养了幼儿的自我意识，发挥了幼儿的主体作用，使幼儿在活动过程中不仅学习了知识，更发展了能力。

但在教学过程中，也留下了一些遗憾。由于活动中突出幼儿的主体性，而幼儿的猜想、尝试存在着不可预见性，这就要求教师进一步提高自己的应变能力，以处理好活动中随机生成的各种问题。

遗憾促进反思，相信不断反思会使我不断成长，让我更具智慧地进行教育。

## 个人简介

刘江艳，女，现任陕西师范大学幼儿园保教干事。2005 年被评为西安市基础教育课程改革工作先进工作者，2010 年被评为市级骨干教师，2012 年荣获“陕西省教学能手”称号，多次在省、市、区幼儿教师基本功大赛及赛教活动中获奖。撰写的《幼儿观察记录能力的培养研究》《浅谈在亲子园活动中对家长教育行为的指导》等多篇论文获得省、市多个奖项。先后参与中国学前教育研究会“十五”课题“教师自我成长与幼儿园师资队伍的整体优化”，中国学前教育研究会“十一五”课题“亲子活动现状、问题与指导策略的研究”等多项国家、省、市级课题研究，并获得奖项。参与编写的《幼儿园整合性家园共育资源包·成长快乐》《亲亲宝贝活动课程》等 10 余种教材被幼儿园广泛使用。

## 专家点评

本次活动的选材独特，教学方法多样，教师有效引导幼儿参与活动，激发了幼儿的活动兴趣，增强了幼儿的探索能力，并利用多样化的方式培养了幼儿的合作能力。

**一、选材独到，贴近现实生活，易发生学习迁移**

数学绘本故事《让谁先吃好呢》本身就蕴含了一个有待解决的难题“哪个动物先吃桃子更好呢”，教师通过设置悬疑引起幼儿的兴趣，较快地与教学内容衔接起来。其实，以带有问题的故事导入教学，可以使幼儿轻松地解决这一类的难题，并从故事迁移到现实生活。幼儿较浓厚的学习兴趣会让他们在生活中生成类似的“比较游戏”，如比较一家人的身高，按照身高（或年龄）排序。幼儿园教学的目的不正是引导幼儿将学会的本领迁移到生活中吗？

**二、教学过程环环紧扣，幼儿活动参与度较高**

这样的教学既满足了幼儿园大班学生的探索欲望，又能帮助幼儿理解

“比较”本身存在的多样性——维度（参照物）不同，比较的结果会不一样。幼儿对事物的认知是通过实际经验建构的，因而通过这样一种学习方式，能使幼儿感受到科学中的“多维变化”。

**三、融数学与科学于一体，体现了综合课程的精髓**

此次教学活动虽然定位于科学领域，但其中也蕴含了数学教育成分，如比较、排序、测量，因此，它是涵盖数学与科学的综合课程。现今综合课程已成为幼儿园教学的一种趋势，探索其他领域活动与数学活动的融合是幼儿园课程发展的新方向。幼儿教师可以反复研究自己的教学设计，从中发现实施综合课程教学的契合点。当然，这也是目前园本化课程的一种有效探索与实验。

**四、教学环节设计巧妙，关注幼儿的全面发展**

从教学中可以看出，教师的教学思维活跃，教学环节设计灵活巧妙，每一步的设计都从教师已有的教学经验出发，关注幼儿的自主探索与人格培养。在教学过程中，教师采取小组合作探索的方式，让学生更好地学会了团队合作。

在整个教学过程中，教师有效发挥了自己作为幼儿教师的教育智慧，对幼儿进行了有效引导。希望在今后的教学中，教师多关注幼儿的心理变化，抓住每一个可能生成问题的机会，采取灵活的教育措施，帮助全体幼儿实现全面发展。

陕西师范大学教育学院　李少梅

# "有趣的沙画"教学设计

陕西师范大学幼儿园　刘江艳

## 教材分析

沙画艺术是一种极具创造性的艺术，可分为动态和静态两种，无论是素描、动漫，还是书法，都可以通过沙子和光影的完美结合呈现出来，完成后可使用相机拍照留底。沙画在材料上的创新，很适合幼儿的心理特点，更容易被幼儿接受，并能博得他们的持久喜爱。学习沙画不仅有利于促进幼儿手部肌肉的正常发展，还有利于培养幼儿的艺术表现和创造能力。

## 学情分析

幼儿园的美术活动是为了让幼儿具备初步的审美意识，挖掘和发挥幼儿的创造能力。大班幼儿已积累了一些美术活动经验，对新鲜事物有着强烈的探究欲望。在此基础上，开展"有趣的沙画"艺术活动，不仅符合幼儿爱玩沙的心理，又利用沙子的特性，将其与艺术活动巧妙结合，给幼儿以丰富的感官刺激和美的享受，也为幼儿提供了大胆尝试、自由创造、充分表现的机会。

## 资源利用

视频素材，投影仪，照相机，盘子，操作台，沙子，小毛巾，盆。

## 教学目标

1. 知道沙子的特点，初步学习用沙作画。
2. 能够大胆用沙画表现自己的想象。
3. 感受沙画的艺术魅力，体验活动的乐趣。

## 教学重难点

重点：知道沙子的特点，初步学习用沙作画。
难点：能够大胆用沙画表现自己的想象。

## 教学过程

### 一、开始部分

1. 经验铺垫，激发兴趣。

师：你们喜欢玩沙吗？你会怎样玩？

**【设计意图】**从幼儿感兴趣的玩沙活动展开谈话，一方面调动幼儿活动的兴趣，另一方面引导幼儿通过谈话回忆玩沙的经验。

2. 教师设疑，引向主题。

师：老师很喜欢一种玩沙的方式，你们想知道吗？

**【设计意图】**教师在这里以玩伴的身份介绍玩沙的方法，拉近了与幼儿之间的距离，激发了幼儿的好奇心。

### 二、基本部分

1. 教师示范，引导幼儿初步感知。

(1) 伴随舒缓、优美的音乐，教师边轻柔讲述，边现场用沙作画《秋天的故事》。

**【设计意图】**幼儿的感知多处于直观感知水平，具有形象性和能动性的特点。在这一环节，借助投影仪让幼儿清楚、直观地欣赏。教师形象的展示，会给幼儿留下深刻的印象。

(2) 引发幼儿讨论，初步认识沙画。

师：我是怎样玩沙的？（用沙作画）

师：它与以往的画有什么不同？

师：我们可以给这样用沙作的画起什么名字？

师：刚才我先画了什么？又变成什么？你还看到什么？

小结：用沙子不仅可以玩堆沙、挖沙等游戏，还可以作画。沙画不用纸笔，是在沙子上直接用手作画。

**【设计意图】**运用启发性提问，引导幼儿感受沙画的独特性和趣味性，将幼儿的注意力转移到主动观察与欣赏中，使之成为积极主动的参加者。

(3) 讨论作画内容，激发作画兴趣。

师：你想不想自己来制作一幅沙画呢？你想画什么？

**【设计意图】**由对教师作品的观赏转到幼儿自己作画，激发幼儿的兴趣，并借此鼓励幼儿大胆想象，完整表述，为接下来的自由创作做好准备。

2. 幼儿作画，自主探索。

(1) 与幼儿共同讨论用沙作画的要求。

师：用沙作画时，我们应该注意什么？怎样做才不会将沙撒在外面？如果不小心撒在外面了应该怎样办？作画结束后，我们应怎样做？

教师提出要求：

① 作画时不用手揉眼睛，画完后用毛巾擦手。

② 撒沙时，轻轻地撒，不撒在沙盘外。

③ 创作完一幅画时，提醒老师为其拍照留影，之后再创作第二幅画。

④ 作画结束后，将所有物品收放整齐。

**【设计意图】**为了避免幼儿玩沙时出现安全隐患及不愉快的事情，在幼儿自由玩沙前，教师与幼儿共同制订玩沙的规则。自主制订规则，能够加深幼儿对规则的理解，使幼儿乐于遵守。

(2) 幼儿初次尝试用沙作画，教师巡回指导。

**【设计意图】**《纲要》指出，艺术是幼儿表达自己的认识和情感的重要方式。因此，这个环节只是鼓励幼儿自由创作，不拘一格地作画，自由地表现自我，并不传授具体的作画方法，避免束缚幼儿的创造力。

(3) 借助投影仪，适时引导幼儿互相交流作画方法。

漏——画线条的一种方法。

抠——可以抠出果子、眼睛、花边等。

捏——捏出图形等。

刮——有大面积空白时会用到这个方法。

抓——大树、雨水等。

师：你画的是什么？是怎样画的？到这里来展示给大家看吧。

**【设计意图】**当幼儿看到自己的作品通过投影仪呈现出来，既感到新鲜，又能从中获得成功的体验，从而使幼儿更乐于分享自己不同的作画方法，同时也能将其他幼儿的注意力从操作中转移过来，促进幼儿间相互交流，丰富幼儿的作画经验。

(4) 拓展经验，再次创作；教师巡回指导，并为作品拍照留影。

师：刚才我们学到了那么多的方法，让我们再来试试吧。

**【设计意图】**启发幼儿运用已有的技能和新的方法组合创作。针对幼儿操作中存在的问题给予针对性的指导，促使幼儿在进一步的尝试中更加大胆地创作，取得更大的进步。

3. 展示作品，分享观赏。

师：小朋友们真棒，创作了许多美丽的沙画，老师将它们都拍下来了，让我们一起来欣赏吧。

师：说说自己都画了什么？

**【设计意图】**儿童是天生的艺术家，需要教师真诚地去发现、去接纳、去欣赏他们的作品。这里将所有的作品展示出来，并启发幼儿根据自己创作的画面，试着去讲述作品，要求讲得有顺序、较完整，发展幼儿的语言表达能力。教师没有进行过多的讲评，而是让幼儿自己去体验每一幅作品中的美，去寻找其中的亮点，为幼儿提供了自我展示的舞台，使他们从中获得满足感及成就感。

**三、结束部分**

1. 播放视频，欣赏沙画大师的艺术作品。

2. 谈话。

师：看完大师的沙画，你有什么感觉？这些作品和我们的作品有什么不同？

总结：沙画大师的作品美妙吗？艺术是无处不在的，在生活中，只要你有一双善于发现的眼睛，愿意动动你能干的小手，你就可以将任何东西变成一件艺术品，成为艺术大师。

**【设计意图】**通过展示大师作品，使幼儿更深刻地感受到沙画艺术的魅力，再次激发幼儿对沙画艺术的浓厚兴趣，在幼儿心中点燃热爱艺术的火种。

## 教学反思

美术活动是幼儿最喜欢的活动之一。在全面实施素质教育的形势下，幼儿园的美术教学也在其中一直扮演着重要的角色。在美术教学方面，我也在不断地探索新方法，开创新路子。我逐渐认识到，幼儿笔下那稚拙可爱的形象是最生动有趣的，谁说他们只是随意地涂涂画画呢？此次活动中，我尝试用一种新的美术活动形式，以激发幼儿感受美、表现美的兴趣，丰富他们的审美经验，使之体验自由表达和创造的快乐。

**一、选材的新颖**

大班幼儿已经具有较丰富的美术经验，他们开始不满足单调的绘画形式。“沙画”这一内容，对于幼儿而言，是新鲜的、奇妙的，是愿意探索并乐在其中的。这一点为整个活动的顺利开展奠定了良好的基础。

**二、方法的创新**

过去的美术教学，会把幼儿绘画看作是一种单纯的技能训练，只注意幼儿线条画得好不好、像不像，颜色对不对，是否与教师的范画一样……这样便束缚了幼儿的想象力，抑制了幼儿创造力的发展。因此，在本次活动的设计中我注重突出幼儿的创造，在简单示范后，鼓励幼儿大胆想象，自由创作。在幼儿自由创作的过程中，我适时组织幼儿进行交流，通过对幼儿作画方法、作画内容的展示，引导幼儿学习多种作画方法。此时，我作为一个分享者，适时地引入幼儿未尝试的方法进行补充。接下来再次用沙作画，幼儿更加投入地运用着分享交流来的方法大胆创作。在整个活动中，我注重培养幼儿发现美、表达美的意识，以丰富的想象和独特的创造来发展幼儿的潜能和个性，使幼儿的能力和人格均得到健康成长。

**三、多媒体设备的巧妙运用**

在此次活动中，我大胆运用多媒体教学设备，取得了良好的教学效果。如投影仪的使用，将教师、幼儿的作品以及作画的过程完整而清晰地呈现给大家；照相机的巧妙使用，克服了沙画这一流动艺术不易保留的缺点，记录下一张张稚拙而富于创造力的作品。最后借助多媒体呈现沙画大师的作品，使幼儿被沙画艺术深深地吸引。多媒体教学设备与整个活动的有效融合，使艺术之美更加熠熠生辉。

**四、恰当有效的评价**

在活动的评价环节中，我没有单纯地评价谁画得好，谁画的景物多，而是从幼儿的参与性、积极性、创造性，从幼儿每一幅作品的亮点去欣赏、接纳幼儿。画无成法，教无定法，我想这正是美术教学活动所要追求的目标。

本次活动也存在一些不足之处。在对让幼儿体验沙画的流动美方面，我的引导不够，导致幼儿的作品画面没有连续性，只是单幅呈现。另外，对沙画艺术的学习与创作不应局限在一次活动中，可以随着幼儿兴趣的发展，在沙滩、沙地等不同场所继续延伸，也可增加光与影的效果。

## 专家点评

本次活动的教学设计流畅，层层递进，整个活动使幼儿念念不忘，同时，幼儿的多方面能力得到了较好发展。

**一、教学目标达成度高，实现了“儿童本位”的教育目的**

本次活动无论是教学目标、教学实施还是教学评价，都较好地体现了

"以幼儿为中心"的要求。同时，三个维度的教学目标达成度较高，幼儿通过此次沙画练习，深入了解了沙画的制作原理，丰富了对艺术领域的认知；亲身体验了沙画制作过程，发展了身体肌肉动作能力，满足了身体运动的需求，有效增强了幼儿的绘画技能；扩展了幼儿的艺术思维，很好地促进了幼儿"最近发展区"的发展。

**二、结合生活实际实施教育，并进行有效扩展**

教师以幼儿生活经验为切入点，以幼儿感兴趣的玩沙游戏导入艺术活动，贴近幼儿生活，较好地满足了幼儿的游戏需求。喜欢玩沙、玩水是幼儿的天性，他们只要一见到沙、水就表现得非常兴奋。教师此次选材满足了幼儿在现实生活中开展游戏的愿望，受到了幼儿的欢迎，奠定了幼儿后期学习沙画的基础。

在整个活动过程中，教师时刻强调幼儿良好生活习惯的养成——玩沙时防止沙子进眼，玩沙后及时洗手。教师注重将幼儿园教育教学与幼儿保教工作有效结合，体现了幼儿园"保教并重"的精神。

**三、多媒体设备运用为有效教学组织加分**

幼儿园教育教学中极为重视教师所采取的教学手段，因此，在一次活动中变换教学方法，既能缓解幼儿对单一教学方式的疲劳，又能吸引幼儿注意，维持幼儿兴趣。多媒体设备——投影仪的使用，在幼儿实际操作的过程中既能提供清晰的展示，又能让幼儿在投影的过程中亲身进行艺术活动，体验新型艺术的创造过程。

**四、注重对幼儿作品的记录与评价**

在幼儿沙画制作完成后，教师安排了为幼儿沙画作品拍摄留影的教学环节。这个环节实质是对幼儿作品的一种记录。刘老师没有采取传统的评价方式和单纯地夸奖幼儿作品，而是保留幼儿作品。一方面，这是一种长时性评价，这样的评价方式扩大了评价主体的范围，不仅是幼儿教师，全体幼儿和幼儿家长也进入评价行列。另一方面，保留沙画作品既可以作为今后幼儿园环境创设的素材，丰富环境创设的内容，也可以让幼儿经常在幼儿园看到自己的作品，增强幼儿的成就感。同时，家长参与教育评价，能及时、有效地关注幼儿的艺术发展水平。

**五、教师自我反思深刻到位，体现了较高的专业发展水平**

教师自我反思是教师专业成长的途径之一，每一次教育活动都需要教师的自我总结和自我反思，既要反思教学活动的优点，也要反思缺点和不足，不断进步，不断完善。而且，这种持续性的教育反思也是整个教师团队必须完成的功课。

本次活动是教师引导幼儿对艺术创作的大胆尝试，激发了幼儿的艺术学习动机，给所有人上了生动的一课。但此次活动的延伸略有不足，还需教师在今后的教学中注意这一问题。

陕西师范大学教育学院　李少梅

# “猫和老鼠”教学设计

西安市第一保育院 王 昆

## 教材分析

“猫和老鼠”是“我爱家乡”主题活动里的一节艺术活动课，其目的是让幼儿进一步感受家乡的文化特色，以学习方言歌曲为切入点，让幼儿在愉悦的歌曲演唱中进一步了解和传承家乡的文化特色。《猫和老鼠》是一首由教师创编、具有浓郁文化特色的陕西方言歌曲，讲述了小老鼠在深夜偷油吃被猫发现了，急急忙忙逃跑的故事，内容简单易懂，故事中的角色也是幼儿特别熟悉和喜欢的猫和老鼠。歌曲的旋律具有秦歌的特色，部分歌词巧妙地运用了体现地方特色的词汇及发音，贴近幼儿的生活，符合大班幼儿的认知发展特点，既能使幼儿在学习过程中充满兴趣，又能使幼儿在学习过程中有所收获、有所提高，还能使幼儿了解民族的语言文化。本次活动的高结构领域为艺术，低结构领域为语言、社会。

## 学情分析

家乡话在幼儿的日常生活中处处可见，电视节目中也有方言版的动画片，生活中随处能听到人们用方言交流……所以，对于大班的幼儿来说，陕西方言并不陌生，有的幼儿甚至会说陕西方言。大班幼儿已经较好地掌握了歌唱的基本方法，了解了二拍子歌曲的特点，能在音乐中表达自己的情感，具有较强的音乐表现能力。大班是儿童语言表达能力明显提高的时期，他们不但能系统地叙述生活中的见闻，而且能生动、有感情地描述事物，语言表达及概括能力较强。但是，所学习歌曲中带有陕西方言发音特点的部分歌词，还需要通过专门的练习才能掌握，对于倚音的演唱还需要不断地练习。

## 资源利用

陕西方言版动画片《猫和老鼠》片段，掌上图谱，歌曲 CD，钢琴。

## 教学目标

1. 了解家乡的语言和文化特色，萌发热爱家乡的情感。
2. 学唱歌曲，尝试用声音表现歌曲的诙谐、幽默。
3. 能初步掌握倚音的唱法，表现秦歌的特点。

## 教学重难点

重点：学唱歌曲，尝试用声音表现歌曲的诙谐、幽默。

难点：能按照陕西方言的发音唱准“老鼠”“二半夜”“吓”“克里马擦”等歌词。

## 教学过程

### 一、开始部分

1. 自由交流“我的家乡”。

师：我是王老师，我的家乡在陕西，我很爱我的家乡。你们的家乡在哪里呢？请小朋友自由发言，介绍自己的家乡。

**【设计意图】**在这一环节中，先由教师进行自我介绍，引出“家乡”这个主题，再让幼儿围绕这个主题自由交流。师生之间相互了解能消除幼儿对教师的陌生感，同时开门见山，直接点题。

2. 方言问好，初步感受陕西方言特点。

(1) 师生互相用陕西方言问好。

师：我们的家乡除了有好吃的、好玩的，还有好听的家乡话，谁会用家乡话和大家问好？

(2) 学说陕西方言：嘹咋咧！

师：小朋友们真棒！用陕西话夸人可以说“嘹咋咧”。

幼儿学说。

师：我们班的小朋友真是“嘹咋咧”！

**【设计意图】**《幼儿园教育工作指导纲要（试行）》（以下简称《纲要》）指出，幼儿学习的新知识要与旧的知识经验有一定联系。所以，在这里引出学生已有的知识经验。同时，用陕西方言“解读”普通话，引起幼儿兴趣，使幼儿对方言充满好奇，对下面的活动充满期待，起到承上启下的作用。

## 二、基本部分

1. 观看陕西方言版动画片《猫和老鼠》片段。

（1）幼儿观看动画片。

师：今天，老师给大家带来了动画片《猫和老鼠》，以前看过吗？今天看的时候，仔细听一听跟你以前看过的《猫和老鼠》有什么不同？

（2）提问，找出不同点。

师：小朋友，今天看的动画片和以前看到的有什么不一样？

**【设计意图】**动画片《猫和老鼠》幼儿非常熟悉，不过平时看的是普通话配音的，而这一次看到的陕西方言配音的，幼儿听觉上受到强烈刺激，会极大地增强他们对陕西方言的兴趣，为下一步说方言、唱方言打下基础。

2. 教师讲故事，引出歌曲。

师：老鼠不仅调皮，还很贪吃。晚上，它“吱吱吱”地叫着到处偷油吃。“喵——”谁来了？老鼠看见猫，会怎么做？来学一学。

幼儿学。

师：对，老鼠就像小朋友这样，吓得急急忙忙地跑回了家。

**【设计意图】**《纲要》提出，教育活动应选择幼儿熟悉、喜欢、感兴趣的事物。故事中的猫和老鼠两个角色以及小老鼠偷油吃的故事情节，正是幼儿特别熟悉和喜欢的，能激发他们的兴趣。同时，故事的讲解提前帮助幼儿熟悉了歌词所要表达的内容，为下一步学唱歌曲做好了铺垫。

3. 学唱歌曲。

（1）教师范唱歌曲。

师：这么有意思的事，我还可以用陕西话唱出来呢，请你们仔细听一听。

① 清唱一遍。

**【设计意图】**歌曲中的部分歌词发音及秦歌的唱腔，与幼儿学习过的歌曲有较大的不同，所以，教师的清唱示范，能让幼儿听清楚歌词中陕西方言的发音及特有词汇的说法，并初步感受秦歌的韵律和唱腔。

② 提问歌词内容并解释歌词中陕西方言的意思，幼儿学说。

师：歌曲里都有谁？老鼠在什么时候偷油吃？被猫发现后，老鼠怎样做的？（重点学说陕西方言“老鼠”“二半夜”“吓”“克里马擦”）

**【设计意图】**对于歌词中不易掌握的几个词汇进行专门的练习。教师通过几个指向性明确的提问，点出所要讲解的方言词汇及其发音：老鼠（fǔ）、猫（在方言中念二声）、吓（hà）、克里马擦（立即、马上的意思），让幼儿在学说的同时理解意思，反复练习，突破难点。

③ 教师再次演唱歌曲（跟伴奏，唱出幽默诙谐的感觉，表情夸张），鼓励幼儿跟唱。

**【设计意图】**教师夸张地演唱，重点强调倚音的唱法，幼儿以跟唱法练习，完成“初步掌握倚音的唱法，表现秦歌的特点”这一教学目标。

（2）利用掌上图谱学唱歌曲。

① 引导幼儿说出掌上图谱的内容。

师：老鼠跑呀跑，哧溜一下都跑到了我这里，你们看上面画的是谁？它在干什么？

② 幼儿利用掌上图谱演唱。

a. 在教师提示下边唱边玩。（跟伴奏）

师：我们边唱边玩，小朋友注意，你唱到一句时，眼睛一定要看到和这一句相对应的那张图。

b. 幼儿再次看图谱演唱。

师：再来试一遍，这次我们起立，用好听的声音来唱。

**【设计意图】**借助掌上图谱，帮助幼儿记忆歌词。同时，幼儿在演唱的过程中观察图谱，调整图谱顺序使之与歌词顺序匹配，发展了幼儿的观察能力，使被动学习变为主动学习。

（3）在学唱歌曲的基础上玩双人游戏。

① 介绍游戏玩法。

师：这首有趣的歌曲还可以边唱边游戏呢。这个游戏要两个小朋友合作来玩。开始小朋友互相拍手，（教师边唱边示范）唱到最后一句时，“猫”的爪子伸出来，“小老鼠”在“猫”的爪子下点一点，点的时候要按歌曲的节拍点，（教师边唱边示范）唱到最后一个字时“小老鼠”赶快跑，“猫”赶快抓，（示范唱到“跑”字时抓的动作）如果“小老鼠”被抓住，就让“猫”刮一下鼻子。

② 幼儿游戏。

a. 双人边唱边游戏两遍。

b. 集体游戏一遍。

**【设计意图】**在幼儿初步学会演唱歌曲后，加入双人游戏边玩边唱，使歌曲的演唱更有趣味性。而游戏的玩法又有一定的竞赛性，符合大班幼儿的发展特点。同时游戏中要求幼儿两人合作按照音乐的节拍拍手，发展了幼儿的音乐能力。

（4）集体玩游戏“抢房子”。

① 幼儿摆椅子。

② 介绍游戏玩法。

师：没有被猫抓到的老鼠跑回家里了，我们用小椅子当老鼠的家来做游戏。这次，你们都来当老鼠，我来当大花猫。小老鼠们边唱歌边围着椅子偷油吃，唱完最后一句，赶紧找个房子躲起来。记住，一间房子只能住一只老鼠。小老鼠们准备开始了！

③ 集体游戏两遍。（播放歌曲 CD）

**【设计意图】**从双人游戏进一步到集体游戏，层层递进，边玩边唱，让幼儿在不同的游戏中熟练地演唱歌曲，同时感受到与同伴合作游戏的快乐。

**三、结束部分**

1. 幼儿自由发言。

师：今天我们学唱了一首这么有意思的家乡的方言歌曲，我更爱我的家乡了。你们呢？我们怎样做才能让我们的家乡更加美丽，让更多的人喜欢我们的家乡呢？

2. 教师带领幼儿用家乡话与听课教师告别。

**【设计意图】**这是此次活动的落脚点，让幼儿在自由的发言中表达对家乡的热爱之情，升华热爱家乡的情感，完成情感目标。

附：《猫和老鼠》歌曲简谱

猫和老鼠

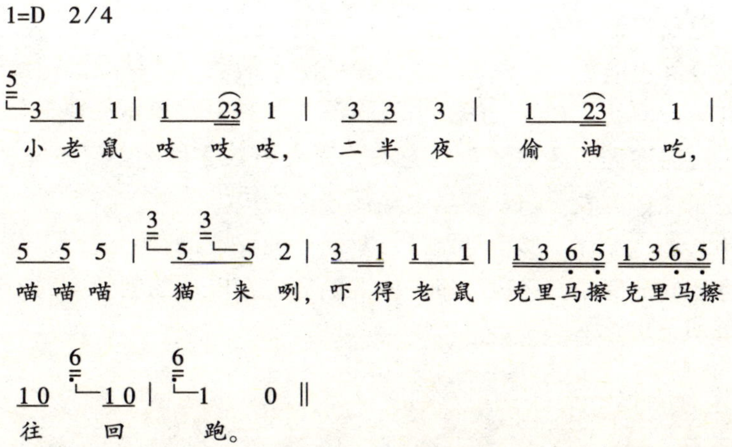

## 教学反思

我感觉本次教学活动充盈着轻松、愉悦的气氛，幼儿通过参与多种生动、活泼的游戏活动，如双人游戏、集体抢椅子、观看动画片片段等，快速融入活动中。

**一、选材新颖有趣**

在我爱家乡的大主题下，以说家乡的方言、唱方言歌曲为核心，以幼儿熟悉、喜欢的猫和老鼠为主要角色，以小老鼠偷油吃的故事情节为内容进行教学，贴近幼儿的生活，有效激发了幼儿的兴趣。

**二、环节层层递进**

在活动的开始环节，以师生共同的家乡为主题的谈话活动，一下子拉近了我与幼儿的距离，消除了陌生感，同时为后面将要学习的新内容做好了铺垫。观看方言版的动画片，讲述小老鼠偷油吃的故事，以幼儿特别喜欢、熟悉的动物形象来引出课题，容易引起他们的关注。我的清唱、范唱成功地吸引了幼儿的注意力，使他们对本次活动的内容产生了强烈地期待和兴趣，为他们的自主探究学习奠定了基础。

**三、教具运用巧妙**

在学唱歌曲环节，引导幼儿从熟悉理解歌词内容入手，借助掌上图谱，帮助幼儿记忆歌词。《纲要》指出，活动内容既要贴近幼儿生活和经验，尊重幼儿知识的系统性，与幼儿兴趣、能力相结合，又要有助于幼儿长远发展。所以，我为幼儿提供的图谱没有按照歌词顺序排列，幼儿在观察、倾听的基础上自我调整图谱，突破了歌词中的难点，进而掌握了歌词。

**四、游戏贯穿始终**

在反复练习演唱中，我加入了多变的游戏活动，将枯燥的一遍遍演唱变得生动有趣，使幼儿在愉快的、由浅入深的游戏中不知不觉地学会了演唱歌曲。这样层层递进的活动环节引导幼儿完成了教学目标，有效降低了难度，增加了趣味性，寓教于乐，使学习显得轻松愉快。

整个活动也存在一些不足之处：对幼儿的评价语言还应再丰富一些；在关注全体幼儿的同时，还应注重个体的差异。在以后的教学实践中我会不断努力，进一步提高、完善自己。

## 个人简介

王昆，女，小学高级教师，西安市第一保育院保教干事，西安市学前教育学科带头人，中国学前教育研究会会员。多次获得优秀团工作者、五四标兵、五四青春榜样等称号。执教的幼儿园大班音乐活动“魔术先生”获得全国幼儿园优质音乐活动展示好评；录像课“我来帮助你”获得陕西省幼儿园优质课评比二等奖。撰写的多篇论文、活动设计获得省、市级一、二等奖，部分发表在省、市级刊物上。

## 专家点评

王昆老师的“猫和老鼠”艺术活动课，教学目标定位准确，重难点设定合理。本次活动将方言歌曲放到课堂教学中，使幼儿能在轻松愉快的氛围中学习。王昆老师通过探索，为我们展示了艺术领域教学实践的一些新思路和新做法，值得我们学习和思考。

**一、将感情的培养放在首位**

活动一开始，教师就以谈话的形式导入“家乡”这个主题，循序渐进地引导幼儿表达对家乡的热爱之情。同时，通过学习具有家乡语言文化特色的歌曲，尤其是对具有幽默、诙谐意味的“老鼠（fǔ）”“吓（hà）”等方言的发音及方言中的特有词汇“克里马擦（立即、马上）”的学习和掌握，让幼儿进一步了解了家乡的语言文化。

**二、选材上别出心裁**

“猫和老鼠”是“我爱家乡”这个大主题下的一个艺术活动，它结合了幼儿的年龄特点，以幼儿熟悉、喜欢的猫和老鼠为主要角色，贴近幼儿的生活，极大地吸引了幼儿的兴趣，同时结合了陕西方言，让幼儿在快乐的学习氛围中感受到家乡方言的趣味性。本活动所选的方言是幼儿在日常生活中经常听到的，但他们可能没有想到这些方言有一天会走进他们的课堂，对他们来说，这首带有“调皮”性质的歌曲比其他歌曲更有意思。

**三、教学方式循序渐进**

首先，以谈话的方式引入“家乡”这个主题；其次，观看方言版动画片《猫和老鼠》片段，让幼儿在熟悉的故事中寻找不同之处；再次，教师讲老鼠偷油吃的故事，引出歌曲；最后，来到主体部分，学唱歌曲。整个活动环节流畅丰满，遵循了循序渐进的教学原则，很好地引导了幼儿的学习。

**四、多种教学方法相结合**

细观本次活动，教师运用了谈话、观摩、故事、示范、利用掌上图谱学唱和游戏等教学方法。综合运用这些方法，既保证了教师主导整个活动，又考虑到幼儿的天性和特征，将枯燥的一遍遍演唱变得有趣，使幼儿在愉快的游戏中学会了演唱歌曲。而且游戏能使幼儿集中精力配合教师，这些或明或暗的游戏都是强有力的课堂推动剂。

总的来说，这次活动充分渗透了《纲要》的理念，以音乐感情为核心，以兴趣爱好为动力，面向全体幼儿，发扬民族传统文化。教师在教学活动中采用了丰富的教学方法和教学手段，充分体现了教师的个性及教学特色，营造了和谐、互动的良好学习氛围。

陕西师范大学教育学院　李少梅

# “蒲公英飞得高”教学设计

西安市第一保育院　王　昆

## 教材分析

“蒲公英飞得高”是“植物——我们的好朋友”主题活动中的一节科学活动。在这个大主题下的认知活动中，幼儿对蒲公英已经有了一定的认识，了解了其借助风传播种子的方式，他们对这一现象非常感兴趣，特别愿意自己操作并看到蒲公英飞舞起来的美丽场景。《纲要》中指出，教育内容的选择要贴近幼儿的生活和经验，所以本次活动的设计从幼儿特别熟悉、喜欢的蒲公英入手，以师生一起用生活中随处可见的废旧材料制作的蒲公英为载体，将幼儿的兴趣及要让蒲公英飞舞起来的愿望与科学知识有效地结合，把运用瓶子如何使蒲公英飞起来，以及用力大小与蒲公英飞的高低的关系（压力大飞得高，压力小飞得低）作为幼儿探究的核心。探究既是科学活动的目标，又是学习科学的方式，亲身经历以探究为主的活动是幼儿认识科学的主要途径。

## 学情分析

中班幼儿具有一定的认识能力，智力处于迅速发展阶段，对周围事物非常好奇，总爱提问题，还常常寻根究底，不但要知道“是什么”，还要探究“为什么”。他们主要依照具体事物的形象和对事物的联想，在动手玩乐中进行思维和想象的。幼儿的观察是随自身的兴趣产生的，他们愿意运用感官去探索、了解新鲜事物，所以只要给他们一点支持、一些引导，就能将他们带入趣味横生的科学世界。

## 资源利用

用废旧材料制作的蒲公英若干，大小相同的干净饮料瓶每人一个，音乐 CD。

## 教学目标

1. 尝试发现能使蒲公英飞起来的不同方法。
2. 在探索中初步感受大气压力的存在。
3. 体验解决问题的快乐，获得成功感。

## 教学重难点

重点：尝试发现能使蒲公英飞起来的不同方法。
难点：在探索中初步感受大气压力的存在。

## 教学过程

**一、开始部分**

1. 播放音乐：《小小蒲公英》。

2. 师生共同表演并进入活动场地。

**【设计意图】**在“植物——我们的好朋友”主题活动中，幼儿听过关于蒲公英的故事，学习了“小小蒲公英”的表演。在这一环节以复习表演的形式激发幼儿对蒲公英的已有认知经验，从而对下面的活动产生探究的愿望。

**二、基本部分**

1. 飞翔的蒲公英。

(1) 幼儿自由操作，尝试用各种办法让蒲公英飞起来。

师：看，这是我们小朋友自己制作的蒲公英。想一想，蒲公英在传播的时候种子会怎么样？（飞舞起来）请小朋友想一想，有什么办法能让蒲公英飞起来，让它的种子传播得更远一些？

(2) 个别幼儿介绍自己的方法。

① 在幼儿自由探索的时候，教师有目的地选择几位运用不同方法使蒲公英飞起来的幼儿让其进行介绍。（如用嘴吹、用手扔、用脚踢等）

② 通过比较的方式了解采用方法不同蒲公英飞的远近也不同。

师：太棒了！我们的蒲公英都飞起来了。为什么有的飞得远，有的飞得近呢？

引导幼儿小结：采用的方法不同，蒲公英飞的远近也不同。

(3) 集体尝试用扔、吹等不同方法让蒲公英飞起来。

师：我们现在一起用扔的方法让蒲公英飞起来。

幼儿集体操作。

师：我们用一样的方法，为什么有的蒲公英飞得远，有的飞得近呢？

引导幼儿说出：用的力气大，蒲公英飞得远。

师（小结）：我们用的是相同的方法，但是用的力气大小不同，所以蒲公英飞得远近也不同。

**【设计意图】** 本环节既有幼儿的自我探索，又有幼儿之间的相互学习交流，在探索与合作中完成第一目标。

2. 蒲公英飞得高。

（1）幼儿每人拿一个干净的空饮料瓶，探索用瓶子使蒲公英飞起来的方法。

师：小瓶子看你们玩得高兴，也想加入，帮助蒲公英飞起来。我们都来试一试，把蒲公英放在瓶口处，看谁能找出好办法让蒲公英在小瓶子的帮助下飞起来。

教师在巡回指导的过程中，鼓励幼儿大胆尝试，并与同伴交流。当发现有探索成功可能性的幼儿时，教师要适时介入，给予帮助指导，使其最先找出用瓶子帮蒲公英飞起来的正确方法。

**【设计意图】** 教师在巡回指导过程中，关注初步探索成功的幼儿，给予指导，使其首先获得成功，以此激励其他幼儿。

（2）请探索成功的幼儿讲解、演示自己的方法。

**【设计意图】** 幼儿个体在集体中的演示能增加幼儿的自信心、自豪感；语言的讲解能发展幼儿的语言表达和概括能力；同伴教同伴的方法，更加容易让幼儿接受，提高了幼儿间相互合作学习的有效性。

（3）幼儿再次使用瓶子，尝试用拍打瓶身的方法使蒲公英飞起来。

**【设计意图】** 让幼儿利用感兴趣的物品，在操作和探索中发现大气压力引起的物体的变化，享受解决问题的快乐，获得成功。

3. 通过实验感受大气压力的存在。

（1）小实验：瓶子吹气球。

师：小瓶子真能干！它也可以帮助蒲公英飞起来。看一看，瓶子里有什么？

幼儿观察后回答：什么也没有。

师：我要让瓶子来吹气球，你们仔细看。

方法：将一个小气球套在瓶口处，教师用力挤压瓶身，气球变大。

(2) 幼儿在讨论、操作中感受大气压力的存在。

师：为什么用力挤压瓶身，气球就会变大呢？

幼儿自由讨论。

师：请小朋友将瓶口对着自己的脸，用力挤压瓶身，有什么感觉呢？

幼儿操作，感受大气压力。

**【设计意图】**教师巧妙地运用小实验，将复杂的科学原理直观地展现在幼儿面前，幼儿能形象地看到通过教师挤压瓶身，确实有气体从瓶口流出，从而使气球变大。在看到的基础上，教师又引导幼儿通过操作亲身体验大气压力的存在。这样先观察后体验、层层递进的教学环节使幼儿充分感受到大气压力的存在，使活动难点得以突破。

4. 比一比。

(1) 幼儿自由结对进行比赛。

师：我们来比一比，看谁的蒲公英飞得更高。

(2) 说说比赛结果并分析原因。

引导幼儿小结：在拍打瓶身时，用的力气越大，蒲公英飞得越高。

(3) 集体比赛。

师：现在让你的蒲公英飞起来吧，看看谁的蒲公英飞得最高！

**【设计意图】**通过结对比赛，引导幼儿发现蒲公英飞的高低不同，发现问题后让幼儿在反复的操作中总结出规律。最后的集体比赛在幼儿了解科学知识的基础上，为幼儿提供了运用科学原理进行游戏活动的平台。

**三、结束部分**

师：你们都是“蒲公英”，我是“风姐姐”，跟我一起去远方旅行吧！

游戏玩法：音乐响起，教师扮风姐姐走到幼儿身边轻轻吹气，幼儿学蒲公英飞舞的样子翩翩起舞。

**【设计意图】**长时间、重复性的探索活动会使幼儿觉得枯燥、无味，这是由中班幼儿的年龄特点决定的，所以在整个探索活动高潮时，便戛然而止，使幼儿觉得意犹未尽，对以后的探索活动充满期待。优美的音乐既能使幼儿身心放松，又能使幼儿感受到蒲公英摇曳、飞舞的美丽画面，受到艺术的熏陶，使之在轻松、愉快的游戏活动中结束本次探究活动。

附：蒲公英的制作方法

1. 取一根长约1米的废旧塑料包装绳，（白色最好，其他颜色也可以）将绳子多次对折，使之折后长约10厘米。

2. 用皮筋将一端扎住，用剪刀将另一端对折处剪开。

3. 用手将剪开一端的包装绳每一根都向外撕开成若干小细条，撕得越细越好。一朵蒲公英就完成了。

## 教学反思

幼儿的科学教育是科学启蒙教育，重在激发幼儿的认识兴趣和探究欲望，帮助幼儿运用观察、比较、分析、推论等方法进行探索活动。好奇、爱玩是幼儿的天性，在这一活动中，在了解蒲公英种子传播方式的基础上，幼儿通过多次尝试找到了能使蒲公英飞起来的多种方法，感受了大气压力的存在，满足了让蒲公英飞起来的愿望。整个活动由幼儿的自主探索贯穿，氛围轻松愉快，在幼儿探索的高潮中结束，让幼儿感觉意犹未尽，激发了幼儿以后继续探索的欲望。

**一、选材恰当，目标定位准确，符合幼儿的年龄特征**

此活动是“植物——我们的好朋友”主题活动下的一节科学活动课，以幼儿熟悉、感兴趣的蒲公英的种子随风飞舞、到处传播为切入点，以幼儿自主探索为主要方法，发挥幼儿的主体作用和教师的主导作用，让幼儿在反复尝试中逐步探索能使蒲公英飞起来的方法，并通过直观的演示实验及亲身感受大气压力的存在。整个活动中，幼儿通过自己的探索解决了问题，获得了成功的体验。

**二、活动材料容易寻找，便于课程的开展**

在本次活动中，幼儿操作使用的材料有喝完的饮料瓶、用过的包装塑料绳等。这些都是幼儿在生活中常见的、容易收集的废旧物品，充分体现了《纲要》中提出的“引导幼儿利用身边的物品和材料开展活动”，也是对幼儿实施环保教育的一种手段。活动中使用的蒲公英是教师与幼儿在活动前共同制作的，这样既发展了幼儿的动手能力，又为教师准备教具节约了时间和精力。

**三、注重个别指导，使幼儿在原有水平上获得提高**

在幼儿探索如何用瓶子帮助蒲公英飞起来的环节中，我在巡回指导全体幼儿的同时，关注较快地呈现有探索成功可能性的幼儿，适时介入，给予指导，使他们能够很快找出用瓶子帮助蒲公英飞起来的正确方法，并为他们提供在集体中展示的机会，让这些幼儿获得了成功的体验，增强了自信心。对于个别自我探索多次失败的幼儿，我帮助其找到原因，并引导他们向同伴学习，提高了幼儿相互学习的有效性。

**四、环节设计层层递进，体现科学性**

我以让蒲公英飞起来为线索，让幼儿在反复尝试中发现，方法不同，蒲公英飞的远近不同；方法相同，用力大小不同，蒲公英飞的远近也不相同，这是活动的第一个层次。幼儿掌握后，为幼儿提供空瓶子，让他们在观察与亲身试验中感受大气压力的存在，这是活动的第二个层次。在比一比的游戏中，幼儿通过看谁的蒲公英飞得高的比赛，了解了用力大、压力大，用力小、压力小的道理，这是活动的第三个层次。整个活动都是在幼儿的自主探索和相互学习中完成的，我只是适时地介入，对幼儿个体提供帮助和指导，充分体现了幼儿的主体作用和教师的主导作用。

当然，教学中还存在着一些问题，如幼儿探索的时间还不够充分，在幼儿演示交流环节应该为更多的幼儿提供机会。在以后的教学中，我将继续完善自己，为幼儿带来更多有趣的活动。

## 专家点评

本次教学目标定位准确，环节设计层层递进，教师组织有序，幼儿兴趣浓厚，是一次符合学前教育原则和《纲要》精神的科学活动。

**一、目标定位准确，实现“以儿童发展为中心”的教育思想**

幼儿的科学教育是科学启蒙教育，重在激发幼儿的兴趣和探究欲望；幼儿的科学教育应该密切联系幼儿生活实际，利用身边的事物和现象作为探索的对象。本次活动从幼儿熟悉、喜欢的蒲公英入手，用生活中随处可见的废旧材料——包装绳制作蒲公英，将幼儿要让蒲公英飞舞起来的愿望与科学知识有效地结合，以用力大小与蒲公英飞的高低的关系作为幼儿探究的核心。在整个教学过程中，教师为幼儿提供了丰富的材料，使他们在科学探究的过程中，懂得简单的科学道理，并体验解决问题后成功的快乐。

**二、教学环节相扣，体现“可接受性”的教学原则**

本次教育活动的设计可以说是环环相扣、层层递进的。围绕目标，活动的设计紧扣“让蒲公英飞起来”，从让幼儿不用任何物品使蒲公英飞起来的方法入手，在反复尝试中发现采用方法不同、用力大小不同，蒲公英飞的远近也不同，过渡到为幼儿提供空瓶子，让幼儿在观察与亲身试验中感受大气压力的存在。在比一比的游戏中，通过看谁的蒲公英飞得高的比赛，让幼儿理解用力大、压力大，用力小、压力小这一道理，使活动难点有效解决。三个层次的游戏相互关联，难度层层递进，让幼儿在感兴趣的活动中产生探究的欲望，主动解决教师抛出的问题，满足了幼儿最近发展区的需要，实现了教学走在儿童发展的前面这一重要的教学设计原则。

**三、注重教育内容的整合，体现素质教育内涵**

幼儿对蒲公英及蒲公英借助风传播种子的方式非常感兴趣。教师能抓住幼儿的关注点，从蒲公英能飞舞的特点入手，用艺术活动引发幼儿的兴趣，通过怎样让蒲公英飞起来的探索，让幼儿自己实验、发现。在探究的过程中，教师给幼儿充分的活动空间和时间，在探索中伴随着健康教育，在动脑的同时发展了肢体动作的协调性。同时，教师将音乐表演、游戏融入活动中，增强了科学活动的趣味性，让幼儿能身心愉悦地参与活动，得到发展。

幼儿阶段的科学学习是在解决问题的过程中发现和理解事物及现象的过程，科学学习的核心是激发探究欲望、培养探究能力。在活动中，教师能发现和保护幼儿的好奇心，引导幼儿通过观察、操作等方法，学会发现问题，是值得幼儿教师们借鉴和学习的。同时，希望教师在活动组织的过程中，不仅要注重让幼儿学会发现问题，更要让幼儿学会分析、解决问题，帮助幼儿积累经验，使之受益终身。

西安交通大学幼儿园　兀　静

# “一根羽毛也不能动”教学设计

西安交通大学幼儿园　周　明

## 教材分析

《一根羽毛也不能动!》的作者是爱瑞卡·席佛曼，这是一本趣味浓、意境美、情感深的优秀绘本，它图文并茂、画面精美，符合幼儿形象思维的特点，是大班“关爱”主题教育活动的优质资源。故事以两个好朋友天鹅和鸭子比本领为线索贯穿始终，内容紧张刺激，出人意料。绘本故事中蕴含着很多道理，如和好朋友在一起应该怎样竞争，一味的坚持就一定是对的吗，朋友和冠军哪一个更重要等。这些深奥的道理不能单纯地说教，而是需要幼儿在特定的故事情境中通过比较来理解，通过体会、衡量来感悟。这个绘本内容非常适合大班幼儿阅读，绘本透过画面和文字传递给我们的感动之处是，在危难的时候，朋友的情谊逾越了争冠军的想法。通过绘本故事帮助幼儿联系生活经验感悟朋友的可贵，引发幼儿进行关于友谊的思考。

## 学情分析

大班幼儿具有一定的社会交往和活动能力，生活经验不断丰富使他们有了交朋友的渴望，也具备了一定的交友能力，但在和朋友的共处中，对什么样的人可以做朋友、什么是真正的友谊等不了解。另外，“坚持”是现在幼儿身上缺少的一种品质，他们在生活和学习中，常常因为困难而选择放弃。随着生动的故事情节的铺开、起伏与发展和矛盾的激化等，不断冲击和唤起幼儿对友谊的进一步感悟，引导幼儿在领略绘本魅力的同时，联系生活展开想象，学会宽容、关怀、珍惜和分享。同时，故事中“我们都是木头人”的比赛也能够让幼儿体会到坚持的不容易，加强大班幼儿的意志力。

## 资源利用

绘本《一根羽毛也不能动!》，电脑，投影仪，自制课件，背景音乐（班得瑞音乐作品）。

## 教学目标

1. 能用连贯完整的语言讲述画面内容，大胆猜测故事情节。

2. 丰富词汇和短句："唯一的""真正的""永远的冠军""坚持不懈"。

3. 理解在比赛中友谊重于冠军的道理，知道朋友的可贵。

## 教学重难点

重点：理解故事内容，能用完整连贯的语言讲述故事。

难点：感悟故事的内涵，知道朋友的可贵。

## 教学过程

**一、开始部分**

师：你有没有好朋友？你和好朋友常常在一起做些什么？有好朋友的感受是怎样的？老师也有很多好朋友，我们来看看它们是谁？

**【设计意图】**开始部分用谈话的方法"热身"，通过聊一聊、说一说、谈一谈，请幼儿介绍自己的好朋友，以及和好朋友常常在一起做些什么，交流一下有朋友的感受，从而自然地导入，引出教师的两位"朋友"，即故事的主人公天鹅和鸭子。这样开门见山，能够快速激活幼儿的已有经验，为新知识的学习做好牵引。同时，拓展幼儿的想象力，引导幼儿积极思考，主动表达。

**二、基本部分**

1. 出示绘本，阅读封面，认识故事主要角色天鹅和鸭子。

师：这两位好朋友是谁？它们有什么不一样的地方？

师：有一天，两个好朋友吵了起来，猜一猜它们是为了什么事情在争吵？

师：你觉得天鹅和鸭子会怎么比呢？

**【设计意图】**绘本的封面，一般都会出现故事的主要角色和故事情节的脉络信息，而大班幼儿已经掌握了一定的观察方法，具备了一定的观察能力，能够捕捉画面的主要信息并进行讲述。幼儿能够联系生活经验，观察到天鹅和鸭子在外形特征、身体形态、习性等方面的不同，但对于它们会比赛什么项目，则会充满好奇和渴望，为继续阅读做好了铺垫。

2. 逐页阅读，感受角色的心理变化，理解故事内容。

(1) 阅读故事的开始部分，了解天鹅和鸭子比赛游泳和飞高的经过。教师快速播放课件第二页和第三页，提问谈话。

师：鸭子和天鹅正在比什么，谁胜了？天鹅会怎么想？你觉得这样比能不能比出谁的本领强？想一想，怎么样比赛才算公平？

(2) 教师完整讲述故事的开始。

(3) 观察课件第四页，引导幼儿看图理解。（引出“我们都是木头人”游戏）

师：天鹅和鸭子这一次比赛什么？比赛的规则是怎么样的？（观察并理解“一根羽毛也不能动”的含义）

(4) 出示课件第五页至第八页，幼儿参与讨论，阅读故事中天鹅和鸭子比赛“我们都是木头人”的经过。

师：两个好朋友比赛时谁来了？（蜜蜂、兔子、乌鸦）发生了什么事？天鹅和鸭子心里分别在想什么？它们动了吗？（引导幼儿感受并大胆表达角色的心理变化）

**【设计意图】** 在讲到天鹅和鸭子比赛游泳和飞高的时候，采用的是快速播放课件后让幼儿自己讲述的方法，充分尊重了幼儿的主体地位。而在教师讲述故事之后，采用了慢速播放方式，引导幼儿仔细观察画面，给幼儿充分的观察时间，使幼儿更好地理解故事内容。在这个环节中，教师的提问完全是开放的，不做过多的提示和干预，为幼儿充分表述留下充足的空间。

3. 体验游戏“我们都是木头人”。

(1) 邀请幼儿自选扮演天鹅、鸭子、蜜蜂、兔子和乌鸦，体会角色的心理。

规则：幼儿边唱儿歌《木头人》边随意行进，儿歌结束时摆好姿势保持不动。蜜蜂、兔子、乌鸦来捣乱，逗天鹅和鸭子发笑，但不能触碰到身体，规定时间内坚持不动者胜利。

(2) 幼儿玩游戏。

第一次游戏后分享交流：你是怎样坚持到最后的？

第二次游戏后讨论讲述：比赛的时候，你的心里是怎么想的？

**【设计意图】** 游戏对幼儿具有极强的吸引力，能迁移幼儿的生活经验。在阅读过程中，营造游戏情境，让幼儿玩“我们都是木头人”的游戏，邀请幼儿自选扮演天鹅、鸭子、蜜蜂、兔子和乌鸦，能帮助幼儿充分理解每个角色的心理活动。第二次游戏增加了游戏的难度，两次游戏层层递进，加深了幼儿对角色心理的理解。幼儿通过这个环节，充分体验到了故事中角色的心理变化，体会到了坚持的不容易，同时学会了用语言来描述自己的心理感受。

4. 阅读故事的后半部分。

(1) 教师引导幼儿阅读故事的后半部分。

师：它们的比赛从白天比到了夜晚，又从夜晚比到了第二天的清晨。到底比赛什么时候才能结束呢？这样吧，如果你觉得比赛该结束了，就大声告诉它们。

师：它们比赛的时候谁来了？（狐狸）这次天鹅和鸭子不动会怎么样？你觉得谁要动了？为什么

(2) 教师讲述故事结尾。

师：比赛到底是什么结果呢？

**【设计意图】**通过观察，思考鸭子和天鹅在紧要关头行为背后的想法，提高幼儿判断能力。在舒缓、温情的音乐背景中欣赏故事的结局。此时此刻，幼儿也许对到底谁胜利了还有些模糊，但随着教师对故事一步步地深入梳理，幼儿能逐渐体会到什么才算是真正的冠军，在生命中什么是最重要的。

**三、结束部分**

思考：比赛结束了，你觉得谁才是真正的、永远的、冠军中的冠军？生活中你有没有像鸭子这样的朋友？

小结：要是论比赛，天鹅赢了；要是说勇敢，那鸭子一定是冠军。天鹅赢得了比赛，鸭子赢得了朋友。冠军虽然很重要，但远没有一个朋友重要！

**【设计意图】**理思路，悟真情，帮助幼儿了解冠军的真正含义，懂得朋友的可贵，明白友谊重于冠军的道理。

附：故事《一根羽毛也不能动！》

天鹅和鸭子是一对好朋友。

有一天，它们决定比一比。鸭子说："我们来比赛游泳吧！"天鹅说："比就比。"于是，两个好朋友扑通扑通跳下水，一起用力向河对岸游去。鸭子先到终点："万岁！我是冠军！"天鹅说："也许吧，可是我飞得比你高。"

于是，它们又比赛看谁飞得高，它们伸长脖子，用力地朝天上飞。它们飞过了杉树林。天鹅飞得比较高："耶！我是冠军中的冠军。"鸭子说："才不是呢！”天鹅说：“我就是！”

两个好朋友吵了起来。

鸭子转身对天鹅说：“这样吧，我们来玩木头人的比赛。不能动，不能讲话，就连一根羽毛也不能动一下！谁赢了，谁就是唯一的、真正的、永远的冠军中的冠军！”

比赛开始了，天鹅一动不动地站着，鸭子也是。鸭子看着天鹅，等着天鹅动。

一只蜜蜂飞出树丛。嗡……它绕着天鹅的头飞上飞下。嗡……它又绕着天鹅的尾巴飞上飞下。

鸭子想：没多久，我就会是唯一的、真正的、永远的冠军中的冠军了。

但是天鹅一动也没动。

接着蜜蜂飞向鸭子。嗡……它绕着鸭子的头飞。嗡……它在鸭子的脖子上停了下来。

但是鸭子一动也没动，也没发出声音，就连一根羽毛都没有动一下。

蜜蜂飞走了。

鸭子一直等啊等，等着天鹅动。

一群兔子跳过来。它们贴着天鹅的头，从它的长脖子上溜下来。

鸭子想：很快地，我就会是唯一的、真正的、永远的冠军中的冠军了。

但是天鹅一动也没动。

接着，兔子们围着鸭子。它们有的轻拍它的嘴，有的玩它的蹼，还有的跳过它的背。

但是鸭子一动也没动，也没发出声音，就连一根羽毛都没有动一下。

最后，兔子们跳走了。

鸭子等了又等，等着天鹅动。

呱！呱！呱！一群乌鸦俯冲下来。

它们绕着天鹅的头飞，停在天鹅的背上，跳上跳下。

鸭子想：快了，快了，再等一会儿，我就会是唯一的、真正的、永远的冠军中的冠军了。

但是天鹅一动也没动。

乌鸦包围着鸭子。它们用翅膀拍它的脸，对着它的耳朵叫，还搔它尾巴上的羽毛。

但是鸭子一动也没动，也没发出声音，就连一根羽毛都没有动一下。

呱！呱！呱！乌鸦飞走了。

突然，天空刮起一阵风，吹起满天黄沙，树枝摇晃，叶子到处飘散。咻！风将天鹅吹进蒲公英花丛里。咻！风将鸭子吹进桑葚树丛里。过了好久好久，风才平息下来。鸭子想：就快了……

这时，来了一只狐狸。“多幸运啊！”狐狸开心地努动着鼻子，“今天和明天的晚餐都有了，等煮熟就可以吃了！”鸭子从眼角瞄了天鹅一眼。天鹅还是没有动。鸭子想：那我也不动。

狐狸把天鹅和鸭子装进它的大麻袋里，牢牢地绑紧袋口。然后它拖着、推着、拉着大麻袋，穿过树林。

狐狸将天鹅和鸭子从袋子里取出来，并排放在地上。它开始煮一大锅水，并切了一些马铃薯、西红柿、胡萝卜、芹菜和菜瓜，它抓了一把豆子丢进锅里，又加了点蒜和胡椒，不停地搅拌着这锅汤。然后它转身看着天鹅。天鹅一动也没动，也没发出声音，就连一根羽毛都没有动一下。鸭子也一样。

狐狸眼睛发亮，用手点着它们。

“狐狸下山来点名！先煮鸭子还是天鹅？我的肚子告诉我，先煮你，就——是——你！”

狐狸把天鹅拎到锅边，鸭子想：现在天鹅该动了吧。但是天鹅没有。狐狸打开锅盖，一团热腾腾的蒸气冒了出来。“动吧！天鹅！请你动一下吧！”鸭子想。但是天鹅没有动。鸭子想：会不会是天鹅根本就没办法动？不会是吓得动不了了吧？

狐狸把天鹅高高举起来：“进去吧！”“嘎——不要煮我的朋友！”鸭子咬住狐狸的尾巴，又紧咬狐狸的鼻子。“救命啊！救命啊！”狐狸丢下天鹅，急忙跑到树林里去了。

鸭子叹了一口气，说：“好吧，天鹅，我想你赢了木头人的比赛。”“也许吧，”天鹅说，“但是你，鸭子，你才是唯一的、真正的、永远的冠军中的冠军。”“我？”鸭子看着天鹅，然后微笑着，鼓鼓羽毛说，“对呀，我想我是吧。”

天鹅把头探进锅里：“闻起来好香哦，我们要不要喝了它？”然后，它们把狐狸煮的那整锅美味的蔬菜汤喝得一干二净。

## 教学反思

**一、尊重幼儿，尊重绘本**

为了让幼儿更好地走进阅读，我将绘本做了适当改动，有目的地节选了故事中的主要内容，同时提炼故事中的重点语言帮助幼儿归纳概括。运用生动的图标和符号，如天鹅和鸭子两次比赛时“大拇指”的图像以及“一根羽毛也不能动”的图文，既突出了故事主题，又有效地引导幼儿进行观察、预测和理解，使幼儿在欣赏故事的过程中深刻地感受故事所隐含的道理。

**二、随机游戏，有效互动**

阅读过程中我加入了“我们都是木头人”这个幼儿耳熟能详的游戏，通过调动幼儿的游戏兴趣，鼓励幼儿积极参与体验天鹅和鸭子坚持不懈的努力，从而明白为了达到目标就要坚持不懈；同时通过“采访”胜者的小策略，帮助幼儿分析梳理，分享来之不易的成功。

**三、营造环境，感悟内涵**

我们知道，幼儿喜爱阅读，喜欢故事，就像喜欢阳光和空气一样自然，幼儿语言能力发展的基础就在于阅读环境的营造。活动中我和幼儿处于一种平等分享的氛围中，一起“听”（听故事，懂内容），一起“赏”（赏画面，析文字），一起“辩”（辩观点，达共识），一起“思”（思内涵，悟真情）。根据绘本的主题，我在活动的各个环节都注意激发幼儿的阅读兴趣，挖掘幼儿的创意想象。同时，我尊重幼儿的不同个性，接纳幼儿的不同交流方式和表达形式，和幼儿共同完成了一个最自然、最生态、最有效的阅读过程。

本次教学旨在把握绘本的故事脉络，在活动中、游戏中、操作中初步进行阅读，为下一次幼儿自主阅读、品析绘本的画面信息以及体悟绘本的语言特色做好铺垫。

## 个人简介

周明，女，中学高级教师，西安交通大学幼儿园保教部部长，多次被评为陕西省骨干教师、西安市骨干教师，多次承担全国、陕西省、西安市教学研讨会等对外观摩教学活动，在“陕西省首届幼儿教师基本功大赛”中获得一等奖，参与《0～6岁儿童家庭早期教育指南》的编写。

## 专家点评

本节语言活动的设计充分符合了《纲要》的理念，课程结构合理，条理清晰，体现了师幼之间的互动。具体来分析，本次活动具有以下一些特点。

**一、教学设计符合语言教学的特点，体现了语言教育领域的核心价值**

语言教育领域的核心价值，首先是幼儿语言能力的应用，也就是幼儿能够大胆地去说，创造性地去表达自己的愿望。其次是支持性语言环境的创设，在整个活动中，教师始终给幼儿一个支持性环境，鼓励他们表达自己的想法，这也是一个语言教育领域核心价值的体现。最后是对早期阅读的提倡和重视，用绘本这种图文并茂的形式，能激发幼儿阅读的兴趣，激发幼儿的语言表达能力。

**二、教学目标设计合理完整，促进了幼儿的全面发展**

一个优秀、完整的教学活动，离不开目标的设定。目标是整个活动的整体构架和思路的走向，是活动的核心。《纲要》指出，发展幼儿语言的关键是，创设一个让幼儿敢说想说，喜欢说有机会说，并能得到积极应答的环境，以及要鼓励幼儿大胆清楚地表达自己的感受与想法，发展幼儿的语言表达能力和思维能力。从目标来看，这个活动的设计非常符合《纲要》的要求。首先，情感目标设计饱满。不仅让幼儿感受到了动物的心理变化，还让幼儿体会了友谊的可贵。其次，认知目标具体、准确，符合幼儿年龄和认知规律。需要掌握的词汇和短句非常清晰，并且在活动中有很好的体现，幼儿都能够掌握。最后，能力目标“能用连贯完整的语言讲述画面内容，大胆猜测故事情节”的设计，也符合大班幼儿的认知特点。总体来说，目标设计有重点，有层次，符合幼儿发展水平，是合理的。

**三、教学过程层层递进，脉络清晰，重点清楚**

首先，阅读方式层层递进。整个活动分为听、赏、辩、思四个阶段，第一阶段快速听懂故事内容；第二阶段看画面来分析文字；第三阶段游戏之后进行辩论，故事中的角色如何做到坚持不懈；第四阶段反思谁是真正的冠军。这一层层递进的过程可以帮助幼儿升华语言和情感，同时可以让幼儿完全融入其中，情境的设计激发了幼儿内在主动的思考。

其次，教学过程步步递进。活动开始，教师用谈话法激发幼儿的前期经验；接下来是阅读感受角色的情感变化；第三部分是情感的体验，即幼儿参与游戏；最后是情感的升华，让幼儿总结故事的主题，体会故事所表达的情感。整个过程层层递进，非常清晰。

最后，教学结构设计合理，环节流畅、紧凑。快速阅读这种方式，可以把更多的时间留给幼儿去讨论、思考、表达。时间的安排和过渡都非常自然合理。

**四、谈话轻松自如，开放性问题能够让幼儿大胆表述**

活动中，教师轻松自如的谈话，激发了幼儿大胆的想象和积极的表达，轻松愉悦的谈话氛围，使幼儿的回答丰富多彩。教师每个问题的提出都能够激发幼儿去观察画面，如“这两位好朋友是谁？它们有什么不一样的地方?”等问题，给了幼儿更多思考和表达的机会。

总之，这次活动设计合理，是一个优秀完整的语言教学活动。

陕西省教育科学研究院　王　霞

# “乒乒乓”教学设计

西安交通大学幼儿园　周　明

## 教材分析

猜拳是贴近幼儿生活、人们喜闻乐见的一种游戏。在家、在公园、在社区里，幼儿随时随地都可以和父母、同伴玩猜拳游戏。所以，在进行主题活动“我们都是好朋友”时，选取了《乒乒乓》这个音乐游戏。这首乐曲欢快活泼、节奏对比鲜明、富有童趣。游戏中利用乒乓球的滚动，使幼儿形象地感知空间方位的变化，区分四分节奏和八分节奏的不同。而象声词“咕噜咕噜”的出现，能充分调动幼儿参与游戏的热情，体验与同伴交流合作的愉快感受，使幼儿在情感上获得美的陶冶，在活动中促进审美能力的发展。

## 学情分析

大班幼儿喜欢游戏，特别是各类具有挑战性的竞赛游戏。在生活中，他们已经玩过猜拳游戏，对石头、剪刀、布的出拳方式和规则也很熟悉。那么，如何引导幼儿正确认识输赢，淡化对输的挫败体验呢？这需要教师以游戏为切入点，同时配以节奏型的变化，引导幼儿在玩中自然而然地感受音乐旋律、知晓规则、习得动作、掌握玩法。

## 资源利用

音乐游戏光盘一套，响板一个，彩色圆片若干，游戏队形图示。

## 教学目标

1. 感受音乐欢快活泼的特点，体验猜拳游戏的快乐有趣。
2. 遵守游戏规则，按音乐节奏的变化做出动作。
3. 能区分四分节奏和八分节奏的不同。

## 教学重难点

重点：学习音乐游戏的玩法和基本动作，体验猜拳游戏的快乐有趣。

难点：准确区分四分节奏和八分节奏的不同，尝试创编游戏。

## 教学过程

### 一、开始部分

1. 热身活动："把我的名字说出来"。(选择节奏欢快的背景音乐)

例：××｜×××｜

我叫｜×××｜

**【设计意图】** 在音乐中用四分音符和八分音符的语言节奏介绍自己，教师先开始，带动、鼓励幼儿随音乐的节奏即兴呼应参与，按节奏说出自己的名字，并在歌曲意境的感染下自然大方地展示自己。这样的设计，能很快拉近教师和幼儿的距离，将幼儿带入音乐的快乐氛围中，同时将乐曲的基本节奏型进行难点前置，让幼儿在热身环节熟悉和感知基本节奏型。

2. 唱游练习：《我来自中国》。

(1) 欣赏教师清唱歌曲《我来自中国》，感受旋律音高的变化，激发幼儿参与接唱的兴趣。

(2) 启发幼儿自由填词，随机在歌曲乐句的尾音节奏处即兴填词，例如，"我来自西安、我来自交大……"，唱游歌曲。

**【设计意图】** 选取这首短小清新、结构规范的歌曲作为即兴发声曲，容易让幼儿打开声音，为教学打好基础。幼儿在尝试模仿给歌曲填词的过程中，能够体验到歌曲演唱的丰富性和成功的快乐，使导入环节变得轻松自然、生动有趣。

### 二、基本部分

1. 静听音乐《乒乒乓》，请幼儿谈谈感受。

(1) 提问。

① 你喜欢这段音乐吗？听起来有什么感觉？你想到了什么？

② 音乐中有没有听起来感觉很特别的地方？

**【设计意图】** 音乐欣赏中倾听习惯的培养是很重要的。大班幼儿对乐曲的感知和理解能力逐渐提高，他们在静听之后可以初步感知乐曲的风格、旋律和节奏。在初次欣赏时，安静倾听能够使幼儿集中注意力。教师不加任何语言提示，用投入的状态和幼儿一起倾听，沉浸在音乐的意境和氛围当中。完整静听音乐之后，通过提问互动，使幼儿对乐曲有初步的感性认识，并敏感地察觉到音乐的变化和有趣。

（2）介绍乐曲名称，再次欣赏音乐。

① 这首乐曲名字叫《乒乒乓》，你觉得像什么声音？（拓展想象）

② 听听看，“乒乒乓”藏在音乐的什么地方？你找到了吗？

教师配乐演唱歌曲前半部分的歌词，并在节奏对比处“上上下下，上上下下，上上下下……”用响板敲击节奏，强化音乐的基本节奏。

**【设计意图】** 师幼交流，既是教师帮助幼儿梳理思路的过程，更是帮助幼儿积极参与、体验成功的过程。在这里，教师用恰当的语言提示及时给予引领，让幼儿带着任务专注地倾听与辨析，发现乐曲节奏的变化，并大胆地表达出来，促进幼儿的思考，不断完善自己对音乐的理解。

（3）节奏游戏：“趣味加速度”。

音乐开始，师幼四散走，并随意做肢体动作，当教师演唱歌词“上上下下，前前后后，左左右右”时，幼儿每两人结对找朋友站好，并和舞伴呼应，做出八分节奏的声势动作，呼应响板的四分节奏。

| 例如： | | | | | |
|---|---|---|---|---|---|
| 甲 | × | × \| | × | × \| | |
| | 上 | 上 | 下 | 下， | |
| 乙 | × × | × × \| | × × | × × \| | |
| | 上 上 | 下 下 | 上 上 | 下 下 | |

（“前前后后”和“左左右右”同前。）

**【设计意图】** 教师根据歌词“上上下下，前前后后，左左右右”，边唱边用响板拍打四分节奏，鼓励幼儿通过拍节奏、做声势动作等方式进行呼应，再次感知四分节奏和八分节奏的不同，初步了解游戏规则，建立一定的空间感。

（4）示范表演音乐游戏，请幼儿欣赏。

① 这个游戏好玩吗？我们是怎么玩的？

② 两个人的动作有什么地方不同？谁赢了？（体会面向镜面做动作时两人方向相反）

③ 你会玩猜拳吗？想不想和老师比一比？

**【设计意图】** 教师随机和全体幼儿玩猜拳游戏，回忆手势动作和输赢规则，巩固对石头、剪刀、布的认识，训练幼儿的快速反应能力，自然地带领幼儿走入游戏。

（5）二次示范，在音乐伴奏下即兴邀请幼儿参与游戏。

（6）教师和幼儿共同表演。

【设计意图】在宽松愉快的氛围中，教师适时小结引领，巧妙等待，并对需要帮助的幼儿给予支持，鼓励幼儿不断邀请新朋友参加游戏。幼儿不断完善和优化自己对动作和玩法的掌握，在反复的游戏和输赢的转换中充分感受游戏的乐趣。这样，既易化了教与学的过程，又使教学无痕。

**三、结束部分**

1. 启发幼儿大胆创编音乐游戏的玩法，分享与同伴合作表演的乐趣。

2. 集中展示音乐游戏的玩法，教师总结。

【设计意图】结合幼儿已有的技能，通过创编游戏的玩法，如出手指行令比输赢、改变人数组合猜拳等，拓展幼儿的想象，丰富游戏的表现形式，使幼儿充分感受合作游戏的快乐。

附：《乒乒乓》歌词

乒乒乓乓，乒乒乓乓，乒乒乓乓，乒乒乓乓，

上上下下，上上下下，上上下下，

前前后后，前前后后，前前后后，

左左右右，左左右右，左左右右，

咕噜咕噜“×！”咕噜咕噜“×！”

咕噜咕噜咕噜咕噜，一个乒乒乓，“嗨！”

## 教学反思

**一、多种感知通道的参与**

在欣赏感受音乐《乒乒乓》中，教师运用了静听赏析—发现不同—声势参与—体验尝试的方法，调动幼儿的多通道参与，从自然中来，在玩耍中学。采用感受体验和逐层深入的方法，让幼儿在感受音乐的同时参与游戏，减轻了幼儿枯燥学习的负担，使得他们的学习在游戏中自然进行，更显趣味性。

**二、师幼构建学习共同体**

教师是幼儿主动学习的引导者、支持者和促进者，也是幼儿音乐表现和艺术创造活动的发现者、欣赏者和学习者。教学活动打破了传统的教学观念，变“教师教，幼儿学”为“师幼共同学习”。活动中，教师为幼儿创设了一种积极、和谐的教学氛围，教师带着欣喜、期望，自然而然地把暗含的教学内容传递给幼儿。幼儿在欣赏、玩耍和尝试中，从接触音乐游戏到参与尝试游戏，从模仿猜拳比赛到掌握游戏玩法，不断调动幼儿音乐学习和探索

的动机，让幼儿体验大胆表现的快乐及由此引起的喜悦，实现音乐教育对幼儿情感、个性、社会性的发展作用。

教师在活动中收放自如，及时退位，达到了教与学的和谐统一。

**三、激趣游戏，双向互动**

教师不断发现幼儿的闪光点，并给予鼓励和表扬，让幼儿获得成功感。在音乐游戏的教学中，教师不断给各环节教学注入新的活力，激励幼儿大胆创造并进行艺术表现，建构起幼儿音乐方面的多元经验，如节奏变化、旋律感知、规则意识、合作技巧等。教师通过兴趣—游戏—创造等环节的层层递进，以游戏的形式解决教学的重点和难点，在创造性的游戏中让幼儿的情感表现、肢体语言表达、创造性思维得到发展与提高。

结束部分的游戏中，幼儿兴趣盎然，能够迁移生活中猜拳的多种玩法对游戏进行创编，他们有的创编了出手指比大小的新玩法，有的对游戏规则进行了改动，增添为三人或多人游戏。幼儿的想象力和创造力得到了极大的体现，他们的脸上荡漾着积极尝试后成功的喜悦。

教学中还存在着不足，比如，幼儿的节奏感有一定差异，在游戏表演中，个别幼儿（被邀请者）做的八分节奏的拍手动作还欠准确。在今后的教学中，可以通过多种方式加强幼儿的节奏感。

## 专家点评

音乐游戏《乒乒乓》使用了原创音乐的元素，游戏规则符合幼儿认知发展水平，教学环节设计巧妙，做到了寓教于乐，让幼儿在游戏中体验到了艺术活动的魅力，在游戏中获得了对空间方位的认知，在游戏中得到了个性的全面发展。

**一、注重幼儿的社会性发展**

猜拳活动是大班幼儿喜欢玩的竞赛性民间游戏，如何引导幼儿正确地看待输赢、和同伴友好相处是大班幼儿社会性发展的重要方面。周老师在幼儿园的支持下，利用本土民间游戏素材，制作了原创音乐《乒乒乓》，通过音乐游戏把幼儿的关注点从游戏的输赢转移到对音乐节奏的变化上，在培养幼儿音乐素养的同时让幼儿学会合作、学会相处，有利于幼儿的社会性发展。

**二、教学设计具有推广价值**

因为不熟悉借班幼儿的情况，所以音乐活动是幼儿园教师在借班教学中不太愿意选择的教育活动。为了让本次音乐活动的设计具有可推广性和可复制性，在开始部分，教师运用大家耳熟能详的《我来自中国》作为发声练习曲，通过更换歌词，让幼儿很快熟悉教师，营造了良好的游戏氛围。紧接着教师用不同的欣赏方式让幼儿静心聆听音乐，感受乐曲的节奏变化，同时，让幼儿通过节奏游戏活动感受四分节奏和八分节奏的不同，学会了参与游戏的方法。在幼儿学会游戏后，教师又让幼儿改变游戏的玩法，给幼儿创造的空间、表现的平台，让幼儿获得成功的体验。活动整体环节清楚、过渡自然，是具有推广价值的一次艺术活动。

**三、注重幼儿的表现与创造**

此次音乐活动的选材和幼儿已有的生活经验紧密结合。在生活中，幼儿对球的喜爱是毋庸置疑的，小小的乒乓球在幼儿的手中能玩出多种花样，教师能抓住幼儿最感兴趣的事物，配上动听的音乐，引导幼儿围绕主题展开想象，培养音乐素养，让幼儿学会用艺术的方式表达生活，培养了幼儿表现与创造的能力。

周老师是一位经验丰富的幼儿教师，她能从幼儿的生活出发，选取与幼儿生活经验紧密结合的音乐素材，在游戏中培养幼儿的艺术素养，让幼儿在游戏中得到快乐和发展，充分贯彻了《3～6 岁儿童学习与发展指南》（以下简称《指南》）的精神，是值得广大幼儿教师学习和借鉴的。

西安交通大学幼儿园　兀　静

# “小马”教学设计

西北工业大学幼儿园　沈　俊

## 教材分析

中班上学期，我们开展了“动物是我们的好朋友”主题活动，我为幼儿讲述了故事《小马过河》，故事中小马不畏困难、勇敢尝试的精神引起了幼儿极大的兴趣。于是他们开始关注小马的知识、图片，并找到了许多小马的模型、与马有关的物品……其中一个拴在小马身上的小铃铛引起了大家的好奇。有的幼儿一边朗诵自己编的儿歌，一边模仿小马奔跑，一会儿快，一会儿慢，奏响了一曲“小马交响曲”！我将幼儿自编的儿歌进行整理，提炼出了这首四句童谣《小马》。

童谣《小马》在节奏上合辙押韵，朗朗上口，以其音乐般的节奏和韵律吸引着幼儿；在内容上清新活泼，自然淳朴，在字里行间洋溢着童心美、童趣美；在表达上单纯浅近，浅显易懂，使幼儿乐闻易晓，读起来亲切自然；在结构上短小精练，但不乏生动，结构清晰，紧凑完整。这首童谣是在游戏环境下产生的，有较强的娱乐性质，看似简单却蕴含着大量教育契机，既有艺术学习的价值，也有语言学习的价值，还隐含着对幼儿学习品质的培养。稳定的四分音符与欢快跳跃的八分音符，为我们展现出一幅小马走、小马跑、群马嬉戏的生动画面。

## 学情分析

中班幼儿的活动能力较强，活动积极性有了极大的提高。同时，中班幼儿活动的自主性和主动性有了进一步的发展，他们能够提出自己的活动想法，有主动参与活动的热情与能力，能努力完成自己选择的活动。

在音乐方面，中班的幼儿已经能用不同的速度、力度和音色变化来表现童谣的形象、内容和情感，也能够独立使用某一种固定的节奏随着熟悉的童谣进行演奏，能在集体的演奏中始终保持自己的演奏速度和节奏。

幼儿喜欢边游戏边吟唱，因为童谣能丰富游戏的内容，提高幼儿游戏的兴趣和乐趣。幼儿的认知以形象思维为主，因此在音乐教学中，教师在调动幼儿积极性的同时，也要将抽象的音乐节奏转化为幼儿能够看到和感受到的具体事物。

## 资源利用

音乐《大马告诉我》，木偶小马，马蹄形节奏谱，圆形磁铁，乐器（蛙鸣桶、木鱼、碰铃），数字卡。

## 教学目标

1. 学习童谣，能用富有韵律的节奏朗诵。
2. 尝试用肢体动作表现童谣的节奏变化。
3. 喜欢与同伴合作，感受合奏为童谣带来的美妙情感。

## 教学重难点

重点：学习童谣，用肢体动作表现童谣的节奏变化。
难点：学习看马蹄形节奏谱，与同伴进行合奏。

## 教学过程

### 一、开始部分

1. 热身活动：幼儿模仿骑马，手握缰绳，口中发出“格儿的儿，格儿的儿”的声音，随背景音乐《大马告诉我》一拍一步进入教室。

师：小朋友，你们喜欢小马吗？小马是怎样走路的？你会像小马一样走吗？让我们随着好听的音乐一起来做游戏吧！

**【设计意图】**教师直接而形象地提出本次活动的主人公——小马，以欢快而熟悉的音乐作为背景，让幼儿将自己心中小马的动作自由自在地表现出来，不仅为后面的内容做了铺垫，同时，满足了《纲要》中要求的教师要为幼儿“提供自由表现的机会，鼓励幼儿用不同艺术形式大胆地表达自己的情感、理解和想象，尊重每个幼儿的想法和创造，肯定和接纳他们独特的审美感受和表现方式，分享他们创造的快乐”。让幼儿自由表现小马走路的动作，鼓励了幼儿富有个性的表达和创造。

2. 故事导入：教师出示木偶小马，讲故事。

师：有一匹小马，它生活得非常快乐。一天又一天，小马长大了，它要找到自己的妈妈，学更多的本领。于是，它翻过山，越过河，到处寻找妈妈。小朋友们，你们猜猜，小马找到妈妈了吗？让我们一起来听一听，小马是怎样找妈妈的！

**【设计意图】** 用故事引入，将幼儿自然带入童谣的情境中，初步了解童谣的内容，为接下来学习童谣做准备。

**二、基本部分**

1. 教师示范朗诵，幼儿欣赏童谣，了解童谣的内容，初步感受童谣的节奏。

（1）教师手拿木偶小马进行演示：一拍一步，随着固定节奏朗诵童谣。

**【设计意图】** 教师手中操纵木偶做出的清晰而夸张的小马走的动作，让幼儿通过木偶小马这个具体可见的形象，感受抽象的音乐节奏，深入浅出。

（2）提问：小马是怎样找妈妈的？

**【设计意图】** 启发幼儿注意观察小马一拍走一步的节奏特点。

（3）鼓励幼儿跟着老师的节奏拍手，进行童谣朗诵。

师：小朋友，我们一起拍手，跟着老师的童谣一起和小马找妈妈吧！

**【设计意图】** 听着教师的朗诵，看着教师手中小马走路的演示，通过听觉、视觉等多元感官刺激，幼儿更加直观地感受固定拍。

（4）鼓励幼儿用脚踏固定拍的方式模仿小马走。

**【设计意图】** 在幼儿用拍手掌握了固定拍的基础上，进一步练习用脚踏来表现固定拍，这对幼儿的肢体协调性有了一定要求，对他们的肢体协调是很好的锻炼。同时，通过另一种感官方式让幼儿体验固定的节拍，将音乐化为具体可感的动作，有利于幼儿通过感官来学习。

2. 学习朗诵童谣，感受乐句的变化。

（1）教师再次手持木偶进行空间方位改变的演示并朗诵，注意每句变换一次行走的方向。

**【设计意图】** 在幼儿初步掌握固定拍的基础上，教师通过变换小马行走方向，引导幼儿直观地感受乐句的变化与停顿，将音乐的停顿变得清晰可感。

（2）提问：这首童谣一共有几句？

**【设计意图】** 挖掘童谣蕴含的多层价值，让幼儿通过听觉来计数，这是一种数学学习，也能帮助幼儿梳理自己的感受。

（3）鼓励幼儿扮演小马，边随童谣朗诵，边随乐句的变化改变自己行走的方向。

**【设计意图】**通过角色扮演，感受乐句的变化与停顿。

3. 伴随童谣的朗诵，进一步感受童谣节奏的变化。

(1) 幼儿朗诵童谣，教师随节奏摆放出马蹄形的节奏谱。

**【设计意图】**教师随节奏摆出马蹄形的节奏谱，帮助幼儿进一步直观地感受童谣的四个乐句的变化与停顿。

师：小马翻山越岭找妈妈，一路上留下了许多的马蹄印，我们一起来找一找吧！

(2) 教师与幼儿共同探索每一个马蹄形有几个声音。

**【设计意图】**使幼儿发现隐藏在固定拍中的节奏，准确感受语词的节奏。

师：为了让妈妈知道它来了，小马戴上了心爱的小铃铛，"丁零，丁零"小铃铛发出清脆的声音，我们来听听每个马蹄里有几个声音。

(3) 教师边与幼儿朗诵，边按照节奏的变化将圆形磁铁放到相应的马蹄形节奏谱里。

**【设计意图】**教师准确地放置磁铁，帮助幼儿直观地感受字词与童谣节奏的变化相对应，为接下来感受节奏的快慢不同做铺垫。用磁铁圆片表示每一个节拍中的节奏，让幼儿形象直观地感受到节拍和节奏的关系，形象生动。

(4) 鼓励幼儿尝试边看节奏谱，边拍出童谣的语词节奏。

4. 尝试合奏。

(1) 寻找不一样。

**【设计意图】**感受、发现节奏的变化。

师：这次我们拍出的小铃铛节奏和刚才小马走的节奏一样吗？

① 教师与幼儿再次演示不同的节奏。

② 小结：一个快，一个慢。

**【设计意图】**教师用形象的语言帮助幼儿理解节奏快慢变化带来的不同感受。

③ 尝试两个不同节奏合奏。

**【设计意图】**幼儿进行初次合奏，为下面使用乐器演奏做准备。

(2) 加入新节奏，三种节奏的合奏。

① 师：小马找妈妈非常辛苦，要翻过山，越过河，但它还是坚持要找到自己的妈妈，我们给它加加油吧！("驾")这个办法真好，每一句前加一个"驾"，给小马加油吧。

**【设计意图】**用情境语言自然渗透新的节奏。

② 幼儿分成三组进行合奏练习。

③ 教师引导幼儿选择适当的乐器来演奏不同的节奏。木鱼的声音空灵，用来演奏走路的小马（固定拍）；碰铃的声音清脆，用来演奏小铃铛的节奏，表现小马快乐的心情（语词节奏）；蛙鸣桶可以用来为小马加油！

**三、结束部分**

1. 尝试用高低不同的音色表现小马和妈妈的形象。

（1）提问：小马终于找到了自己的妈妈，它要和妈妈做游戏。小马的声音是怎样的？妈妈的声音又是怎样的？

（2）教师提醒幼儿用声音的高低变化表现小马和妈妈的形象。

2. 听声音进行相应人数的合作。

（1）师：妈妈看到小马非常高兴，它对小马说："你不怕苦，不怕累，克服困难找到了妈妈。但是，学习本领还要做到仔细听、认真学、好好练，要和伙伴们团结起来，你才能变得更能干！"

**【设计意图】**用形象直观的故事语言向幼儿介绍如何学习本领，同时也对接下来的找朋友游戏做了很好的说明。

（2）幼儿边拍节奏，边朗诵童谣。结束时，教师分别发出不同次数的指令"驾""驾驾""驾驾驾"，幼儿迅速做出相应人数的组合。

**【设计意图】**让幼儿倾听教师的指令，然后在头脑中快速地整合，寻找合作伙伴，检查结果，发现问题，寻找解决问题的方法。

3. 看数字进行相应人数的合作。

幼儿用手拍着节奏，边朗诵童谣边行走。结束时，教师分别出示不同的数字指令，幼儿随即做出相应的人数组合。

**【设计意图】**由从听觉的感受判断人数组合过渡到看数字进行组合，使幼儿的数学能力有了一定的提升；在音乐能力上，从起初的手拍节奏到边拍节奏边行走，这一过程对幼儿也是很大的挑战。

附：童谣《小马》

我是快乐的小马，
高高兴兴找妈妈。
翻过山，越过河，
定能找到好妈妈。

## 教学反思

本次活动很好地体现了幼儿活动的游戏性与参与性。童谣《小马》贯穿活动的始终，看似只是一首简单的童谣教学，但通过一系列有层次而富有变化的游戏活动使目标的达成变得水到渠成。游戏化的语言导入、情境化游戏规则的制订、准确的节奏演示、声情并茂又富有韵律的童谣朗诵等，都给了幼儿很好的示范和引导。

通过肢体参与、角色扮演、声音高低不同的表演，以及与同伴进行合作的演奏，幼儿的能力得到了不断提高。从手拍固定拍到双脚交替踏出固定节拍，从对乐句的感性认识到通过游戏传达对乐句的感知和理解，从探索每个固定拍中的声音到分组看节奏谱进行合奏……一层层、一项项，让幼儿在快乐的游戏中得到提高，将学习变成了游戏，让玩耍更添趣味。

在结束部分的游戏中，幼儿兴致盎然，通过改变音色、音高来表现小马和妈妈的艺术形象。“听音找朋友”的游戏更是将活动推向高潮。在游戏中，幼儿紧张而专注地聆听着教师的指令，焦急而兴奋地寻找自己的合作伙伴，一丝不苟地进行核对，依依不舍地重新组合……他们脸上洋溢着成功的喜悦。

在教学过程中，我发现在手拍节奏、脚踏固定拍的同时进行童谣朗诵，对于中班幼儿来说还是比较困难的，于是我临时进行了调整，让幼儿的手脚都进行固定节拍的行进活动，这样的改变使幼儿信心大增，体验到了成功的喜悦。同时，我注意到幼儿在音乐能力方面存在着明显的差异，有的幼儿能够非常协调地做到脚踏固定节拍和手拍语词节奏，而有的幼儿在合奏时极易受到周围同伴的影响。因此，在今后的教学过程中，我要让能力较弱的幼儿与能力较强、节奏稳定的幼儿合作，以便他们在潜移默化中受到影响。

## 个人简介

沈俊，女，小学高级教师，西北工业大学幼儿园保教主任，西安市首批幼教学科带头人，陕西省教学能手，中国学前教育研究会会员，陕西省陈鹤琴教育思想研究会会员。曾多次获得省、市、区级教师基本功大赛一等奖、教学观摩评优一等奖。撰写的文章、活动设计多次在各级评比中获得优异成绩，多篇文章发表在国家、省级刊物上。参与了多项国家级、省市级课题研究，三项已结题，分别获得国家“十一五”课题研究一等奖、三等奖和优秀奖。

## 专家点评

本次活动从幼儿的实际出发，注重幼儿经验的整合，恰当使用了各种实物教具，课堂气氛活跃，教师的主导性和幼儿的主体性得到了充分发挥，培养了幼儿的创新能力、合作能力及表演能力。整体来看，我认为这次活动体现出以下几个特点。

**一、将抽象的音乐节奏和节拍融入具体的形象当中**

中班幼儿抽象思维正在萌芽，但仍然以形象思维为主，他们能够感受音乐，但是对于具体的节拍和节奏还处于懵懂的阶段。沈俊老师从实物入手，将音乐节拍转化为具体的实物。例如，让幼儿通过木偶小马的动作感受童谣的节奏，通过马蹄形状来感受节拍，化繁为简，深入浅出，既符合幼儿的思维发展水平，也符合《纲要》的要求，即用幼儿喜欢的方式来对幼儿进行艺术教育。

**二、教学设计层层递进**

从一开始让幼儿初步感受音乐，到用手拍节奏，再到用脚踏固定拍跟随教师朗诵童谣，再到变换行走方向，感受节奏和停顿，再到用马蹄形节奏谱朗诵童谣，再到几名幼儿尝试合奏，活动难度逐渐增加，对幼儿的挑战越来越大，层层递进，紧扣目标，充分发掘了幼儿的最近发展区。

**三、从幼儿生活经验出发，注重幼儿兴趣和经验的积累与整合**

艺术来源于生活，生活是艺术的源泉。艺术中的许多要素都可以在生活中找到原型，艺术正是用它特有的感性、直观的方式去表现生活，发现生活的意义。沈俊老师善于观察幼儿，她注意到幼儿在上学期学习过《小马过河》之后，对小马产生了兴趣，就收集幼儿自编的童谣，创造整合出新的童谣。教学内容完全从幼儿的经验中生成，幼儿对这样的内容自然会感兴趣，同时她又注重了对幼儿已有经验的整合，让幼儿的经验更加完整，体现了《纲要》在艺术领域的教育要求，即从生活出发，艺术要与生活紧密联系，让幼儿感受身边事物的美。

**四、注重挖掘教育内容的多元价值**

幼儿以整体、形象、直观的方式把握世界。幼儿的这些身心发展特点，决定了在幼儿教育中不宜过早地实施分科的艺术教育，而应着重培养他们对艺术的兴趣，以及对艺术的整体感受和理解。我国基础教育课程改革的一个重要目标，就是改变过去强调学科本位、科目过多的课程结构状况，提倡学科综合。在这次艺术活动中，教师充分挖掘了教育内容的多元价值，整个活动中融入了许多数学的内容，如数一数童谣有几句，根据马蹄形节奏谱的数量来确定音乐的节拍等。让幼儿合奏也体现了社会领域的培养内容，培养了幼儿的合作能力和合作精神，以及不怕困难的优秀品质，充分体现了多学科的融合，体现了对幼儿多元智能的开发。

总之，这是一次深入浅出、具体可感的音乐活动，充分调动了幼儿的积极性。但是，正如教师在反思中所说，活动还有不足的地方，活动内容对于部分幼儿来说偏难。

陕西师范大学教育学院学前与特殊教育系　李少梅

# “好玩的夹子——复习6以内的数量”教学设计

西北工业大学幼儿园　沈　俊

## 教材分析

“复习6以内的数量”是中班下学期的教学内容。中班幼儿已经初步掌握了6以内的数字和数序，理解了数字的含义，并且会用数字表示物体的数量。教师在此基础上设计丰富的活动内容，选择多样的材料组织教学，让幼儿通过多种感官的反复操作，获得较为丰富的感性经验，从而能够不受空间排列形式和物体大小等外部因素的干扰，正确判断物体的数量，尝试用添上、去掉的方法改变数量。幼儿通过参与有趣的游戏和富有层次的小组活动，对数学活动产生兴趣，并养成良好的学习习惯。

## 学情分析

中班下学期的幼儿，对6以内的数字及其含义有了很好的理解，能够较为熟练而准确地用数字表示物体的数量，目测数群时能够不受外部因素的干扰，较为准确地判断物体的数量，也能较好地感知和体验6以内数列中相邻两数的数差关系。但是，如何又快又准地根据指定的数字来改变原有的数量，对于大部分幼儿来说是一个小小的挑战。因此，教师要创造条件，让幼儿通过的动手摆弄、操作数学材料，根据各个小组的活动情况自己选择小组活动，在反复探索中获得数学经验，提升能力。

## 资源利用

转盘，夹子，图卡，数字卡，豆子，塑料瓶，骰子，小花扣，记录纸，笔。

## 教学目标

1. 正确感知6以内的数。
2. 会用添上、去掉的方法改变6以内的数量。
3. 乐于参加活动，愿意与同伴合作、交流。

## 教学重难点

重点：正确感知6以内的数。

难点：用添上、去掉的方法改变6以内的数量。

## 教学过程

### 一、开始部分：感官游戏

1. 热身活动：观察教室周围环境，在环境中感知数物之间的对应关系。可以向幼儿提出问题，如教室里有几盆花，可以用数字几表示，请你拍拍手来表示；或找找教室有几个柜子，请幼儿用肢体动作表示柜子的数量（如跺脚、点头等）。

**【设计意图】**教师从幼儿最熟悉的环境入手，通过自然的环节过渡，引导幼儿观察、发现身边物品的数量，在环境中目测数群，复习数字与数量的对应关系。同时，通过多种感官的参与，激发幼儿参与活动的兴趣。

2. 出示自制转轮（六个面有1～6的不同数量的物体）。

师：小朋友知道这是什么吗？看看它的上面有什么？

3. 教师转动转轮，幼儿按照转轮上的数量做几下动作。

师：你看到了数量几？拍了几下手？可以用数字几表示？

**【设计意图】**让幼儿不受空间排列形式和物体大小等外部因素的干扰，正确判断物体的数量，并用肢体动作表示出来，集中了幼儿的注意力。

### 二、基本部分

1. 用夹子玩游戏。

（1）认识夹子。

师：这是什么啊？平常它是做什么的？今天我们用夹子玩游戏。

（2）幼儿分组，每组提供不同的数卡，幼儿看数字夹夹子。

师：你们组夹了几个夹子？哪组夹的数量多？哪组夹的数量少？

**【设计意图】**夹子是幼儿常见的物品，利用身边随手可得的材料进行活动，既实用、便捷，又让幼儿的注意力能集中到教学过程之中。分组活动充分考虑了幼儿的不同发展水平，让幼儿更容易获得成功感。

（3）用添上或去掉的方法改变夹子数量。

① 让幼儿观察转轮，发现不同。

② 教师转动转轮，让幼儿按数字夹夹子。

师：你夹了几个夹子？夹在什么地方了？

③ 再次转转轮，请幼儿用最快的速度改变夹子的数量。

师：刚才你夹了几个夹子？现在呢？你是怎样做的？

**【设计意图】**从转轮六个面上的具体物体转化为数字，是直观形象思维向抽象逻辑思维的逐步转变过程。通过集体的游戏活动，让幼儿熟练地按数取物，使数物对应。在幼儿熟练运用后，就是解决本节难点的重要环节，让幼儿讨论如何根据转轮改变夹子的数量。

④ 幼儿讲述的同时，教师出示记录卡进行记录。

**【设计意图】**幼儿充分讲述自己的方法，教师通过记录的方式帮助幼儿记忆所说的内容。

⑤ 引导幼儿找出最快、最好的方法，知道添上、去掉的意义。

**【设计意图】**新的数学活动，需要教师在集体活动中进行讲解、演示，让幼儿明确在活动时应做什么，以及怎样去做。

⑥ 再次进行游戏，鼓励幼儿用添上、去掉的方法改变夹子的数量，并在黑板上记录。

**【设计意图】**幼儿通过反复操作才能获得重点和难点知识，幼儿对数学活动的兴趣和良好学习习惯的养成，也需要在丰富多样的活动中进行培养。

2. 小组活动。

第一组：做比 6 少的点卡。

第二组：扣小花扣。幼儿轮流掷骰子，根据骰子的数字扣扣子并记录。

第三组：掷骰子装豆子。尝试用添上或去掉的方法改变瓶中豆子的数量，并记录下来。

**【设计意图】**小组活动内容的多样化、层次性，满足了不同发展水平的幼儿学习的需要，使幼儿获得了多种数学的感性经验。

**三、结束部分**

幼儿随音乐手拉手围成圈走动，当教师唱到“n 个小朋友抱一起”（n 为 6 及 6 以下的数字）的时候，幼儿按数量抱在一起。

师：你有几个好朋友？可以用数字几表示？

**【设计意图】**通过让幼儿参与喜闻乐见的游戏活动，充分调动幼儿学习的主动性，教师在此环节设计游戏情境，引导幼儿发现数量的多少，明确去掉或添上才能与指令相匹配。同时，游戏也是对整节活动的概括和总结。

**教学反思**

作为一名教师，我很欣慰，今天我看到幼儿始终兴趣盎然地投入游戏与数学探索的活动中。

**一、定位准确，目标适宜**

本次教学目标有三点，我把目标渗透在教学活动的每一个环节中，从培养幼儿的逻辑思维能力、学习兴趣及良好的学习态度和学习习惯几个方面考虑，既让幼儿学到了知识，又促进其整体素质全面提高。

**二、从内容的选择到环节安排相互衔接，由浅入深**

活动一开始，我从引导幼儿观察周围物品的数量入手，引导幼儿用相应的数字和肢体动作来表示数量的多少，然后将一系列的游戏贯穿本次活动的始终。几次玩自制转轮，看似简单重复，其实每一次对幼儿的能力都有不同的要求——从数量到数字的转变，是从直观向抽象的提升；夹子游戏对幼儿根据数字改变夹子的数量提出了新的挑战……我把相关的知识有机结合，并且让这些知识相互渗透、由浅入深、层层递进。

根据转轮改变夹子的数量，是本次活动的重点、难点，幼儿有许多不同的答案。我及时抓住这一教育契机，为幼儿设计情境，引导幼儿去观察、发现问题（自己身上夹子的数量与数字之间的数差关系），然后寻找解决问题的方法，幼儿之间相互讨论、相互纠正、不断尝试，教师记录、整合、梳理，最终找到了正确的答案。

**三、进行多样化、多层次、材料丰富的小组活动**

幼儿在游戏中根据自己对各组活动的了解，选择了自己感兴趣的活动内容，他们主动、专注地进行着操作，并且对自己的活动成果表现出较大的兴趣和成就感。

通过数学教育激发幼儿的兴趣和求知欲，发展了幼儿的逻辑思维能力，引导幼儿认真、细致做事，培养幼儿学习的主动性、条理性和创造性，为他们今后的发展打下坚实的基础。

本次教学活动还存在以下问题：由于时间的关系，幼儿探索的时间还不够充分，没有为更多的幼儿提供发现问题、交流想法的机会。在今后的教学过程中，在举行小组活动时，在材料的层次性方面还要做得更有针对性，以满足不同发展水平的幼儿的学习需要。

## 专家点评

本次活动从幼儿的生活出发，恰当使用了幼儿熟悉的实物教具，气氛活跃，教师的主导性和幼儿的主体性得到了充分发挥，培养了幼儿的动手操作能力、分析判断能力及逻辑思维能力。整体来看，我认为这次活动体现出以下几个特点。

**一、选材平实，教育效果好**

中班幼儿对6以内的数量已经有了初步的认识，感知和体会到有些事物可以用数来描述。在活动的开始，教师让幼儿一起寻找、发现生活中用数字做标志的事物，如花的数量、柜子的数量、玩具的数量等，让幼儿体会到各种数所代表的含义。教师选取幼儿熟悉的夹子作为直观教具，减少了教具对幼儿学习过程的干扰，让幼儿的注意力集中在按数取物及用不同的方法让数物对应的学习目标上。同时，用夹子玩游戏能够锻炼幼儿手部肌肉的灵活性，符合《纲要》中对幼儿园教育活动内容选择的要求，即科学教育要密切联系幼儿生活实际进行，利用身边的事物和现象作为科学探索的对象。

**二、分组活动巧妙，满足幼儿不同发展水平**

教师能够关注幼儿不同的发展水平，注重依据幼儿特点提供不同的活动材料，符合最近发展区的教育原则。在教学环节中，教师设计了两次分组活动：第一次分组活动在基本环节的开始，让幼儿自由选择不同的组做相同的工作——按数夹夹子，能力不同的幼儿在操作活动中得到了不同的锻炼；第二次分组活动在基本环节的结束，在解决了本次活动的重点和难点之后，提供不同的材料让幼儿再次操作，体验用添上或去掉的方法让数物对应，感知量的变化。

**三、不同学科融合，体现教师教育观念**

幼儿园的教育活动，领域的划分是相对的。在本次活动中，教师选取了夹子作为活动的核心材料。通过对夹子功能的认识和使用方法的掌握，不仅满足了幼儿科学领域的教育需要，同时，让幼儿自己夹夹子，也使幼儿的手部肌肉群得到锻炼，满足了健康领域的教育需要。在活动的最后，教师通过艺术活动，让幼儿动静交替，用体验式的游戏再次感受数字和生活的密切联系。

沈老师是一位经验丰富的教师，通过不同的游戏形式，注重根据幼儿不同的发展水平选择游戏材料，让幼儿在愉快的活动中得到发展。这也是所有幼儿园教师应该注重的教学原则。同时，希望沈老师在今后的活动中，注重幼儿主体地位的体现，给予幼儿充分的讨论时间和空间，将幼儿的经验放在前，教师的教育放在后，让教育活动的提升价值得到更加充分的体现。

西安交通大学幼儿园　兀　静

# “能干的手”教学设计

西安市碑林区西铁第一幼儿园　蔺慧敏

## 教材分析

手是每个人身体的重要组成部分，手有多重要？手能做什么事情？应该怎样保护自己的手呢？看似简单的问题，幼儿也需要学习、认知。大班综合活动“能干的手”涉及健康、语言、科学领域，活动内容集生活性、趣味性、活动性、操作性为一体，目的是让幼儿通过活动充分认识到手在生活中的重要性及保护手的方法。同时，通过探究和学习，让幼儿学会用简单的符号或图形记录方法表现事物或故事，体验合作和成功的乐趣。整个教育活动贯穿了“以幼儿为本”的理念，主题突出，层层递进。

## 学情分析

《纲要》指出，培养幼儿对生活中常见的简单的标记和文字符号的兴趣，培养其前书写和前阅读的技能，是幼儿园的教育任务，也是幼小衔接必不可少的工作之一。大班幼儿具有初步的书面表达愿望，需要教给他们一些简单的技能，在写写画画的过程中体验文字符号的功能，激发幼儿主动学习的愿望。本次活动以“能干的手”为主题，有效地帮助幼儿梳理、归纳日常经验，掌握学习方法，体现让幼儿从“学会”到“会学”教育观念的转变。

## 资源利用

1. 教具：儿歌“我们都是好朋友”记录图示，记录图示卡片（人、波浪线、房子、旋涡线），记录规则图示，全开记录背景表格图一张，背景音乐，小音箱一个，黑板两块，磁铁若干，中性笔一根，视频《有趣的手影》，多媒体课件。

2. 学具：A3 记录卡四张，小记录卡若干，笔筒、水彩笔若干。

## 教学目标

1. 了解手为自己服务、为他人服务及其保护的方法。

2. 在协商、讨论、分工、合作中尝试用记录的方式表现主题，培养幼儿的归纳总结能力。

3. 增强自我保护及为他人服务的意识，感受参与活动的成就感及记录带来的便利。

## 教学重难点

重点：了解手的功用，尝试用记录的方式进行表现。

难点：用类文字表现主题事件。

## 教学过程

**一、创设情境，游戏导入**

1. 教师带领幼儿做手指游戏“我们都是好朋友”，通过出示相关记录图示，完整表达游戏内容。

**【设计意图】**手指游戏是幼儿喜欢的活动之一。在游戏过程中，利用图谱玩游戏能让幼儿感受到符号记录带来的好处，产生学习的愿望。

2. 播放多媒体课件，依次出示房屋、波浪线、螺旋线的图形，引导幼儿观察、猜测、分析，引导幼儿用完整的句子表达自己的意愿。

师：看到这个简单的线条，你想到了什么？

**【设计意图】**引导幼儿从抽象线条联想具体事物，了解一种符号或线条能代表多种事物，让幼儿理解符号和主题事件的关系，为记录活动打下基础。同时，这也是本次活动难点的解决方法。

**二、切入主题**

1. 教师播放手影表演视频，师生共同讨论记录的方法。

师：手真是灵巧，在视频中手表演出了哪些造型？这些造型可以用哪些线条去表示呢？

**【设计意图】**引导幼儿抓住事物的主要特征，学习用简单的线条表达记录，这是本次活动的重点环节。

2. 以“能干的手”为主题，师幼交流讨论“手能为我们自己做些什么”“手能为他人做些什么”“如何保护我们的小手”等问题。

**【设计意图】**通过讨论，将幼儿已有的知识经验系统化、条理化，加深幼儿对手的功用及保护方法的认识。

**三、分组记录**

1. 分组活动前，教师出示规则卡，并提出要求：(1) 按照“自我服务、为他人服务、保护方法”分三组讨论；(2) 每人记录一种；(3) 内容最好不要与他人重复；(4) 作品集中在本组记录卡上；(5) 推选一名代表讲解。

**【设计意图】** 以规则卡提醒幼儿活动要求，让幼儿形象地感知符号带给自己的便利，教师的规则提示卡又给幼儿一个暗示，即让幼儿在自己进行的活动中主动运用符号表达事件。

2. 引导幼儿根据兴趣自由选择小组进行讨论。

**【设计意图】** 按照幼儿不同的发展水平，提供不同的活动材料，充分尊重幼儿的兴趣和意愿，进行自主性活动。

3. 请幼儿用自己理解的方式通过类文字的方法记录相关内容，粘贴在记录卡上。

**【设计意图】** 幼儿已经看了大量关于符号记录主题事件的模板，内心有了强烈的表达愿望，这时教师再重点引导幼儿用不同的方式表达自己的意愿，可以培养幼儿的创新能力。

**四、成果展示**

1. 教师出示记录表背景图，分别邀请幼儿代表上台介绍本组记录内容，并进行集中展示，制作“画报”。

**【设计意图】** 教师帮助幼儿整理、归纳、总结，把幼儿个人零散的记录内容汇总成一个完整的知识体系，有助于幼儿借鉴他人经验，丰富知识内容，提高学习兴趣。

2. 教师引导幼儿为“画报”起名字，并在音乐的伴奏下集体朗诵“画报”内容，感受集体合作带来的乐趣和成就。

**五、活动延伸**

将幼儿的作品放在美工区或阅读区，请幼儿进行装饰或讲述。

**【设计意图】** 短暂的集体活动满足不了幼儿对生活中常见的简单的标记和文字符号的兴趣，将幼儿的作品放到触手可及的地方，有利于继续培养幼儿前书写和前阅读技能。

## 教学反思

幼儿的思维是从记忆开始的。听过的会忘记，做过的能学会，记录的才能记住。因此，在教育活动中进行记录，不仅有利于幼儿对教学过程的思考与理解，而且能帮助幼儿对知识内容进行记忆，提升幼儿汇总归纳的能力。“能干的手”这一综合活动，紧紧围绕“儿童是教育的中心”的理念，以幼儿的手为切入点，采用类文字的记录方式，运用游戏、观察、讨论、探索、操作等方法，由具体到抽象，让幼儿循序渐进地感知与探索。教学中有以下几点值得回味。

**一、体现“以幼儿为中心”**

这一活动重点突出五个方面，多角度、多方位地展现了“以幼儿为中心”的理念。一是在教法上，采用幼儿喜爱的游戏、多媒体课件展示、视频播放等形式，预设不同情境引起幼儿学习兴趣；二是在学法上，采用分组讨论法、尝试操作法和总结归纳法，激发幼儿主动学习的兴趣；三是在时间安排上，给予幼儿充足的探索、学习、记录、讨论的时间，让幼儿充分表达自己的意愿；四是在幼儿分组记录和讨论环节，教师不干涉幼儿的记录方式，不裁判、评价幼儿的选择和发言，让幼儿自己学会解决问题，充分体现幼儿的主体性；五是在小组汇报中，把幼儿个体的发现变成集体的财富，鼓励在活动中与众不同的幼儿，培养幼儿的创新精神。

**二、活动环节层层递进**

通过对教材设计和学情的分析，我设计了四个层层递进的活动环节：活动一，游戏导入，了解记录的作用；活动二，视频播放，学习记录的方法和要领；活动三，分组讨论，记录讨论内容；活动四，成果展示，扩展记录内容。“感知—探索—操作—扩展”这四个活动让幼儿经历了从具体到抽象的转变，并逐步深入学习新知。

**三、预设规则，规范活动**

“没有规矩，不成方圆”。大班幼儿已基本具备规则意识，如何巩固与提升是教师应该思考的问题，在教学活动中有效渗透规则要求，有助于幼儿从他律到自律的转变。本次活动，我创新地使用规则提示卡，帮助幼儿梳理小组活动的步骤及要求，从而有序完成了记录工作。

**四、体现“呼吸感”的课程模式**

运用“呼吸感”的课程模式理念，设置动静交替、玩学交融的活动空间，让教师和幼儿都置身于快乐的活动中，在玩中学，在学中玩，达到“看似无教学，处处有教育”的至高境界。本次活动，我为幼儿提供了多种主动探究的平台，让他们自主分组，自主确定内容，自主选择记录对象，通过鼓励幼儿大胆尝试，有效地帮助他们梳理归纳日常经验，让幼儿享受“呼吸”的时间，体现了幼儿在活动中的主体地位，也凸显了幼儿从“学会”到“会学”教育过程。

以上是我对这次集体教育活动的几点认识。当然本次活动也留下了一些遗憾。例如，为幼儿提供的交流空间和对开放性问题的交流机会不足；在尊重幼儿个体差异方面，对满足幼儿的经验水平的教育要求还稍显欠缺。

教学本身就是一门遗憾的艺术。我相信，正是因为有遗憾，才让我们有了探索和努力的动力。在这条充满坎坷又充满希望的教学之路上，我将继续幸福而执着地前行！

## 个人简介

蔺慧敏，女，中学高级教师，现任碑林区西铁第一幼儿园园长。西安市学科带头人，陕西省教育系统中小学教师职务评审委员，西安市学前教育机构评估小组专家，碑林区“手骨头”系列实践活动学科专家，碑林区优秀教育工作者。从教期间，承担了多项省、市、区级教研课题，多次在各级赛教及技能评比中获奖，30余篇教育教学论文在省、市、区获奖并在专业期刊上发表，《解决教育时间浪费》获西铁青年科技进步优秀奖。

## 专家点评

本次活动设计意图清楚，环节过渡自然，幼儿在集体活动中乐于尝试用符号记录主体事件，参与性强，收到了良好的效果。本次活动有以下特点。

**一、设计意图清楚，目标达成度高**

本次活动设计意图清楚，教学环节设计关联度高，充分体现了“以幼儿为本”的教育观。在目标的设定上，教师考虑到幼儿的实际水平，通过集体讨论让幼儿了解手为自己服务、为他人服务及保护的方法，通过让幼儿自由合作，尝试用不同的记录的方式表现主题事件，在活动中培养幼儿的归纳、总结能力，引导幼儿学会简单的符号记录的方法，为幼小衔接打下良好的基础。

**二、教学小环节层层递进，幼儿参与性强**

活动开始时，教师利用幼儿喜欢的手指游戏，引起幼儿的兴趣；通过看图谱记忆游戏的方法，让幼儿形象地感知符号给人们生活带来的便利。接下来，教师通过抽象符号和具体事物的关联，让幼儿理解符号和主题事件的关系，让幼儿掌握了简单的记录方法，做到了“教于无形”。然后，教师又通过形象的手影表演激发幼儿的参与兴趣，利用规则卡让幼儿进一步感受到符号带来的好处，从而乐于参与，并主动尝试。恰到好处的自由分组活动，则体现了教师对不同发展水平幼儿的关注，让每个幼儿都能感受到成功的乐趣。

**三、各领域有机结合，活动整体性好**

本次活动渗透了健康、语言、科学等领域的教育要求，整合自然。仅就活动名称看，内容围绕的是对幼儿爱护身体的教育，但假如只是单一的保护身体器官的教育，对大班幼儿来说不能满足其认知发展水平。因此，在语言领域也要符合幼儿年龄阶段的要求，如讲述的完整性、能用符号记录等。教师将本次活动难点定位在用类文字表现主题事件，能满足大班幼儿对书面表达的愿望，使幼儿自愿学习记录的方法，并能用数字、图画、图标或其他符号进行记录，初步培养了幼儿的探究能力，在不知不觉中达成科学教育的目标。

**四、教师反思认真，专业能力强**

教师只有在每一次教育活动后进行认真、深刻的自我反思，才能不断提高自己的教育能力和教育教学水平。对教学活动的优点要及时总结，并继续保持；反思教育活动中存在的缺憾和不足，能让教师在以后的教育活动中减少遗憾，让幼儿得到更好的教育。蔺老师结合实际对教育效果进行了认真的反思，我相信，这不仅仅是她个人对自己专业发展的要求，也是所有幼儿教师在教学一线快速成长的必要方式和方法。

西安交通大学幼儿园　兀　静

# “有用的交通标志”教学设计

宝鸡幼儿园　令小妮

## 教材分析

随着年龄的增长，步行外出或乘车外出已经成为小朋友生活的一部分，幼儿已经开始关注生活中常见的一些交通标志。从小培养幼儿的交通安全意识，认识常见的交通标志，养成良好的交通规则和习惯对幼儿的成长具有非常重要的意义。《纲要》中明确指出，“幼儿园要培养幼儿的安全意识和自我保护的能力”，依据“教育内容既要贴近幼儿的生活，符合幼儿的现实需要，又要有利于其长远发展”的原则，有必要让幼儿了解、认识常用的交通标志，了解其含义，养成从小遵守交通规则的良好习惯，让幼儿真正走进社会。

## 学情分析

幼儿在日常生活中对常见的交通标志已有了一些粗浅的认识，开始关注更多的交通标志，但由于生活经验和范围的局限，他们的认识比较粗浅、零散、片面，甚至还会有一些错误的认识。同时，中班幼儿的语言表达能力有限，无法用比较规范的语言来讲述一些常见的交通标志的外形特点及含义。此活动从中班幼儿的兴趣及年龄特点出发，让幼儿通过情境式的体验学习，认识一些生活中常见的交通标志的外形特点及含义，拓展他们的知识经验和视野。幼儿对这样的活动一定会感兴趣。

## 资源利用

手偶，彩笔，即时贴，剪刀，常见的交通标志图标若干，《小老鼠进城》课件。

## 教学目标

1. 认识几种常见的交通标志，理解其特征和作用。
2. 引导幼儿讲述几种常见的交通标志的含义。

3. 培养幼儿遵守交通规则的意识和习惯。

## 教学重难点

重点：解读交通标志，了解交通标志的作用和特征。
难点：知道交通标志的重要性，能自觉遵守交通规则。

## 教学过程

**一、游戏激趣，导入课题**

做游戏，游戏后讨论：小猴为什么会出车祸？引发幼儿思考，激发幼儿的探索兴趣，进而引出交通标志在生活中的重要性的课题。

**【设计意图】**利用活泼有趣的游戏，使幼儿情绪愉快地投入活动，自然导入活动主题。

**二、梳理经验，认识标志**

1. 出示常见的标志。

师：你认识这些标志吗？它告诉我们应该怎样做？这些图片上还有哪些标志你不认识？先来猜一猜它是什么意思，要告诉人们什么。

2. 出示几种不常见的标志，运用同样的方法学习标志的含义。

**【设计意图】**从幼儿已有知的识经验入手，先熟悉一些认识的标志，再过渡到不认识的标志，并根据图片内容解读标志，从观察形象直观的情景图片到找出抽象的相应标志，使幼儿从具体到抽象，深刻地理解标志的内容。

**三、观看课件，熟悉标志**

1. 观看课件《小老鼠进城》。

2. 你刚才都看到了哪些交通标志？它们表达的是什么意思？

3. 哪里的交通标志最多？为什么？

**【设计意图】**扩充幼儿的知识点，进一步引导幼儿认识生活中的交通标志，知道为什么在十字路口会出现许多交通标志。

**四、游戏体验，巩固内化**

设置游戏场景，布置常见的交通标志，组织幼儿玩“小小驾驶员”游戏，巩固幼儿对交通标志和交通规则的认识。

**【设计意图】**通过模仿、操作，进一步加深幼儿对交通标志和交通规则的认识，通过体验内化幼儿的社会认知，使幼儿形成知识经验。

**五、动手操作，加深认识**

教师提供彩色笔、即时贴、剪刀等材料，组织幼儿绘画、制作2～3种交通标志。

六、结束活动

提醒幼儿在日常生活中观察、认识更多的交通安全标志，养成遵守交通规则的好习惯。

## 教学反思

幼儿的年龄特点和兴趣决定了他们的学习方式和教师的教育方式，教师只有抓住幼儿的年龄特点和兴趣，才能找到适合他们的教育方法和途径。

在这个活动中，我采用了游戏、图片、操作等幼儿感兴趣的方法，引导幼儿学习、了解交通标志的含义和遵守交通规则的重要性，并创设情境让幼儿体会规则在现实生活中的意义。通过体验使幼儿的社会认知真正内化成社会行为，培养幼儿良好的社会行为习惯，让幼儿真正走进社会这个大家庭。教学环节层次分明、过渡自然，学习方式灵活多样，充分调动幼儿多种感官参与学习、感知，激发幼儿的学习兴趣和主动性，使幼儿在轻松愉快的氛围中完成了学习任务。

## 个人简介

令小妮，女，宝鸡幼儿园教师。2012 年，获得“陕西省教学能手”称号。曾赴台湾省考察学习，并在宝鸡市学前教育研究会优质课展示活动中介绍参观学习见闻。

## 专家点评

本次社会活动贴近幼儿的生活，教学方法多样，教师能有效地引导幼儿参与活动，激发幼儿的活动兴趣，融社会与艺术教育于一体，有效地增强了幼儿的社会性发展，利用多样化的学习方式培养了幼儿的规则意识。本次活动具有如下特点。

**一、选材贴近幼儿生活，提升幼儿已有经验**

幼儿社会领域的学习与发展，主要是在日常生活和游戏中通过观察和模仿进行学习的。幼儿每天来园、离园都会感受到交通信号灯对自己出行的影响，但还缺少准确的认识，甚至会有一些违章行为。中班幼儿处于行为规则意识培养的关键期，此次活动通过让幼儿认识几种常见的交通安全标志，了解交通标志的意义和重要性，教育幼儿养成遵守交通规则的习惯，增加了幼儿的生活经验。活动的选材符合幼儿的实际需要，幼儿易于接受。

**二、教学内容丰富，教学方式多样**

规则教育最好的方法是让幼儿有情境式的体验，在游戏活动中得到最大的发展。此次的教育活动通过探讨一起交通事故，让幼儿从事情的结果入手，深切感受不遵守交通规则的后果；通过看交通标志的图片，让幼儿认识生活中常见的几种交通标志；通过看课件，让幼儿产生动手的愿望，一起制作交通标志。活动形式丰富多样，让幼儿始终保持参与的兴趣。

**三、幼儿参与兴趣浓厚，目标达成度高**

教学中，教学环节设计巧妙，教师引导自然，幼儿参与积极性高，每个环节都体现了一定的教育要求，尤其是最后的制作环节，给幼儿留下深刻的印象，达到了既定的教育目标。

令老师教态亲切、自然，在教育活动中能和幼儿有效互动，教学目标设计清晰、准确，活动形式多样，满足了幼儿发展的需要，是一次有效的社会领域教育实践活动。

西安交通大学幼儿园　兀　静

# “花枝上的蝴蝶”教学设计

西北工业大学幼儿园　陈小庆

## 教材分析

平衡游戏是幼儿很喜欢玩的游戏，如跷跷板、平衡木、独轮车……到了大班，他们心中有了很多问题：为什么走独木桥时我总也站不稳？为什么演员能把手绢在指尖上转起来？为什么杂技演员把伞顶在头上掉不下来？……看到他们有这么强烈的探索欲望，我就和他们一起展开了讨论，鼓励他们说出自己的想法。可是科学单凭说是不行的，必须通过实践操作、验证，才能得出正确的结论。于是我设计了这节科学探索活动，利用简单易寻的材料，在一步步的探索、操作中帮助幼儿获取简单的科学道理，激发他们学科学的兴趣。

## 学情分析

大班幼儿的思维特点是以形象思维为主，因此应注重引导幼儿通过直接感知、亲身体验和实际操作进行科学学习。本次活动操作性很强，通过引导幼儿观察、分析、比较、操作、实验，让他们发现问题，解决问题。在活动时，将全班幼儿分为两组，以小组活动的形式进行，以区域活动的形式延伸，不断探索蝴蝶在花枝上保持平衡的秘密，让幼儿在多元体验中感受平衡游戏的快乐。

## 资源利用

1. 翅膀形状不同的纸蝴蝶，花纸（或彩铅、橡皮泥），泥工板，曲别针，水彩笔，易拉罐若干。

2. 各类图片，如天平、秤、小朋友走平衡木、跷跷板、杂技走钢丝、杂技晃板、杂技顶缸。

## 教学目标

1. 探索蝴蝶在花枝上保持平衡的秘密。

2. 通过记录发现蝴蝶翅膀改变重量后，支点位置随之发生改变。

3. 在运动中感受平衡游戏的乐趣。

## 教学重难点

重点：能找到蝴蝶落在花枝上的支点位置，并给支点做记号。

难点：在不断添加辅助物的过程中发现支点位置的变化，会用语言表述。

## 教学过程

### 一、开始部分：游戏导入

1. 手指游戏：小蝴蝶。

2. 游戏：蝴蝶找花。

玩法：分三段进行“蝴蝶找花”的游戏。

(1) 随意摆放姿势，保持身体平衡。

(2) 单脚站立保持平衡。

(3) 站在易拉罐上保持平衡。

提问：你是怎么保持平衡的？

发现：两手平举容易保持平衡。

**【设计意图】**以两个游戏作为活动的引子，帮助幼儿从自身的平衡开始感受，从小手变蝴蝶—身体变蝴蝶—操作纸蝴蝶，探索身体平衡的方法。游戏难度不断提高，幼儿的兴趣也随之增加，激起他们的挑战欲望。

### 二、基本部分：探索蝴蝶平衡的秘密

1. 第一次探索：请幼儿尝试将蝴蝶平稳地放在花枝（铅笔）上。

(1) 发现放置纸蝴蝶的方法。

(2) 探索记录平衡点的方式。

(3) 观察两种不同形状的蝴蝶的支撑点。

提问：你发现了什么？

发现：蝴蝶翅膀的大小、形状不同，记号（支点）的位置不同。

**【设计意图】**第一次探索是从幼儿自身平衡迁移到其他材料——纸蝴蝶的平衡，对幼儿来说较为简单。这次探索的重点是找到蝴蝶在花枝上平稳放置的支点位置，难点在于记录的方法。教师需要关注幼儿的记录能力，并及时给予他们帮助。

2. 第二次探索：蝴蝶身上增加一枚曲别针后的变化。

(1) 探索加上曲别针以后，蝴蝶在刚才记号的位置还能否放稳。

(2) 尝试如何在不移动曲别针的情况下平衡地放置蝴蝶。

(3) 变换记录方式，使两种记号有区别。

提问：记号位置有变化吗？为什么会变？怎么变？

发现：蝴蝶加上曲别针以后支点位置改变，移向重的一边。

**【设计意图】** 第二次探索是对幼儿经验上的一个提升。幼儿能发现加上曲别针后蝴蝶的重量发生改变，但记录点的位置到底怎么变，留给幼儿自己去发现。同时，记录的方式该如何创新也是对幼儿的一个挑战。教师着重关注的是幼儿的个体差异，对完成早的幼儿给予更高的要求，对于稍慢的幼儿给予更多的操作时间。

3. 第三次探索：为延伸活动和区域活动做好铺垫。

提问：

(1) 如果变换曲别针的位置，支点位置会有变化吗？

(2) 如果变成两个曲别针，支点的位置会有什么变化？

(3) 在不改变支点位置的前提下，怎样调节曲别针的位置？

**【设计意图】** 第三次探索是为课堂活动做的一个预设，根据幼儿的不同情况提出不同的要求，根据幼儿的差异及时调整目标，给幼儿留下更多探索时间。总的来说，这几次探索是一个循序渐进的过程，由易到难，由浅入深。

4. 通过观看课件，了解平衡支点在生活中的运用。

选取幼儿比较熟悉的范例，如天平、跷跷板、走钢丝、杂技晃板……帮助幼儿了解平衡支点的运用。

**【设计意图】** 在幼儿观看图片的过程中，自然地将这种经验迁移到幼儿的生活中，寻找生活中和支点有关的事物，鼓励幼儿讲出自己的想法和所见所闻。

5. 平衡体验：小小杂技师。

(1) 请幼儿用身体不同部位顶易拉罐，保持易拉罐的平稳。

(2) 参与幼儿园活动，用现有的平衡器材进行平衡游戏，再次感知平衡游戏的乐趣。

**【设计意图】** 再次游戏，首尾呼应，动静交替。将学到的知识在游戏中完美体现，达到玩中学、学中玩的目的。

三、结束部分

师幼总结。

## 教学反思

本课是在西安交通大学幼儿园大班进行的一节整合活动，试教过后，在两位专家的指导下，我对整节活动做了调整并进行了回顾和整理。活动前虽然与幼儿不熟悉，但他们的参与热情十分高，让我很感动，可见，幼儿是多么喜欢这种自由自主、轻松快乐的探索活动啊！

活动从幼儿的身体游戏入手，将幼儿对自身身体平衡的关注迁移到自主体验、探索纸蝴蝶的平衡点上，巧妙融合，自然过渡。整节活动中，幼儿动静交替，而我也在不断转换着自己的角色，较好地扮演了儿童学习的支持者、合作者、引导者。在活动中，我几乎没有操作示范，最大限度地减小对幼儿的束缚，有效地激发他们自由探索的意识和愿望。他们在活动中发问、讨论、分析，操作的兴趣很高，愿意挑战难度，猜想、假设和推理能力得到提高，好奇心也不断被激发、不断地得到满足，其想象力、创造力也得到了充分发挥。

活动中，我针对幼儿的个体差异预设了多个层次的问题，帮助每个幼儿实现探索的需求，同时延伸活动任务又为个别化学习做了很好的铺垫，给了幼儿更多探索的问题，让幼儿不仅是在课堂上，更多的是在自由操作中发现探索的乐趣。这节活动并不是为了让幼儿掌握多么深奥的科学道理和科学术语，而是为了激发他们强烈的好奇心，以游戏促进科技活动的开展，让幼儿积极主动地投入到操作活动中，进行有益的科学探索，大胆进行尝试，发现科学现象，增强探索欲望，从而培养他们从小崇尚科学、爱科学、学科学的兴趣。

活动虽然完整、顺利，但也存在着一些需要调整的地方。首先，教具的准备应再充分些，开始游戏和结束游戏使用的易拉罐应分开，这样从卫生角度来说会更好。其次，在活动环节中出现争议的问题（画标记）应及时小结，通过示范、比较，给予幼儿正确的指引。最后，过程的组织可以再紧凑一些，这样可以留出更多的时间供幼儿思考。有不足就会有思考，有思考才会有提升，这些不足将提醒我以后继续思考，继续提高。

## 个人简介

陈小庆，女，西安市西北工业大学幼儿园教师，小学高级教师，担任班主任、年级组长。中国学前教育研究会会员，陕西省教育思想研究会会员，陕西省陈鹤琴教育思想研究学会会员。获得陕西省幼儿教师专业技能大赛一等奖、西安市幼儿教师专业技能大赛一等奖，获得西安市骨干教师、学科带头人称号。参与编写了全国教材《玩中学科学》、省级科学教材及美术、语言等多领域教材；活动设计“认识序数”等 4 篇作品于 2010 年被收录在《幼儿园教育活动精品集》中。

## 专家点评

幼儿科学教育活动，是在教师的支持和引导下，幼儿运用各种感官，对周围的事物和现象进行感知、观察、操作、探索，发现问题并寻找答案的探究过程。本次活动，教师从幼儿日常生活中常常玩的小游戏入手，提供看似随手可得的物质材料，运用不同的方式设计与组织幼儿参与活动，帮助幼儿主动获取科学经验。此次活动有以下特点。

**一、目标定位准确**

《指南》对幼儿园科学领域教育明确指出：“幼儿的科学学习是在探究具体事物和解决实际问题中，尝试发现事物间的异同和联系的过程……幼儿科学学习的核心是激发探究兴趣，体验探究过程，发展初步的探究能力。成人要善于发现和保护幼儿的好奇心，充分利用自然和实际生活机会，引导幼儿通过观察、比较、操作、实验等方法，学习发现问题、分析问题和解决问题；帮助幼儿不断积累经验，并运用于新的学习活动，形成受益终身的学习态度和能力。”

此次科学活动，陈老师的目标定位准确，三维目标的核心是对科学的兴趣和探究的欲望，这也是幼儿园科学活动的首要任务。

**二、内容选择贴近幼儿生活**

《指南》中关于教育建议提到了“用身边常见的事物和现象”“从生活和媒体中幼儿熟悉的科技成果入手”“在幼儿生活经验的基础上”“从身边小事入手”等要求，这些都是对幼儿科学教育生活化要求的具体体现。陈老师从幼儿很喜欢玩的平衡游戏入手，巧妙地将幼儿对自身身体平衡的关注，迁移到自主体验、探索纸蝴蝶的平衡点上，巧妙融合，自然过渡，贴近幼儿生活，能引起幼儿极大的兴趣。

**三、运用多种方法培养幼儿的探究能力**

皮亚杰的认知发展理论指出：“幼儿必须通过自身活动去发现、认识客观世界，不断构建、完善自己的认知模式。”本次活动中，陈老师为幼儿创设了一个尊重、支持的环境，保证每个幼儿都有与材料充分作用的机会，遵循“幼儿在前，教师在后；尝试在前，指导在后；活动在前，讨论在后；操作在前，结论在后”的原则，先让幼儿自己去探索、观察、动脑、动手，教师不急于告诉方法、答案，在幼儿充分活动、独立思考后，再由教师给予归纳、小结。

当然，在活动中也有一些不尽如人意的地方，如教具的卫生、幼儿争论时教师的介入、教学环节的连贯性等。希望陈老师在以后的活动中都能逐步克服，让幼儿享受到缺憾最小、成效最大的教育。

西安交通大学幼儿园　兀　静

# “有趣的测量”教学设计

西安交通大学幼儿园　李　剑

## 教材分析

《指南》指出：“幼儿的学习是以直接经验为基础，在游戏和日常生活中进行的。要珍视游戏和生活的独特价值，创设丰富的教育环境，合理安排一日生活，最大限度地支持和满足幼儿通过直接感知、实际操作和亲身体验获取经验的需要。”大班幼儿已经有了初步的测量经验与愿望，他们可以利用自然物作为测量工具进行直接测量。测量游戏可以加深幼儿对物体量的认识；有助于幼儿初步认识测量工具，加深幼儿对数的理解，培养幼儿动手操作的能力及对测量活动的兴趣。本节活动符合幼儿数学能力发展的需要，幼儿通过亲身体验、探究实践、记录思考、概括提升、拓展应用等方式，学习并掌握有关测量的知识，在生活和游戏活动中体验数学的重要性和趣味性。

## 学情分析

大班幼儿的观察力、思维能力、探究分析能力有了一定的发展，他们对周围的世界充满好奇。在学习活动中，他们愿意积极思考，努力探究问题的结果。对于生活中遇到的关于物体的长短、高矮、距离等问题，他们会利用目测进行判断，也会用手、脚、辅助物等进行比较。

## 资源利用

1. 提前布置动物园的场景：十条不同长度的即时贴，将两头固定在地面，当作小路；十张不同的动物卡片或立体模型，贴在十条小路旁边。
2. 记录工具：纸、笔及垫板。
3. 测量工具：彩色水笔、纸条、彩棒、吸管、统计表。

## 教学目标

1. 能用目测或自然测量的方法比较物体的长短。
2. 学会首尾相接的测量方法。

3. 乐意与同伴合作进行游戏。

## 教学重难点

重点：学会用首尾相接（翻转或做标记）的方法测量物体长度。

难点：测量同一物体时，测量工具不同，结果不同。

## 教学过程

### 一、开始部分

1. 回忆生活经验，引出本次课题。

师：小朋友，上周五我们去动物园看到了很多动物。今天，老师也布置了一个动物园，大家一起来看看，这个动物园里有哪些动物呢？

幼儿观看动物园里都有哪些动物，和同伴交流、分享。

**【设计意图】**用幼儿对已有生活经验的回忆引出本次活动，增强了教师和幼儿之间的亲切感，唤起了幼儿的记忆；自由地观看动物，给了幼儿空间，让幼儿自主学习。

2. 情境导入。

师：十只小动物在不同的地方，每个动物旁边都有一条小路，小朋友，数数看，一共有几条小路呢？

幼儿自由点数，报出答案。

**【设计意图】**此环节使教学自然过渡到本次活动的主题。同时，在点数十条路的过程中，让幼儿无意识地感受路途的长短不一，提出隐性的教学目标。

### 二、基本部分

1. 学习用目测的方法比较物体的长短。

（1）这十条路，哪一条最长？哪一条最短？

**【设计意图】**将十个物体排序，对刚上大班的幼儿来说是一个不小的挑战，但是，在十个物体中找出相对最长和最短的物体却不是难事。通过这一环节，让幼儿在感受成功的同时，学会用目测的方法比较物体的长短。

（2）你是怎么知道的？十条路，最短的和最长的我们都找到了，一起给它们编个号吧！

幼儿把1和10两个数字分别贴在两条路上。

**【设计意图】**通过问题“你是怎么知道的”，让幼儿明确用眼睛看就能比较差异悬殊的物体的长短。通过贴号码，让幼儿形成长短有序的概念，巩固了对数字的认识。

2. 学习首尾相接的测量方法。

师：哪条路应该排在第二？你用什么方法能找出第二条路？

**【设计意图】**当比较长短相近的物体时，幼儿会犹豫，这两个问题可以让幼儿产生一种尝试的愿望。

幼儿用不同的测量工具测量小路。请1～2名幼儿介绍自己的方法，进行示范。

师（小结）：可以用手或者脚、棍子、彩带量量这条路，再和第一条路比一比，就知道谁该排在第二了。

**【设计意图】**这个环节让幼儿自由地进行尝试，激发幼儿的思维，增强幼儿的动手能力。

3. 引导幼儿讨论：用手（脚）测量的时候怎样才能更准确呢？

得出结论：测量的时候用大拇指顶住一端，手掌伸平，中指伸直；然后，中指立起来，大拇指按住中指的地方，手掌再次伸平……这样量得比较准确。

让幼儿用首尾相接的方法自由探索每条路的长度。

**【设计意图】**这一环节是本次集体教学活动的重点。教师的讲解比较清楚、简洁，幼儿很感兴趣，在测量过程中能有效运用这一方法。

4. 引导幼儿讨论：两个（三个）小朋友量的是同一条路，为什么结果也不一样呢？

得出结论：这两个（三个）小朋友的手（脚）的大小不一样，所以，量的结果不一样。

**【设计意图】**这是本次集体教学活动的难点。在实际教学中，教师抓住在幼儿探索过程中出现的争论，让幼儿成为矛盾解决的主体。通过幼儿的探索、比较、争论，得出结论——测量同一物体时，测量工具不同，测量的结果也不同。

5. 我们有什么办法可以让测量结果一样呢？

请幼儿两人一组用同一种测量工具（如彩棒）测量每条路的长度，并做记录。

**【设计意图】**这一环节让幼儿的测量结果有了可比性。大班的幼儿有了竞争的意识，这个环节可以满足幼儿的需求。同时，两人一组测量能让幼儿感受到与同伴合作的成功感。

**三、结束部分**

1. 统计小结。

师：我这里有一张大的统计表，请小朋友们一起来填填吧！

2. 延伸活动。

师：小朋友真能干，动物园里的动物们也很开心，让我们把动物园布置得更漂亮些，让幼儿园里其他小朋友也来看看吧！

## 教学反思

本次数学活动在幼儿意犹未尽的探索中结束了，回想幼儿在活动中积极参与、大胆尝试，我想他们收获的不仅是有关测量的小知识，更为今后进行科学探索活动打下了良好的基础。

**一、创设情境，激发幼儿的参与兴趣**

本次测量活动以“去动物园游玩”为切入点，让幼儿在教师所创设的“动物园”情境中愉悦地探索、尝试、发现，快速调动了幼儿参与活动的积极性，提高了幼儿活动的有效性。

**二、坚持“儿童第一”的教育观**

《纲要》中指出，要为幼儿“提供自由活动的机会，支持幼儿自主选择、计划活动，鼓励他们通过多方面的努力解决问题”。本着这一原则，本次活动设计紧紧围绕着提出问题、引发讨论、进行探究几个层面入手，让幼儿成为学习的主体，在自主活动中大胆尝试，在不断地追问、交流、探索中，逐步了解、掌握测量的方法。

**三、形成良好的学习氛围**

在活动中，通过师幼互动、幼幼互动，让幼儿在良好的学习环境中获得学习方法，掌握技能，促进幼儿形成良好的合作意识和集体活动的秩序感，这符合《指南》中所说的“活动时能与同伴分工合作，遇到困难一起克服”的教学理念。在活动中，我们看到幼儿两人一组，积极、认真、专注地根据记录单中的内容进行测量活动，当同伴的测量方法不够准确时，另外一位能力强的幼儿马上就会提醒同伴注意，这大大提高了测量结果的准确性。

**四、有待提高之处**

首先，整个教学活动还需再紧凑些，这样就可以将延伸活动充分有效地纳入本次活动之中，让幼儿在了解、掌握自然测量的基础上，接触测量工具，充分感受、体验测量工具与人们生活的关系，以及为人们生活带来的便利，使幼儿能够将所学知识与生活结合得更紧密。

其次，在活动中，由于部分幼儿对做标记的方法掌握得还不够牢固，所以在测量结果上难免出现偏差，教师要注重对幼儿的个别辅导，以帮助每一位幼儿在原有的水平上有所发展。

## 个人简介

李剑，女，西安交通大学幼儿园教师。2012 年 3 月获“西安市教学能手”称号，2013 年 7 月获“陕西省教学能手”称号；2011 年 8 月至 2013 年 9 月参加教育部“内地优秀教师赴澳交流计划”，在澳门进行教育交流，进行多次开放教学活动，先后多次对全澳幼儿园进行专题讲座；撰写的论文、活动设计多次在全国、省、市比赛中获奖。

## 专家点评

本次数学活动的选材贴近幼儿生活，教学方法多样，教师有效地引导幼儿参与活动，激发了幼儿的兴趣，增强了幼儿的探索能力与思维能力，多样化的操作培养了幼儿的合作能力。具体而言，有以下特点。

**一、选材贴近现实生活，易发生学习迁移**

本次活动通过创设带幼儿去动物园参观动物的情境，引起幼儿兴趣，较快地实现了与教学的衔接过渡。通过问题导入教学，幼儿可以轻松地解决难题，同时，从已有生活经验入手，不仅会使幼儿产生较强的学习兴趣，而且会让他们继续在生活中生成类似的“比较游戏”，如比较一家人的身高，按照身高（或年龄）排序等。

**二、教学过程环环紧扣，幼儿活动参与度较高**

这样的教学既满足了大班幼儿的探索欲望，又通过提供的各种材料帮助幼儿讨论“比较”本身存在的多样性——参照物的选取不同，比较的结果就会不一样。幼儿对事物的认知是通过实际经验建构的，因而通过这样一种学习方式，幼儿也感受到了科学中的“多维变化”。

**三、教学环节设计巧妙，关注幼儿的全方面发展**

教师的教学思维活跃，环节设计灵活巧妙，每一步的设计从教师已有的教学经验出发，充分关注幼儿的自主探索与人格培养。在教学过程中，小组合作探索的方式可以让幼儿更好地学会团队合作。从这一点来说，广大教师要关注幼儿在幼儿园教学中的社会性发展。

在整个教学过程中，李老师有效地发挥了自己作为幼儿教师的教育智慧，对幼儿的问题进行了有效的引导。希望在今后的教学中，教师能在教学设计和教学组织中多关注幼儿的心理变化，抓住每一个可能生成问题的学习机会，采取灵活的教育措施，帮助全体幼儿实现全面发展。

西安交通大学幼儿园　兀　静

# "小木马"教学设计

西安市第一保育院　郭　茜

## 教材分析

这是幼儿园大班的一节艺术活动。《小木马》是一首经过改编的儿童歌曲，整个歌曲分为ABA三段，旋律欢快活泼，歌词朗朗上口。歌词内容贴近幼儿的生活，符合大班幼儿的认知发展特点，在学习过程中，既能使幼儿充满兴趣，又能使幼儿有所收获和提高，丰富和提升整个活动的内涵。但这首歌曲的音域跨度比较大，旋律起伏感强，对于5～6岁的幼儿来说，要在30分钟的活动中掌握还是有一定难度的，但是只要帮助幼儿抓住歌曲的特点，如歌词的重复等进行学习，就会达到事半功倍的效果。本次活动的高结构领域为艺术，低结构领域为社会。

## 学情分析

大班的幼儿大都有旅游的经历，除亲身经历外，幼儿也经常会通过图书或电视等媒体对风景名胜有一定的了解和认识。这样的经历对幼儿记忆歌词内容有很大的帮助。

大班幼儿已经较好地掌握了歌唱的基本方法，了解了$\frac{4}{4}$拍歌曲的特点，能在音乐中表达自己的情感，用歌声诠释对音乐的理解，具有较强的音乐表现能力。同时大班也是儿童语言表达能力明显提高的时期，他们不但能系统地叙述生活中的见闻，而且能生动、有感情地描述事物，语言表达及概括能力较强。但是将已有经验创编进歌词，并进行演唱还需要通过专门的练习。

## 资源利用

风景名胜和抽奖的图片，音乐，钢琴。

## 教学目标

1. 根据图谱学唱歌曲，并能用自然的声音完整演唱。

2. 积极参与活动，结合游戏创编歌词。

3. 了解一些风景名胜的名称和位置，感受歌唱和创编带来的快乐。

## 教学重难点

重点：学会演唱歌曲。

难点：能根据歌曲内容和节奏创编歌词。

## 教学过程

### 一、韵律活动：进入活动室

师：准备好了吗？我们出发啦！

幼儿随音乐做骑马的动作进入活动室。

**【设计意图】** 在导入环节中，教师和幼儿一起做着骑小木马的动作进入活动室，拉近了教师和幼儿之间的距离，大家伴随着活泼欢快的音乐跳起了舞，在愉快的氛围中拉开了活动的序幕。

### 二、发声练习：我们骑着小木马

师：我们在骑小木马的时候，小木马发出了什么样的声音？

带领幼儿将它唱进歌曲里，每遍有强弱快慢的变化。

第一遍：D 大调；第二遍：E 大调；第三遍：F 大调。

**【设计意图】** 为了让幼儿在歌唱活动中用自然的声音进行演唱，同时也为了保护好幼儿的声带，设置了发声练习环节。在发声练习的选择上，将传统幼儿歌曲《王老先生有块地》进行了改编，在原有旋律的基础上配以和“小木马”相关的歌词，使活动中的每一个环节都紧扣主题。

### 三、幼儿学唱歌曲

1. 出示小木马图片，通过观察和提问导入歌曲。

师：这匹神奇的小木马能带我们到处去旅游，听一听它要带我们去哪里。

2. 教师范唱歌曲，幼儿根据歌词内容填充图谱。

(1) 教师唱第一遍，（清唱）幼儿填充景点和交通工具的名称。

师：小木马带我们去了哪儿？先去了哪儿？再去了哪儿？最后去了哪儿？（强调什么地方的什么，如西安的钟楼）

(2) 教师唱第二遍，（清唱，边唱边指相应的图谱）引导幼儿对填充好的图谱进行验证。

师：是像小朋友这样说的吗？我们再来听一听，你也可以试着跟老师一起唱一唱。

3. 幼儿看图谱，跟伴奏演唱2～3遍。

（1）幼儿演唱第一遍：请一位幼儿指图谱，全体幼儿演唱。

（2）幼儿演唱第二遍：请一位幼儿指图谱，全体幼儿起立，用自然的声音进行演唱。

（3）幼儿演唱第三遍：引导幼儿边唱边表演。

**【设计意图】**这一环节是整个活动的重点部分，通过教师范唱、补充图谱、记忆歌词等形式帮助幼儿学唱，从而完成学唱歌曲这一目标。

**四、通过“抽奖”活动引导幼儿创编并演唱**

1. 回忆已有经验，启发幼儿说说自己去过或知道的风景名胜。

师：除了小木马刚才带我们去过的地方，你还去过哪些好看、好玩的地方？

2. 教师提出“抽奖”活动，引起幼儿兴趣。

师：为了让小朋友去更多的地方，旅游公司将要举行抽奖活动，抽到奖的小朋友就可以去更好玩的地方，谁想试一试？

3. 介绍抽奖方法：教师出示装有各地风景名胜图片的袋子，幼儿随音乐模仿“击鼓传花”的游戏传递袋子。创编地名时，手拿袋子的幼儿抽出一张图片，将图片内容编入歌曲里，以此类推。

4. 幼儿创编游戏。

**【设计意图】**这一环节是解决活动难点的部分。“抽奖”游戏是幼儿非常喜欢的游戏之一，大家参与的积极性很高。这一环节通过“抽奖”游戏帮助幼儿创编歌词，使幼儿在快乐的游戏中达到了教学目标，同时也轻松自然地解决了活动的难点，把整个活动推向高潮。

**五、教师小结，活动自然结束**

师：今天，这匹神奇的小木马带我们去了这么多地方，以后有机会，老师还会让小木马带小朋友去全世界更多好玩的地方旅游。现在想想你还想去哪个地方，骑着我们的小木马，大家一起出发啦！

**【设计意图】**此环节是活动的落脚点，幼儿通过教师的总结对更多的美景产生了美好的憧憬。活动在教师的引导和幼儿自由的发言中顺利结束，同时大家随音乐骑着小木马离开活动室，做到了首尾呼应，使整个活动在“小木马”这一主线中画上句号。

## 教学反思

此次教学实践活动的教学过程都充盈着轻松、愉悦的气氛，幼儿通过多种方式学唱歌曲、以游戏的形式创编歌词等活动，快速地融入教师营造的活动氛围中，达到了教学目标。

**一、选材新颖有趣**

以“去旅游”为核心，以幼儿熟悉、喜欢的“小木马”为主要角色，贴近幼儿的生活，能极大地吸引幼儿的兴趣。在活动中，通过幼儿积极发言、踊跃参加游戏等场面也能感受到他们参与活动的热情。

**二、环节层层递进**

活动的第一环节“模仿骑小木马”和第二环节“发声练习”，是为后面将要学习的新内容做铺垫。以这样幼儿特别喜欢、熟悉的“小木马”形象引出课题，容易引起幼儿的关注，也让活动变得更加有趣。活动的第三环节是重点部分，教师的清唱、范唱成功地吸引了幼儿的注意力，使幼儿对本次活动的内容产生了强烈的期待和兴趣，填充图谱这一内容也体现了幼儿的自主探究学习。在这样的基础上，幼儿能轻松地学会歌曲，达到目标。第四环节解决了活动的难点，幼儿在游戏中完成了创编歌词这一目标，体现了我们常说的“教无痕”。最后一个环节为以后的活动埋下伏笔，让幼儿对“小木马”始终充满兴趣。

**三、教具运用巧妙**

在学唱歌曲环节，引导幼儿从熟悉、理解歌词内容入手，借助图谱帮助幼儿记忆歌词。《纲要》中指出，活动内容要贴近幼儿生活和经验，尊重知识的系统性，与幼儿的兴趣、能力相结合，又要有助于其长远发展。所以，我提供给幼儿的图谱是不完整的，并且鼓励幼儿在倾听、思考、观察的基础上自我调整，主动学习，突破歌词中的难点，从而记忆歌词。

**四、增加游戏活动**

在创编歌曲的环节中加入了游戏活动，将对幼儿来说比较难的创编变得有趣，使幼儿在愉快的游戏中不知不觉完成了创编目标。这样的活动环节有效地降低了难度，增加了趣味性，幼儿的参与性强，幼儿的学习显得轻松愉快，寓教于乐。

整个活动也存在一些不足。在游戏环节，介绍规则的语言有些啰唆，导致此环节有些拖沓；在关注全体幼儿的同时，还应更加注重个体差异等。另外，如果能用专业方法做出歌曲的伴奏录音，并在教学中运用，可能会更有利于引导幼儿。在以后的教学实践中我会不断努力，进一步提高、完善自己。

## 个人简介

郭茜，西安市第一保育院保教干事，长期从事学前教育工作，先后承担小、中、大班、亲子园的教学工作和教研组长工作。多篇活动设计、论文、随笔获省、市级各类奖项，多次参与国家、省、市级课题研究，并成功结题，取得一定成果；参与编写幼儿园各类教材和教师用书 20 余册；曾荣获陕西省首届幼儿教师基本功大赛一等奖，2012 年被评为西安市学科带头人，2013 年荣获“陕西省教学能手”称号。

## 专家点评

歌唱活动“小木马”注重艺术、社会、语言等领域的相互渗透和整合，教师的教学基本功扎实，通过多种方式让幼儿始终愉悦地参与活动，在轻松欢快的活动氛围中达到了教育目标。

**一、亮点与特色**

第一，选材贴近幼儿生活。旅游是幼儿熟悉、感兴趣的事情，“小木马”是幼儿喜爱的角色。

第二，活动设计主线清晰，环环相扣，首尾呼应。从准备环节开始就以“小木马”形象为主线，入场行进律动、发声练习，直接引起幼儿的兴趣，为歌唱活动做好铺垫。

第三，重点突出，动静交替。第三环节是重点部分，教师能够根据幼儿的年龄特点，通过填充图谱让幼儿轻松地学会歌曲，并在游戏中创编歌词，充分体现了自主探究学习。

第四，教师对幼儿特点把握准确，教具准备充分，运用巧妙。教师提供给幼儿的图谱是不完整的，但活动内容贴近幼儿生活经验，先引导幼儿从熟悉、理解歌词内容入手，再借助图谱帮助幼儿记忆歌词。这样既与幼儿兴趣、能力相结合，又有助于其长远发展。

**二、建议**

第一，在活动中，教师要注意关注幼儿随机的创造，比如，歌词字数与节奏的变化，满足幼儿的好奇心和学习兴趣，在教学过程中让幼儿充分发挥个性，进行不断探究和尝试。

第二，注意详略得当。在游戏环节有些拖沓，教师的无效语言较多。建议在基本环节中，小组活动可增加时间，这样有利于教师进一步关注幼儿的个体差异。

西安市第一保育院　姜西润

# “心情小人”教学设计

空军西安蓝天幼儿园　石　君

## 教材分析

《指南》中指出：“幼儿阶段是儿童身体发育和机能发展极为迅速的时期，也是形成安全感和乐观态度的重要阶段。”当幼儿情绪处于安定和愉快的状态时，机体会分泌出对身体有益的物质，有利于幼儿身体的正常发育和健康发展。然而，幼儿较容易因为环境的变化、亲子分离、心理冲突等原因出现较大的情绪波动，并较难自控。这就需要成人了解他们、理解他们的内心感受，并引导他们逐渐学会缓解和转移不良情绪，从而形成良好的情绪反应模式和习惯。

## 学情分析

大班幼儿正处于情绪情感发展的关键期，教师应该让幼儿了解自我情绪调控的正确方法，能运用完整语言讲述自己和别人的开心事，体验分享愉悦情绪带来的快乐，这样才能让幼儿身心愉快，健康地成长。

## 资源利用

1. 自制心房一个，开心小人、伤心小人各一个，喜怒哀乐不同表情的图片。

2. 小椅子摆成半圆，椅子的数量比幼儿人数少一个。

3. 每个幼儿一张添画表情操作单。

4. 《猜猜别人的开心事》视频，同伴过生日的电子图片，歌曲《幸福快乐歌》。

## 教学目标

1. 体验分享愉悦情绪带来的快乐。

2. 能运用完整的语言讲述自己和别人的开心事。

3. 了解自我情绪调控的正确方法。

## 教学重难点

重点：了解自我情绪调控的正确方法。

难点：能运用完整的语言讲述自己和别人的开心事。

## 教学过程

**一、情境引入**

1. 请幼儿随意入座，发现一名幼儿没有椅子。

提问：看到同伴没有椅子，我们该怎么办？

2. 请幼儿说一说帮助同伴的方法，并做一做。

3. 分别请没有椅子的幼儿和帮助同伴的小朋友说说自己的心情。

（1）没坐到椅子时你的心情如何？接受帮助后你的心情如何？

（2）帮助同伴后你的心情如何？

4. 小结：得到别人的帮助和自己主动帮助别人都会心情很好，很开心。

**【设计意图】**秉承贴近幼儿生活的原则，运用体验法，引导幼儿在让座的具体情境中直接感知、亲身体验，在幼儿互助解决生活小事的基础上达成同伴间的良性互动。采用提问和讨论法，让幼儿感知和理解情绪的变化，并获得同伴间互助带来的内心愉悦体验。

**二、运用完整的语言讲述自己和别人的开心事**

1. 介绍心房里的开心小人。

师：我们小朋友的心就像一间小房子，里面住着两个小人。让我们看看，第一个小人是谁呢？请你给他起一个名字。

2. 请幼儿讲讲自己的开心事。

提问：心里住着开心小人，就会有开心的事情发生，谁愿意讲讲自己开心的事情呢？

3. 《猜猜别人的开心事》视频欣赏。

（1）倾听视频里爽朗的笑声，观看图片，猜想图片中小朋友的心情和开心事。

提问：小朋友们都这么开心，猜猜他们都有哪些开心的事情呢？

（2）观看同伴过生日的照片。

提问：小朋友们在做什么？他们为什么这么快乐？

（3）小结：快乐是可以分享、可以传递的。

4. 出示心房里的伤心小人。

师：平时我们有快乐的事情，但偶尔也会遇到一些不开心的事情。（边说边打开伤心小人）

提问：他的表情是什么样的？请你学一学。你有过伤心事吗？你心情不好的时候，会有什么表现？

**【设计意图】**运用自制心房教具，创设开心小人和伤心小人情境，直观、形象地为幼儿展示积极情绪与消极情绪的变化。以幼儿为主体，将话语权交给幼儿，鼓励他们运用完整的语言讲述自己和别人的开心事，有效帮助幼儿建构对积极情绪和消极情绪的正确认知。

**三、掌握调控心情的正确方法**

1. 提问：你会用什么方法将伤心小人从心房中赶出来，让自己的心情变得更好？当发现好朋友心情不好时，我们应该怎样帮助他，让他心情变好呢？

2. 小结：当我们心情不好时，一定要把不开心的事说出来，把伤心小人放出来，自己才会越来越开心。当遇到朋友心情不好时，要主动关心他，帮助他赶走心房里的伤心小人。让自己和朋友都感到快乐才是最幸福的。

**【设计意图】**以幼儿的直接经验为基础，采用层层递进的提问方式，引导幼儿表述自己，掌握调控心情的正确方法。通过同伴讨论分享、教师主导提升，有效引导幼儿设身处地为他人想出解决烦恼的最好办法。

**四、画表情，说心情**

1. 请幼儿自选喜怒哀乐不同的表情图，并与同伴学学不同的表情，猜想不同表情下心房里住着哪个心情小人。

2. 推选组长，点数本组人数，自主取拿添画表情操作单。

3. 请幼儿画出与当时心情相符合的表情娃娃。

4. 与同伴讲述自己的心情，教师重点引导个别幼儿学会帮助同伴调控不良情绪，分享自己的快乐。

5. 小结：当我们不开心的时候，一定要把心中的不快乐说出来，把伤心小人放出来，让自己快乐，也让别人快乐。

**【设计意图】**通过选表情、学表情、画表情、说心情等游戏，有效地引导幼儿了解不同表情特征与心情的关系，达成乐于与他人分享心情的目标。

**五、好心情共分享**

1. 师幼共同演唱歌曲《幸福快乐歌》。

2. 歌曲间奏部分鼓励幼儿给朋友送爱的拥抱，体验愉悦情绪及情绪调控后心情变化带来的快乐。

**【设计意图】**选用师幼边歌边舞的方式，创设宽松、愉悦的心理环境，有效地达成了体验分享愉悦情绪带来快乐的情感目标。

## 教学反思

在本次大班活动“心情小人”试教后，我静下心来做了一次回顾和分析，总结本次活动的成败与得失，以期待教学在此基础上能够不断地改进、完善和推陈出新。

**一、创设贴近幼儿生活的教学情境，激活幼儿已有经验**

本次活动我汲取了幼儿同伴间互助让座的生活片段，力求通过幼儿对已有情绪情感经验的整合，帮助幼儿理解、体验别人的情绪情感的变化。在活动中，幼儿间的互爱、互助行为为活动创设出了宽松、接纳、充满爱的心理环境。

**二、发挥教具最大教育价值，帮助幼儿建构正确认知**

通过运用自制心房教具，创设出了开心小人和伤心小人的不同情境，直观、形象地为幼儿展示积极情绪与消极情绪的变化。通过播放《猜猜别人的开心事》视频和分享同伴生日图片，引导幼儿根据已有生活经验大胆地猜测、想象和讲述，使幼儿在同伴讨论和分享中得到了启发，活跃了思维，有效达成了能运用完整的语言讲述自己和别人开心事的能力目标。

**三、以幼儿为主体，注重领域整合**

通过让幼儿说一说自己的开心事、猜一猜别人的开心事、分享好朋友的开心事，以及播报自己的伤心事等环节，将语言和健康领域内容进行了有效整合。在师幼互动中，我采用了启发性、开放性的关键设问，有效引发幼儿进一步认识和探究自我情绪。在教学过程中，我注意用语言和眼神与幼儿进行交流，对他们的回答做出积极、详细、有针对性的评价，为他们创设了一种积极主动的活动氛围，充分调动了幼儿学习的积极性。

通过本次活动，我深深地领悟到，幼儿在生活中会遇到各种各样的事情，有的会使他们感到快乐、高兴，有的会使他们感到烦恼、伤心。我们不仅要重视幼儿的身体健康和智力培养，还应该关注幼儿的情绪情感。只有身心和谐发展，幼儿才能健康、快乐地成长。

## 个人简介

石君，女，空军西安蓝天幼儿园保教干事，中国学前教育研究会会员，兰州军区空军优秀教师，西安市骨干教师。教学活动“运动员我为你自豪”与“我的成长故事”，分别被评为全军与西安市优秀课例；活动设计“好吃的羊肉泡馍”与论文《正确对待幼儿间矛盾》获陕西省教育成果评比一等奖。先后参与陕西省人民教育出版社、西安教研室主题教学方案编写工作。多次获得西安市、莲湖区教师技能大赛一等奖及综合素质奖。

## 专家点评

在大班健康活动“心情小人”中，教师始终以伙伴的身份与幼儿融为一体，通过幼儿熟悉的生活经验，引导幼儿大胆讲述自己和别人的开心事，让幼儿了解自我情绪调控的正确方法。

**一、亮点与特色**

第一，营造了温暖、轻松的心理、人际环境。开始部分巧妙的让座情境设计，成功激活了幼儿已有的经验，帮助幼儿理解、体验他人的情绪情感的变化，继而一起谈论令自己高兴或生气的事，允许幼儿表达自己的情绪，并给予适当的引导，鼓励幼儿与人分享自己的情绪。

第二，教具设计直观有趣，易于操作。根据幼儿年龄特点，自制心房教具，创设了开心小人和伤心小人的不同情境，直观、形象地为幼儿展示积极情绪与消极情绪的变化。教具简单，操作性强，发挥了有效价值，帮助幼儿建构对积极情绪与消极情绪的正确认知。

第三，每个环节充分体现以幼儿为主体的理念。《猜猜别人的开心事》视频播放、分享同伴生日图片等环节，教师都注重用欣赏的态度对待幼儿，鼓励他们运用完整的语言讲述自己和别人的开心事，注意用语言和眼神与幼儿交流，对他们的回答做出积极、正面、详细、有针对性的评价，创设了一种积极主动的活动氛围，充分调动了幼儿学习的积极性，让幼儿充分感受到关爱，形成积极稳定的情绪情感。

**二、建议**

第一，在以幼儿为主体的活动中，还要充分发挥教师的主导作用。在分享伤心事的环节中，教师没有深入引导幼儿交流和讨论，而是粗略带过。在教学时，教师还应该引导幼儿学习和掌握将消极情绪转移、缓解与控制的方法，引导幼儿发现正确、适宜的调控不良情绪的方法。

第二，分组活动内容略显单调，建议增加小组活动，内容上可结合幼儿年龄特点及幼儿个体差异，选择能充分让幼儿动手操作的活动。

西安市第一保育院　姜西润

# “神奇的蛋壳”教学设计

西安市第二保育院　施宝莉

## 教材分析

鸡蛋是幼儿生活中经常接触的食物，但它存在着意想不到的科学奥秘——薄壳结构原理，即当力作用于蛋壳凸面时，力会沿着蛋壳表面四处分散，因此蛋壳就能承受较大的力，不易破碎；相反，当力作用于蛋壳凹面时，力就会集中于一点，蛋壳受到的力较大，容易破碎。许多建筑物，如球型屋顶、拱形桥、隧道等就是利用了这个原理而设计建造的。将科学原理融入幼儿科学活动中，教师通过创设生动的问题情境、提供适宜的操作材料，辅以正确的演示讲解等手段，一步步鼓励幼儿参与发现科学现象、探寻解决问题的方法的活动，并在一次次获得新发现和小成功之后体验探索科学的乐趣。

## 学情分析

对于大班幼儿来说，他们已有了比较丰富的知识储备，这个知识基础可以有效地帮助他们进行有挑战性的学习活动。本次活动借助蛋壳这样一个幼儿熟悉的物品作为媒介，在一系列相互关联的操作活动中，让幼儿感知拱形面能承受较大力的现象，并对力作用于蛋壳凹面、凸面出现的不同现象产生探索的欲望和兴趣。

## 资源利用

1. 多媒体课件。
2. 操作材料：蛋壳（分成两半），两支削尖的铅笔，粗吸管。
3. 记录表，笔。
4. 有色的水，滴管。

## 教学目标

1. 对力作用于蛋壳凹面、凸面所出现的不同现象产生探索的欲望和兴趣。
2. 初步感知拱形面能承受较大力的现象，并了解其在生活中的运用。

3. 能简单记录实验结果，能较为清晰地表述自己的操作过程和结果。

## 教学重难点

重点：初步感知拱形面能承受较大力的现象，并了解其在生活中的运用。

难点：能简单记录实验结果，能较为清晰地表述自己的操作过程和结果。

## 教学过程

### 一、开始部分

播放视频《小鸡出壳》，引出问题：蛋壳的凹面容易被啄破还是蛋壳的凸面容易被啄破？

**【设计意图】**通过小鸡啄破蛋壳钻出来的视频，激发幼儿探索到底蛋壳的哪一面容易被啄破的兴趣。

### 二、基本部分

1. 验证蛋壳的凹面承重力强还是凸面承重力强。

(1) 请幼儿猜想是蛋壳的凹面承重力强还是凸面承重力强。

(2) 启发幼儿用铅笔尖和吸管代替小鸡的尖嘴巴，模拟小鸡用尖嘴啄蛋壳的过程，先啄凹面再啄凸面，并分别记录下啄破所需要的次数。

(3) 请幼儿交流实验的结果，引导、鼓励幼儿自己说出结论。

(4) 蛋壳的凹面容易被啄破，凸面不容易被啄破，说明凸面能承受更大的力量。

**【设计意图】**铅笔和吸管都是幼儿生活中常见的物品，用这两种物品刚好可以模拟小鸡的尖嘴巴对蛋壳两面的受力情况进行验证。本次实验所用的铅笔几乎都是一样长的，并用吸管固定了铅笔下落的高度，这样就保证了用铅笔啄蛋壳凹面和凸面的力量是一样大的，保证了实验结果的准确。

2. 实验：解释凸面承重力强的原因。

(1) 请幼儿猜想为什么凸面能承受更大的力量。

(2) 教师做实验，用水来代替作用于蛋壳的力，将有色的水分别滴在蛋壳的凹面和凸面，请幼儿观察发生了什么，并用自己的语言表述。

(3) 教师小结：我们作用于蛋壳上的力就像水珠一样，滴在凹面上，力就像水珠一样凝聚在一起，力量就比较大，所以凹面容易被啄破；滴在凸面上，力就像水珠一样流到四周，被分散，这样力量就比较小，所以凸面不容易被啄破，能够承受更大的力量。

**【设计意图】**拱形面对力的分散作用，对幼儿来说其实是一个抽象的物理学原理，但是用有色的水来表示抽象的力，用水的分散与集中来表示力的分散与集中，就把抽象的原理具体化了，有利于幼儿的理解与接受。

3. 了解薄壳结构原理在日常生活中的应用。

（1）启发幼儿想一想在生活中见过哪些像蛋壳的物体。

（2）结合多媒体课件，向幼儿介绍薄壳结构在建筑学中的应用。

**【设计意图】**教育活动应重视活动本身的现实意义。幼儿初步感知了拱形面能够承受更大的力量之后，再出示薄壳建筑图片，很好地帮助幼儿把学到的经验迁移到生活当中，这才是教育对幼儿的现实意义。

**三、结束部分**

师：小小的蛋壳里居然藏着这么大的秘密，所以我们小朋友一定不要轻视小的东西！只要我们平时多看、多听、多动脑，就一定会发现自然界的很多小秘密！现在，让我们到外面去，看看还有哪些秘密等着我们去探索吧！

## 教学反思

幼儿对这节科学活动很感兴趣。我在给幼儿蛋壳的时候，他们先是眼前一亮，表示十分好奇，紧接着他们就迫不及待地要参与进来。这节活动我的任务是引导幼儿，重点是让幼儿边思考边操作，边发现边总结，激发他们对科学现象的探索欲望。另外，在实验记录中，让幼儿按照自己的方法进行记录，重点是要将实验过程及结果完整地表述。最后，以鼓励幼儿充分发挥想象，用蛋壳的原理来造一座自己喜欢的建筑物结束活动。

本次活动的目标基本达到，幼儿对拱形面能承受较大力的现象有所感知，并了解了其在生活中的应用，更重要的是幼儿都能积极参与到探索过程中，享受动手操作的乐趣，并通过自己的实验有所发现。回顾整个活动，主要特色体现在以下几点。

**一、准确的角色定位**

教师在幼儿科学活动中的角色定位主要是围绕活动开展的。在此次活动中，开始的引入部分，教师是一位合格的引路人；当幼儿进行尝试、操作时，教师是一名安静的旁观者；最后，当幼儿在实验中遇到困难，需要帮助的时候，教师又成为一名强大的支援者，一步步帮助幼儿完成了科学探究活动。教师不同的角色定位，逐步激发幼儿的求知欲，给幼儿展现自我、提升经验的时间和机会。

**二、充足的素材**

幼儿科学活动的开展，一定要有足够的素材进行支撑，这些素材能帮助幼儿更好地参与活动，增加活动的趣味性。幼儿通过操作具体的材料来学习，材料是引发幼儿主动探究的刺激物，也是他们观察、思考和探索的中介和桥梁。

教师要有敏锐的心灵和广泛的视角，关注幼儿的兴趣和需要，灵活地选择活动内容，关注幼儿自发活动的焦点，捕捉幼儿的兴趣所在，科学活动由此展开。此次活动利用充足而又常见的素材，在教师的引领下，幼儿通过自身的活动，以感知、观察、操作、发现问题及寻求答案等一系列的探索行为，培养兴趣，掌握方法。充足的素材，是达成这一目标的重要保证。

**三、密切的生活联系**

这个活动内容非常贴近幼儿的生活，这有利于激发幼儿的探究热情。在活动中，先是幼儿兴趣盎然地尝试，然后教师引导幼儿在操作中思考，让幼儿获得认知；再将在操作和思考中的收获反映到现实生活中去，让幼儿想一想，生活中是怎么利用这个知识的；最后通过课件的展示，让幼儿了解这一知识在建筑中的运用，以拓宽幼儿的视野，巩固和强化幼儿的认知，从而使教育活动内容回归到幼儿的日常生活中。

**四、科学的评价体系**

多元和动态的评价，尊重和接纳幼儿的个性差异，对每个幼儿的闪光点都能给予积极肯定，使他们增强了信心，得到了不同水平的发展。活动的形式要全方位、多角度，要达到均衡，要注意幼儿学习方式的多样性、差异性和选择性，尽量让幼儿采用自己的学习方式，并让其尽情地发挥。

在活动中，幼儿争先恐后地将自己玩玩具时的发现告诉教师和同伴，有的幼儿迫不及待地把我叫到他的身边，边操作手中的玩具，边告诉我他的发现。尽管有的幼儿表述得不够准确，观察的角度也与教师的要求相去甚远，但是幼儿的这种热情让我怎么也不能吝啬自己对他们的鼓励和赞美。

本次活动还存在两点不足之处：

第一，科学课一定要严谨，拱形、弧形和半圆形有什么区别，一定要准确地告诉幼儿。

第二，上课的时候对幼儿回答的问题要灵活对待，要善于抓住教育契机，不能单纯按照预设的思路照本宣科。

## 个人简介

施宝莉，女，西安市第二保育院职保教主任。曾多次指导西安市第二保育院教师参加省级、市级教学能手大赛、技能技巧大赛，均获得好成绩；数篇论文、教学设计获得国家级、省级、市级奖项，参与编写教材 20 余本；自 2005 年承担保育院课题研究工作以来，共完成国家级、省级、市级 7 个课题的申报填写工作、课题实施工作、课题结题工作；在 2011 年西安市中小学教师赛教活动中，被评为市级骨干教师；2013 年获得“陕西省教学能手”称号。

## 专家点评

幼儿的科学教育是科学启蒙教育，重在激发幼儿的认识兴趣、探究欲望，帮助幼儿运用观察、比较、分析、推论等方法进行探索活动。科学活动“神奇的蛋壳”借助幼儿熟悉的物品，通过多次尝试让幼儿感知了力作用于蛋壳凹面、凸面出现的不同现象。整个活动由幼儿的自主探索贯穿始终，幼儿参与性强，进一步激发了幼儿继续探索的欲望。

**一、选材恰当，目标定位准确，符合幼儿的年龄及兴趣**

选材贴近幼儿生活，通过小鸡啄破蛋壳钻出来的视频，引出问题，激发幼儿探索“到底蛋壳的哪一面容易被啄破”的兴趣。活动以幼儿自主探索为主要方式，发挥幼儿的主体作用和教师的主导作用，通过直观演示的实验，让幼儿在反复尝试中逐步发现拱形面能承受较大力的现象。

**二、活动材料容易寻找，便于课程的开展**

在本次活动中，幼儿操作使用的材料有鸡蛋壳（分成两半）、两支削尖的铅笔、粗吸管，这些物品都是幼儿生活中常见的材料，充分体现了《纲要》中提出的引导幼儿利用身边的物品和材料开展活动的要求。

**三、注重个别指导，使不同发展水平的幼儿获得提高**

笔和吸管都是幼儿生活中常见的物品，用这两种物品刚好可以模拟小鸡的尖嘴巴，来对蛋壳两面的受力情况进行验证。在幼儿探索的过程中，教师在巡回指导全体幼儿的同时，既关注探索成功的幼儿，使他们能够很快发现拱形面对力的分散作用，让其获得成功的体验，又关注探索失败的幼儿，帮助其找到原因，并引导幼儿向同伴学习，提高幼儿相互学习的有效性。

**四、问题与建议**

第一，教师的设问有时不够准确，幼儿在问题不够明确的情况下观察教师的演示，学习效果会降低。

第二，在幼儿操作时，自主探索的时间还不够充分。建议组织幼儿分组交流，可增添演示交流环节，为更多的幼儿提供展示的机会。

西安市第一保育院　姜西润